U0868791

船舶焊接实训指导手册

主编　周沪甬　凌　伟　吕恒恒　刘　伟

哈尔滨工程大学出版社
Harbin Engineering University Press

内容简介

本书共分三个模块，包含13个项目44个任务。模块一介绍了船舶材料焊接的基本知识，以及船舶焊条电弧焊、船舶 CO_2 气体保护焊、船舶钨极氩弧焊等手工焊接方法的工艺特点和操作方法；模块二介绍了船舶埋弧焊及机器人焊接的特点和方法；模块三介绍了船舶焊接检验的相关知识，外观检验、射线探伤、超声波探伤、磁粉探伤、渗透探伤的特点及操作方法，以及其他船舶焊接检验的方法。

本书内容简洁，强调实用性，可作为职业院校船舶工程技术专业的教材，也可供船舶工程技术人员参考。

图书在版编目(CIP)数据

船舶焊接实训指导手册／周沪甬等主编. —哈尔滨：哈尔滨工程大学出版社，2020.11
ISBN 978-7-5661-2818-8

Ⅰ.①船… Ⅱ.①周… Ⅲ.①造船-焊接工艺-教学参考资料 Ⅳ.①U671.83

中国版本图书馆CIP数据核字(2020)第222694号

选题策划 史大伟 薛 力
责任编辑 张 彦 于晓菁
封面设计 李海波

出版发行 哈尔滨工程大学出版社
社　　址 哈尔滨市南岗区南通大街145号
邮政编码 150001
发行电话 0451-82519328
传　　真 0451-82519699
经　　销 新华书店
印　　刷 哈尔滨市石桥印务有限公司
开　　本 787 mm×1 092 mm 1/16
印　　张 17.25
字　　数 434千字
版　　次 2020年11月第1版
印　　次 2020年11月第1次印刷
定　　价 55.00元

http://www.hrbeupress.com
E-mail:heupress@hrbeu.edu.cn

前　言

近年来，我国造船工业飞速发展，其在国防工业和国民经济中的地位越来越突出，在此背景下，船舶工程技术专业中等职业教育也得到了蓬勃的发展。船舶焊接是船舶工程技术专业的一门重要课程。为贯彻《国务院关于加快发展现代职业教育的决定》和《教育部关于深化职业教育教学改革　全面提高人才培养质量的若干意见》的精神，落实《上海市人民政府关于大力发展现代职业教育的决定》中提出的“推动国家产业发展急需的示范专业建设”的要求，进一步推进学校专业的内涵发展、特色发展和创新发展，江南造船集团职业技术学校瞄准国际相关专业的前沿方向，顺应船舶工业发展的形势，为满足船舶工程技术专业中等职业教育人才培养的需要，遵照“必需、够用”的原则，以培养适应技术进步、生产方式变革、社会公共服务需求的高素质劳动者和知识型、发展型技术技能人才为目标，组织编写了本书。

本书根据现代造船工艺的流程，以中国船级社（CCS）相关焊接工艺规范为标准，以钢质海船的建造为背景，立足船舶企业焊工的技能要求，从以下四个方面介绍船舶手工焊接、自动焊接及焊接检验的基本方法。一是焊接工艺基础知识，对焊接的基础知识进行介绍，以利于焊工掌握应知理论并将其运用于生产实践；二是船舶焊接工艺要求，阐述船舶生产流程中典型分段或结构的焊接工艺实例，以利于焊工在具体的工作中进行借鉴；三是常用金属材料的焊接，以船舶常用金属材料的焊接工艺为案例，以利于焊工在具体的焊接过程中应用合理的工艺措施解决实际问题；四是焊工需掌握的规范要求，了解中国船级社船舶规范等对船企各类焊工的技术要求，以利于焊工扎实地掌握焊接技能并进行规范操作。

本书由周沪甬、凌伟、吕恒恒、刘伟担任主编。本书在编写过程中得到了江南造船（集团）有限责任公司广大焊工师傅和工程技术人员的大力支持与帮助，在此向他们深表谢意！

由于编者水平有限，书中难免存在不当之处，敬请各位读者批评指正。

编　者

2019 年 7 月

目　　录

模块一　手工焊接操作技能

项目 1　船舶材料焊接 ························· 3

任务 1.1　船舶焊接工艺 ························· 3

任务 1.2　焊接生产安全 ························· 5

项目 2　船舶焊条电弧焊 ························· 11

任务 2.1　焊条电弧焊基础操作工艺 ························· 11

任务 2.2　焊条电弧焊对接单面焊双面成形 ························· 21

任务 2.3　管板焊条电弧焊 ························· 52

项目 3　船舶 CO_2 气体保护焊 ························· 66

任务 3.1　CO_2 气体保护焊操作工艺 ························· 66

任务 3.2　CO_2 气体保护焊板材对接单面焊双面成形 ························· 74

任务 3.3　CO_2 气体保护焊管材对接单面焊双面成形 ························· 92

任务 3.4　管板 CO_2 气体保护焊 ························· 99

项目 4　船舶钨极氩弧焊 ························· 105

任务 4.1　钨极氩弧焊操作工艺 ························· 105

任务 4.2　钨极氩弧焊板材对接单面焊双面成形 ························· 112

任务 4.3　钨极氩弧焊管材对接单面焊双面成形 ························· 126

任务 4.4　管板钨极氩弧焊 ························· 133

模块二　自动焊接操作技能

项目 1　船舶埋弧焊 ························· 145

任务 1.1　埋弧焊操作工艺 ························· 145

任务 1.2　板材对接埋弧焊 ························· 153

任务 1.3　角缝埋弧焊 ························· 166

项目 2　机器人焊接 ························· 171

任务 2.1　焊接机器人的组成原理与分类 ························· 171

任务 2.2　焊接机器人操纵 ························· 179

任务 2.3　焊接机器人指令系统与常用的焊接指令及相关设置 ························· 194

模块三　船舶焊接检验实训

项目1　船舶焊接检验认识 …… 207

任务1.1　焊接检验 …… 207

任务1.2　焊接检验过程 …… 210

项目2　外观检验 …… 214

任务2.1　焊接缺陷种类 …… 214

任务2.2　焊缝外观及焊缝尺寸检测 …… 218

项目3　射线探伤 …… 221

任务3.1　射线探伤原理及设备 …… 221

任务3.2　射线照相法探伤 …… 225

任务3.3　焊缝射线底片的评定 …… 233

任务3.4　焊缝射线探伤的一般程序 …… 239

项目4　超声波探伤 …… 241

任务4.1　超声波探伤原理及设备 …… 241

任务4.2　直接接触法超声波探伤操作 …… 247

任务4.3　缺陷评定与检验结果的分级 …… 251

任务4.4　焊缝超声波探伤的一般程序 …… 252

项目5　磁粉探伤 …… 254

任务5.1　磁粉探伤原理及设备 …… 254

任务5.2　磁粉探伤操作 …… 257

项目6　渗透探伤 …… 263

任务6.1　渗透探伤原理 …… 263

任务6.2　渗透探伤操作 …… 265

项目7　其他船舶焊接检验 …… 267

任务7.1　水压试验 …… 267

任务7.2　气压试验 …… 267

任务7.3　煤油试验 …… 268

任务7.4　氨气试验 …… 269

任务7.5　氦气试验 …… 269

任务7.6　沉水试验 …… 270

任务7.7　载水试验 …… 270

任务7.8　水冲试验 …… 270

任务7.9　吹气试验 …… 270

模块一　手工焊接操作技能

项目1　船舶材料焊接

任务1.1　船舶焊接工艺

一、焊接的本质

焊接是根据被焊工件的材质（同种或异种），通过加热、加压或两者并用，并且用或不用填充材料，使工件形成永久性连接的工艺方法。

金属等固体之所以能保持固定的形状，是因为其内部原子的间距（晶格距离）极小，使原子间具有极大的结合力。为实现两个分离的金属工件的连接，从物理本质上就需要使两个工件连接表面的原子距离拉近到金属晶格距离。然而，材料表面并不平整，即使经过精密加工，其表面平面度仍比晶格距离大很多。同时，金属表面的氧化膜及污物也会阻碍两个工件表面的原子接近。所以，为完成焊接，必须通过适当的物理、化学过程克服以上困难。

焊接的本质就是通过外加各种能量加热、采取各种方法加压，使两个分离工件表面的原子达到晶格距离而形成结合力，从而完成连接。

二、焊接方法

焊接技术主要应用于金属材料。工业生产中应用的焊接方法已达百余种，按焊接过程的特点可将其分为熔焊、压焊和钎焊三大类。在此基础上，每种方法又可细分为若干小类。船舶建造过程中常用的焊接方法有焊条电弧焊、CO_2 气体保护焊、钨极氩弧焊、氧气－乙炔焊、激光焊接及电渣压力焊等。

1. 熔焊

熔焊是指为克服固体间阻止结合的障碍，将被焊工件局部加热至熔化状态，但不施加压力，然后冷却结晶形成完整接头的焊接方法。熔焊时，热源将待焊工件接口处迅速加热熔化，形成熔池。熔池随热源向前移动，冷却后形成连续焊缝从而将两个工件连接成一体。实现熔焊的关键是需要一个能量集中且温度足够高的热源。若热源温度不够高，则无法熔化材料，能量集中程度较差，会扩大加热面积，增加能量损耗等。

2. 压焊

压焊是将被焊工件在固态下加压（加热或不加热），以克服连接表面的不平度和氧化物等杂质，使工件的分子或原子接近至晶格间距，从而形成不可拆的连接接头的焊接方式，又称固相焊接。为降低材料加压时的变形抗力，增加材料塑性，通常在加压时伴随加热措施。

3. 钎焊

钎焊是使用比工件熔点低的金属材料作钎料，将工件和钎料加热到高于钎料熔点、低于工件熔点的温度，利用液态钎料润湿工件，填充接头间隙并与工件相互扩散，从而实现连接的焊接方法。钎焊时，通常要清除工件表面的污物以增加钎焊的润湿性，所以需要采用钎料。

三、船舶焊接技术特点

就船舶制造而言，焊接技术已经成为最重要的工艺技术之一。船体结构由外板、甲板、舱壁板等一系列板件与纵横交叉的构件(船体的骨架)相互连接、相互支承而成，并形成船体的水密外壳。船体结构与其他钢结构相比在焊接技术上有以下特点。

(1)船体外板连接既要保证一定的强度，又要保证水密性。因此，一般连接都采用对接接头。钢板厚度较大时，板的边缘须开坡口，以利于焊透，坡口形式因板厚和焊接方法的不同而不同。

(2)船体结构复杂、刚性大、各种平直、曲形纵横构件通过焊接连接成一体，使整个船体成为一个刚性的焊接结构。因此，要确保各条焊缝和节点的焊接质量，不允许存在任何细微裂纹，且应避免应力集中。

(3)焊接工作量大，焊接工时一般占船体建造总工时的30% ~40%。因此，设计时要考虑结构的工艺性、焊接位置的合理性，且宜采用各种高效焊接工艺。

(4)船舶建造中使用的钢材品种多，且不同品种钢材的强度不同。因此，焊接时，要根据各种钢材的强度要求制定合理的焊接工艺。

(5)船舶焊接技术是一项要求极为严格的工艺技术。国外和国内针对不同的焊接要求有许多焊接标准、规范。所有焊接工程师和焊工上岗前都需经过严格的考试，并取得合格证书。

随着先进制造技术的蓬勃发展，船舶焊接技术也不断向“高效”“节能”“环保”“绿色”发展。

四、船舶焊接工艺发展趋势

目前，我国船舶产品开发进入快速发展时期，为满足高效率、短周期、低成本生产的需要，必须进一步提高焊接技术水平和生产效率，尤其是在舰船的焊接技术方面有待不断改进和自主创新。为满足海洋钻井平台、浮式生产储油船(FPSO)、浮式储油船(FSO)、油田守护船、海洋平台供应船，以及 LPG、LNG 运输船等高性能船舶的建造需求，船舶焊接技术必须为我国今后要建造的新一代舰船和高技术船舶产品提供强有力的技术支撑。

先进制造技术的蓬勃发展，在自动化、绿色化、集成化、系统化、柔性化等方面对焊接技术的发展提出了越来越高的要求，使船舶焊接技术的广度和深度均产生了质的飞跃，呈现出以下发展趋势。

(1)焊接机械化、自动化水平不断提高，具有高参数、高寿命、大型化、超微细等特征的船舶焊接制品不断出现。

(2)焊接结构设计和焊接余量精度控制革新程度迅速提升。

(3)焊接新工艺、新方法投入实际生产应用的周期大为缩短。

(4)高效优质焊接材料及焊接设备系列化、国产化均登上新台阶。

(5)焊接标准体系日趋完整、科学、合理。

目前,船舶焊接工艺呈多样化发展,现已有40多种焊接工艺获得船级社的认可。焊接机械化和自动化,以及焊接材料、设备高效节能化的研究开发和推广应用已基本实现了规划指标。

任务1.2　焊接生产安全

焊接通常要在高温下进行,电焊、气焊均为特种作业,参加焊接作业的所有人员均应接受安全技术培训,并考试合格取得特种作业合格证。作业人员必须经身体检查合格、领取《特殊工种操作证》后,方能独立操作。

一、个人防护用品

焊接过程中会产生气体、烟尘、弧光、高频电磁场及噪声等,对人体的呼吸系统、皮肤、眼睛、血液系统及神经系统存在不良影响,必须采取相应的防护措施。

在焊接与切割作业中,作业人员必须按规定佩戴防护用具,防止有害气体、焊接烟尘及弧光等对人体造成危害,确保劳动过程中的安全和健康。

1. 焊接防护服

焊接防护服主要起到隔热、反射和吸收作用,可以使人体免受焊接热辐射或飞溅物伤害。

2. 焊接防护面罩

焊接防护面罩可避免焊接熔渣、金属飞溅物对人体面部及颈部造成烫伤,并可借助滤光镜片保护眼睛,常用的有手持式面罩和头盔式面罩等。

3. 焊接防护镜片

焊接弧光的主要成分是紫外线、可见光和红外线,其中紫外线和红外线对眼睛的危害较大。

防护镜片可以使作业人员透过可见光观察熔池,并将紫外线和红外线减弱到允许值以下。

4. 护目镜

作业人员在气焊、气割时必须佩戴护目镜。护目镜包括黑玻璃镜片和白玻璃镜片两层,应能滤光,且保证镜片不会因镜框受热而脱落,接触面部部分不能有锐角,接触皮肤部分不能由有毒材料制作而成,等等。

5. 防尘口罩及防毒面具

在焊接、切割作业时,一旦烟尘浓度高于卫生标准,焊工必须选用合适的防尘口罩或防毒面具。

6. 噪声防护用具

相关国家标准规定,若噪声超过 85 dB,则应采用隔声、消声、减振和加阻尼等控制技术。如果采取措施仍不能将噪声降低到允许标准以下,则作业人员应使用个人噪声防护用具,如耳塞、耳罩或防噪声头盔等。

7. 电焊手套、工作鞋及鞋盖

为防止作业人员四肢触电、灼伤和砸伤,在任何情况下,作业人员都必须佩戴好符合规定的电焊手套、工作鞋及鞋盖进行操作。

8. 其他

在高层交叉作业现场,为预防高空和外界飞来物的危害,作业人员应佩戴安全帽;为防止在登高作业时发生坠落事故,作业人员必须使用符合国家标准的安全带。

二、安全用电

1. 电流对人体的危害

电击:电流通过人体内部,破坏心脏、肺部或神经系统功能,通常称为触电。

电伤:加热工件的火花飞溅到皮肤上引起的烧伤。

电磁场生理伤害:在高频电磁场作用下,人体出现头晕、乏力、记忆力衰退、失眠多梦等神经系统的症状。

2. 触电危害的影响因素

(1)流经人体的电流

电流引起人心室颤动是电击致死的主要原因。电流越大,引起心室颤动所需的时间越短,危险性越大。

根据人能触及的电压,触电可分为以下两种。

单相触电:人站在地上或其他导体上,身体其他部位接触到一根火线引发触电事故,此种情况下接触的电压为交流 220 V,危险性较大。

两相触电:人体同时接触两根火线引发触电事故,此种情况下接触的电压为 380 V,危险性极大。

(2)通电时间

电流通过人体的时间越长,危险性越大。人的心脏每收缩 - 扩张一次,中间约有 0.1 s 间歇,这段时间心脏对电流最敏感。若触电时间超过 1 s,则必然会与心脏最敏感的间隙重合,增加危险性。

(3)电流通过人体的途径

通过人体的心脏、肺部或中枢神经系统的电流越大,危险性越大,因此电流从左手到右脚流经人体的触电事故最危险。

(4)电流频率

工频(50Hz)是最危险的电流频率。

(5)人体的健康状况

人体的健康状况不同,对触电的敏感程度不同,凡患有心脏病、肺病及神经系统疾病的人,触电受到伤害的程度都比较严重,一般不允许有这类疾病的人进行焊接作业。

3. 焊接作业用电的特点

焊接方法不同,对焊接电源的电压、电流等参数的要求也不同。

目前,国内制造的手弧焊机的空载电压控制在90 V以下,工作电压为25~40 V;自动电弧焊机的空载电压为70~90 V;氩弧焊、CO_2气体保护焊的空载电压为65 V左右;等离子切割电源的空载电压高达300~450 V。所有焊接电源的输入电压为220/380 V,均为50 Hz的工频交流电,因此触电的危险性较大。

4. 焊接操作时触电的原因

(1)直接触电

更换焊条、极性时和焊接过程中,焊工的手或身体会接触到焊条、焊钳或焊枪的带电部分,而身体其他部位与地面或工件间并无绝缘防护。当焊工在金属容器、管道、锅炉、船舱或金属结构内部施工,或人体大量出汗,或在阴雨天、潮湿的地方进行焊接作业时,特别容易发生触电事故。

接线、调节焊接电流或移动焊接设备时,容易发生直接触电事故。高空焊接时,接触到低压线路或靠近高压电源线会引起直接触电事故。

(2)间接触电

焊接设备的绝缘烧损、振动或机械损伤,使绝缘损坏部位碰到机壳,而人碰到机壳会引起触电。

焊机的火线、零线接错会导致外壳带电。

焊接作业时,人体接触绝缘破损的电缆、胶木电闸带电的部分等会导致触电。

5. 注意事项

焊工必须穿胶鞋,戴皮手套。焊工在切断、闭合电闸开关或接触带电物体时,必须单手进行,因为双手拉合电闸或接触带电物体,若发生触电,则电流会通过人体心脏形成回路,致使触电者迅速死亡。

严禁在电焊机启动的情况下接地线及用手把线,焊接电缆软线外皮烧损两次以上时,应该及时更换或检修。

在容器内部施焊时,照明电压应采用12 V。登高作业时,焊工不得将电缆缠绕在身上或搭在背上。

三、防火、防爆

1. 焊接现场发生爆炸的隐患

爆炸是指物质在瞬间以机械功的形式释放出大量气体和能量的现象。

(1)可燃气体的爆炸

工业上大量使用的可燃气体(如乙炔、天然气、液化气等)与氧气或空气均匀混合达到一定限度,遇到火源便发生爆炸,此限度称为爆炸极限,常用可燃气体在混合物中所占体积百分比来表示。例如,乙炔与空气混合爆炸极限为2.2% ~81.0%;乙炔与氧气混合爆炸极限为2.8% ~93.0%。

(2)可燃液体或可燃液体蒸气的爆炸

在焊接现场或附近放有可燃液体时,可燃液体或可燃液体蒸气达到一定的浓度,遇到电焊火花即会发生爆炸。

(3)可燃粉尘的爆炸

可燃粉尘(铝、镁或纤维素粉尘)悬浮于空气中,达到一定的浓度范围,遇到火源也会发生爆炸。

(4)焊接直接使用可燃气体的爆炸

例如,使用乙炔发生器时,填料、换料及操作不当而产生回火均会发生爆炸。

(5)密闭容器的爆炸

对密闭容器或在受压容器上进行焊接时,如不采取适当措施也会产生爆炸。

2. 预防措施

焊接场所禁止摆放易燃、易爆品,场地内必须配备消防器材,并保证足够的照明和良好的通风。焊接场地平地作业点周围10 m之内,不应存放油类或其他易燃、易爆物质的储存器皿或者管线及氧气瓶。

高空作业时,应考虑火花、熔渣等的走向和着落点与下方易燃、易爆物品的距离。

达不到要求时,应采取对易燃、易爆物品进行隔离和严密覆盖等措施,特殊情况还要有专人监护并备有必要的消防器材。

对受压容器、密闭容器、各种油桶和管道或粘有可燃物质的工件进行焊接时,必须事先进行检查,并经过冲洗除掉有毒、有害、易燃、易爆物质,解除容器及管道压力,消除容器密闭状态后再进行焊接。焊接密闭空心工件时必须留有出气孔。

在存放易燃、易爆物的车间、场所或煤气管道、乙炔管道(瓶)附近焊接时,必须取得消防部门的同意。操作时采取严密措施,防止火灾。

禁止在木板、木砖地面上进行焊接操作,禁止在手把线或接地线裸露的情况下进行焊接,不许将二次回路线乱接、乱搭。

气焊、气割操作时,应使用合格的回火防止器、压力表及橡胶软管,并定期进行检验。

离开施工现场时,应关闭气源、电源,将火种熄灭。

四、特殊环境焊接的安全技术

特殊环境是指一般工业、企业正规厂房以外的地方,如高空、野外、水下、容器内部等环境。在这些地方焊接时,除遵守一般焊接安全技术外,还应遵守特殊规定。

1. 容器内施焊

在容器内气焊时，点燃、熄灭焊炬应在容器外部进行，以防止可燃气体聚集在容器内发生爆炸。施焊时，外部必须设人监护，或两人轮换工作；同时，应具备良好的通风条件，采用12 V 的照明电压。

禁止在已进行涂装或喷涂过塑料的容器内焊接。不应在容器内进行碳弧气刨，严禁用氧气代替压缩空气在容器内进行吹扫。

在容器内进行氩弧焊操作时应戴专用面罩，以减少臭氧及粉尘危害。

在使用过的容器或储罐内部焊接时，必须仔细清理内部残余的介质、痕迹。若该介质是易燃、易爆物质，还必须进行严格的化学清理，经检验确认无危险后，方可进行焊接。

打开被焊容器的人孔、手孔及清扫孔后，方可进入容器内进行焊接。

在容器内焊接时，焊工应特别注意加强个人防护。应穿好工作服、绝缘鞋，戴好皮手套，最好垫上绝缘垫，并要确保焊接电缆、焊钳的绝缘完好。

2. 高空施焊

应对作业人员进行身体检查，有不利于高空作业的疾病者，不得从事高空作业。应系好安全带，地面应设人监护。应将手把线绑紧在固定地点，不得缠在焊工身上，或搭在背上。

更换焊条时，应将焊条头放在固定的筒或盒内，不准随便向下扔。应清除焊工作业周围特别是下方的易燃、易爆物质。不准在高压线旁工作。特殊情况时应切断电源，在电闸盒上挂牌，并设专人监护。

禁止使用高频引弧器。

高空作业或上下行走时，不准携带带电手把线，除携带必要的小型器具外不应负重过大。雨天、雪天、雾天或刮大风时，禁止高空作业。当焊工够不到较高焊接处时，一定要重新搭设脚手架，然后进行焊接。

下班前必须检查现场，确保无火源后方能离开，以免引起火灾。

3. 露天或野外施焊

夏季在露天工作时，必须有防雨棚或临时凉棚，应注意风向，注意不要让吹散的铁水及熔渣伤人。

雨天、雪天或雾天时不准露天电焊。在潮湿地带工作时，焊工应站在铺有绝缘物品的地方，并穿好绝缘鞋。

应安设简易屏蔽板以遮挡弧光，以免伤害附近的工作人员或行人。

夏天露天气割时，应防止氧气瓶、乙炔瓶直接受到烈日暴晒，以免气体膨胀发生爆炸，冬天如遇瓶阀或减压器冻结，应用热水解冻，严禁用火烤。

五、焊工安全卫生

焊接种类较多，会产生各种职业性有害因素，焊工劳动条件也不尽相同，可能在室外、室内、水下、高空及密闭空间等环境进行作业，所以焊工在作业过程中会受到不同程度的伤害。因此，焊工必须熟悉自己的工作条件和环境，了解相关医学知识，从而避免或减少职业工作带来的危害。

1. 职业疾病

(1)焊工尘肺

电弧焊操作时,焊条药皮、焊芯和被焊金属会在电弧高温下熔化并蒸发、氧化,产生大量金属氧化物及其他烟尘,呈气熔胶状逸散于空气中。

焊工长期吸入高浓度电焊烟尘从而在肺内蓄积,会引起焊工尘肺。焊工尘肺发病期缓慢(一般在 10 年以上),其临床表现为:早期轻度干咳,合并肺部感染时有咳痰;晚期咳嗽加剧,有时胸闷、胸痛、气短甚至咳血。

(2)臭氧对呼吸道的危害

使用氩弧焊或碳弧气刨时,空气中的氧会被电弧发出的紫外线辐射,引起光化学反应,产生臭氧。

臭氧是无色气体,具有特殊腥味。臭氧的氧化能力很强,对眼结膜、呼吸道和肺有强烈的刺激作用。臭氧中毒的临床表现为:当人体吸入较高浓度($\geqslant 10\ mg/m^3$)的臭氧较长时间后,会出现明显的呼吸困难、胸痛、胸闷、咳嗽、咳痰,严重时引起肺气肿。

(3)电光性眼炎

眼部受紫外线过度辐射所引起的角膜、结膜炎称为电光性眼炎。其临床表现为:轻则眼部有异物感;重则眼部有烧灼感和剧痛,并伴有高度畏光、流泪和睑痉挛。

(4)锰中毒

焊条药皮、焊芯中均含有不同数量的锰,在电弧高温下均会以氧化锰形式进入烟尘。焊工长期吸入含氧化锰浓度较高的烟尘会引起锰中毒。

锰中毒的症状为:精神萎靡、淡漠、头晕、头疼、疲乏、四肢酸疼、注意力涣散、记忆力减退及睡眠障碍,并伴有食欲不振、恶心、流涎增多、心悸及多汗等。严重时,会出现锰中毒性帕金森综合征,表现为四肢僵直,动作缓慢、笨拙,说话含糊不清,甚至出现精神失常。

(5)氟中毒

低氢焊条药皮中加有萤石,在焊接烟尘中含有氟化物(氟化钾、氟化钠、氟化氢)。焊工长期吸入过量氟化物,会对眼、鼻、呼吸道黏膜产生刺激,引起流泪、鼻塞、咳嗽、气急、胸痛,并导致腰背、四肢关节疼痛,严重时还会引起氟骨症。

2. 焊工职业疾病的预防和早期诊断

特殊的职业环境、生产条件可能会导致焊工出现上述病症。对于操作者来说,为避免以上疾病,关键在于注意预防,注意安全卫生,并注意早期诊断治疗。

焊工在任何情况下进行电焊操作时,都必须佩戴好个人防护用品。应完善操作现场的通风、除尘及屏蔽设施。若通风条件差,焊工应戴上口罩,或佩戴通风面罩,以及设置各种通风设备等。

个人感觉有上述职业疾病预兆时,应及时到医院就诊,尽早治疗。

在房间内无通风设施时(某些试验间、正规厂房除外),禁止进行氩弧焊操作。

国家对焊工等特殊工种的安全卫生非常重视,各企事业单位都有定期对焊工体检的制度,所以焊工的这些职业性疾病会得到早期的诊断和治疗。

项目2　船舶焊条电弧焊

任务2.1　焊条电弧焊基础操作工艺

【相关知识】

焊条电弧焊基础操作工艺是指在熟练运用引弧、运条、接头及收弧等技能的基础上，掌握焊条电弧焊平敷焊及小间隙板材对接平焊操作工艺。

平敷焊是在处于水平位置的工件表面堆敷焊道的一种操作方法，是在选定焊接工艺参数和操作手法的基础上，通过调整电弧长度、焊接速度，实现对熔池温度及形状的控制。平敷焊操作技术容易掌握，焊缝不易产生烧穿、焊瘤等缺陷，易获得优良的焊缝成形，是焊条电弧焊最简单、最基础的操作方法，也是初学者必须掌握的基本操作技能。

小间隙板材对接平焊训练可进一步提高焊接操作的稳定性，也是初学者必须掌握的操作技能。

焊条电弧焊基础操作工艺应达到的技术标准：正确运用起弧、运条、接头和收尾的操作手法；焊道波纹均匀；焊道的起头和接头基本平滑连接，无局部高低不平现象；收尾处弧坑饱满且无缺陷。

一、焊条电弧焊的工作原理及特点

焊条电弧焊工作时，在焊条与工件间可形成稳定燃烧的电弧，并使局部工件和焊条熔化。焊接过程中，焊条药皮不断分解、熔化形成气体及熔渣，对焊条端部、电弧本身、熔池及附近高温区域进行保护。焊芯熔化后以熔滴形式向母材过渡，同熔化的母材形成液态熔池。

当电弧向前移动时，熔池冷却结晶形成焊缝，熔渣凝固成渣壳，对高温固态金属继续进行保护。

焊条电弧焊焊接过程如图1－2－1所示。

二、焊接电弧的构成及稳定性

电弧焊是生产领域中应用最广泛的焊接手段，也是极为重要的焊接方式，而电弧是所有电弧焊方法的能源。

金属导电是通过金属内部的自由电子定向移动实现的。电弧是一种气体放电现象，是带电粒子通过两电极间气体空间的一种导电过程。一般情况下，气体处于中性状态，具备良好的绝缘性能,所以气体导电必须具备两个条件,即两电极间存在带电粒子并具备一定的电势差。

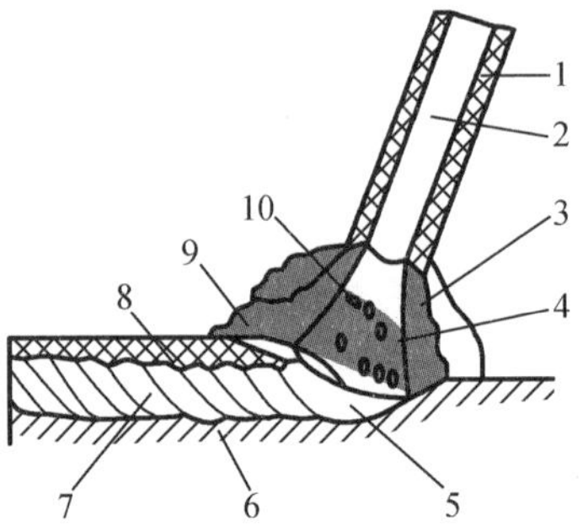

1—药皮;2—焊芯;3—保护气体;4—电弧;5—熔池;6—母材;7—焊缝;8—渣壳;9—熔渣;10—熔滴。

图 1-2-1 焊条电弧焊焊接过程

焊接电源可以提供带电粒子运动所需的电势差,具备形成电流的外界因素。若能使电极间的电中性气体粒子形成带有电荷的粒子,就会在电场力的作用下运动形成电流,使两电极间的气体空间成为导体,从而实现气体放电,如图 1-2-2 所示。

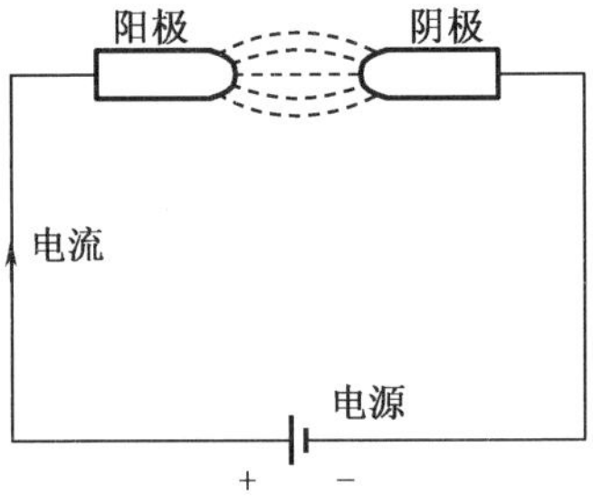

图 1-2-2 焊接电弧的形成

1. 电弧构成

焊接电弧包括阴极区、弧柱区和阳极区,图 1-2-3 为焊条电弧焊焊接电弧的构成。

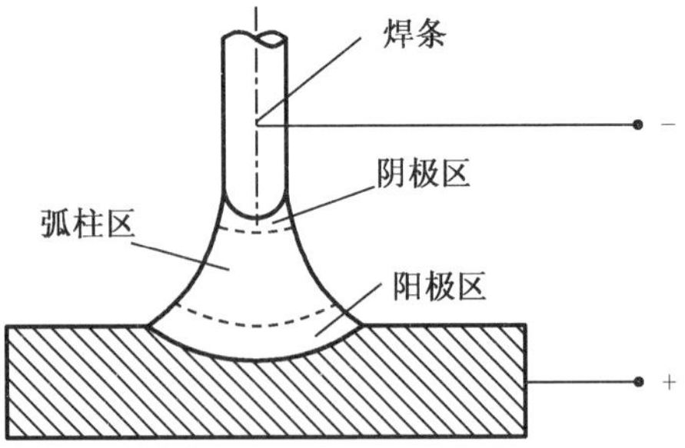

图 1-2-3 焊条电弧焊焊接电弧的构成

当采用直流电源时，如果工件同电源正极相连，则称为直流正接。此时，工件端处于电弧的阳极区，而焊条端为电弧的阴极区，阳极区与阴极区之间则为弧柱区。

同样，采用直流电源时，如果工件同电源负极相连，则称为直流反接。此时，工件端处于电弧的阴极区，焊条为电弧的阳极区。

2. 焊接电弧的稳定性及影响因素

焊接电弧的稳定性是指电弧保持稳定燃烧（即不产生断弧、飘移及偏吹等现象）的能力，是保证焊接过程稳定及焊接质量的重要因素。

焊接电弧的稳定性直接受操作人员的技术熟练程度影响，除此之外还与其他因素有关。

（1）焊接电源

①焊接电源的外特性

焊接电源必须具备能与电弧静特性相匹配的外特性，才能保证电弧的稳定燃烧。

②焊接电源的种类

采用直流电源时，焊接电弧的稳定性优于交流电源。其原因是直流电弧不存在方向变化，而交流电源电弧极性周期性变化，每秒钟电弧要燃烧、熄灭重复 100 次，电流、电压时刻在发生变化。

③焊接电源的空载电压

焊接电源空载电压较高会使电场作用加强，场致电离、场致发射强烈，从而提高电弧的稳定性。

（2）焊条药皮和焊剂类型

焊条药皮、焊剂中含有少量电离能较低的物质（K、Na 等）时，可以增加电弧气氛中的带电粒子。如果焊条药皮或焊剂中含有电离能较高的氟化物及氯化物，则会降低电弧气氛的电离程度，影响电弧的稳定性。另外，焊条偏心或药皮局部脱落会导致焊接过程中电弧周围气体吹力的分布不均匀，使电弧稳定性下降。

酸性焊条药皮的成形剂、造渣剂中含有云母、长石、水玻璃等电离能较低的物质，可以提高电弧的稳定性。

（3）焊接电流

焊接电流增大，电弧温度升高，使电弧中带电粒子增多，可提高焊接电弧的稳定性。

（4）偏吹

在某些因素影响下，电弧周围磁力线均匀分布的状况被破坏，使焊接电弧偏离焊条或焊丝的轴线方向，产生偏吹现象。偏吹形成的根本原因是电弧周围磁场分布不均匀，致使电弧两侧的电磁力不一致。

出现偏吹时，焊接电弧轴线难以对准焊缝中心，导致焊缝成形不规则。

焊接时，导致磁力线分布不均匀的原因包括以下几个方面。

①导线接线位置

如图 1－2－4 所示，当导线不对称接于工件左侧时，焊接电弧左侧的磁力线由两部分叠加而成:一部分是电弧本身电流所致;另一部分则是焊接电流通过工件时所形成的磁力线。电弧右侧的磁力线仅由电弧本身电流形成。

在此情况下,焊接电弧两侧受力不平衡,导致焊接时电弧偏向右侧。

②铁磁性物体的影响

当电弧附近放置铁磁性物体时,由于铁磁性物体磁导率较大,磁力线更多通过铁磁性物体形成回路,致使铁磁性物体一侧的磁力线变稀。电弧两侧磁力线的不均匀分布使电弧偏向铁磁性物体一侧,出现偏吹现象,如图 1-2-5 所示。

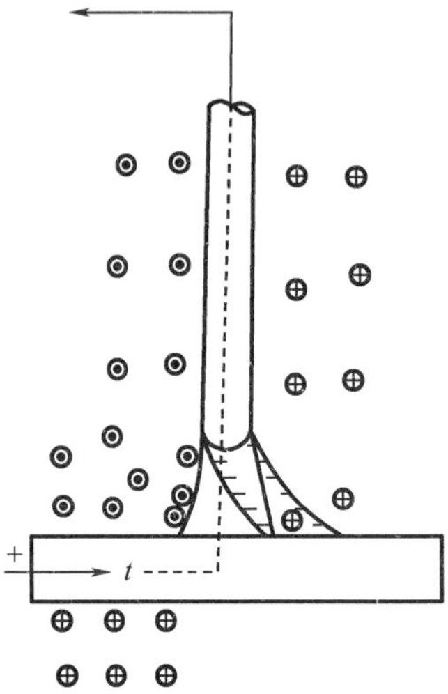

图 1-2-4　导线接线不对称导致偏吹

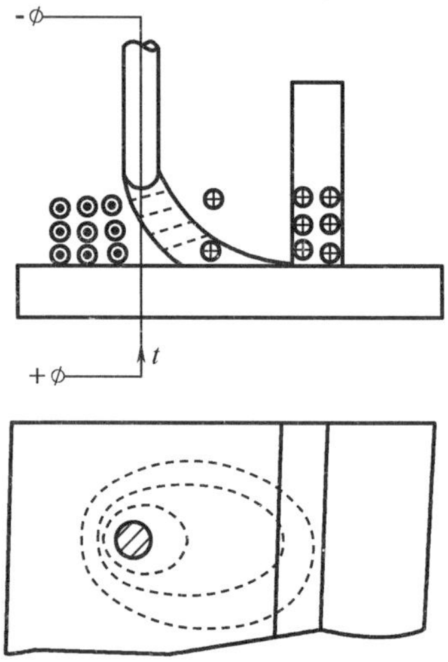

图 1-2-5　电弧附近设置铁磁性物体造成偏吹

为控制偏吹的影响,生产中可采取如下措施:优先选用交流电源;采用直流电源时,可在工件两端同时连接地线,尽可能在周围没有铁磁性物体的环境中焊接;焊接时,利用短弧操作减弱偏吹的影响。

(5)其他因素

焊接时电弧较长,电弧会发生剧烈摆动,导致稳定性下降、飞溅增大。焊接区域存在油漆、油脂、水分或铁锈会使焊接电弧的稳定性下降。强风、气流等因素必然会导致电弧偏吹,从而影响电弧稳定性。

【任务实施】

一、安全注意事项

1. 焊接导线禁止放置在电弧或高温工件附近。

2. 佩戴专用工作服、绝缘鞋及电焊手套等防护用品,保持绝缘鞋和手套干燥。

3. 不得随意摆放焊条,按要求安置焊条头,保持施焊现场的整洁、安全。

4. 如果焊条与工件出现粘连，应迅速使焊钳脱离焊条，以免烧损弧焊电源。

5. 清除焊渣时，应佩戴护目镜或用面罩遮挡，避免焊渣溅入眼内或灼伤皮肤。

6. 禁止赤手更换焊条，禁止用手触摸高温工件。

7. 必须在空载状态下调节焊接电流，避免长时间短路而烧损焊接设备。

8. 焊机出现故障时，应先切断电源再进行检修。

9. 工作完毕后，关闭焊机，切断电源，并收拾好工具、材料。

二、焊条电弧焊操作姿势

焊条电弧焊操作姿势包括蹲姿、坐姿、站姿等，其中蹲姿是较为规范的一种。

1. 蹲姿

身体自然蹲下，两脚与肩同宽，脚尖向外。操作时，脚尖与引弧处保持 240 ~ 260 mm 的距离。

2. 辅助姿势

持焊钳手臂悬空无依托，保持半张开状态操作。用左手握持面罩，自然上提至内护目镜框与眼平行，面罩与鼻尖的距离控制在 10 ~ 20 mm。

三、焊条电弧焊基本操作

焊条电弧焊基本操作包括引弧、运条、接头、收弧、平敷焊、平对接等技能。

1. 引弧

引弧是指开始焊接时引燃焊接电弧的过程。将焊条末端与工件接触形成短路，然后迅速将焊条向上提起 2 ~ 4 mm，即可引燃电弧。

（1）引弧方式

根据电弧的形成过程，引弧可分为敲击引弧、摩擦引弧及辅助引弧等方法。

①敲击引弧

如图 1 – 2 – 6（a）所示，将焊条与工件表面垂直接触，焊条末端与工件表面轻轻引弧，便迅速提起焊条，并保持 2 ~ 3 mm 的距离，使电弧立即引燃。

操作时，必须合理控制手腕下送动作和上提距离。

②摩擦引弧

与划火柴相似，先将焊条末端对准工件，然后将焊条在工件表面划擦。电弧引燃后金属尚未开始大量熔化时，焊条末端与被焊工件表面的距离维持在 2 ~ 4 mm，保持电弧稳定燃烧，如图 1 – 2 – 6（b）所示。

操作时，手腕顺时针方向旋转，焊条端头与工件接触后再抬弧。

（2）引弧方式应用

生产中，应根据具体情况灵活采用敲击引弧和摩擦引弧。

摩擦引弧比较容易掌握，但使用不当时会擦伤工件表面。操作时，应在坡口处擦划，擦划长度控制在 20 ~ 25 mm。使用碱性焊条时，为避免焊条与工件黏结，宜采用摩擦引弧。

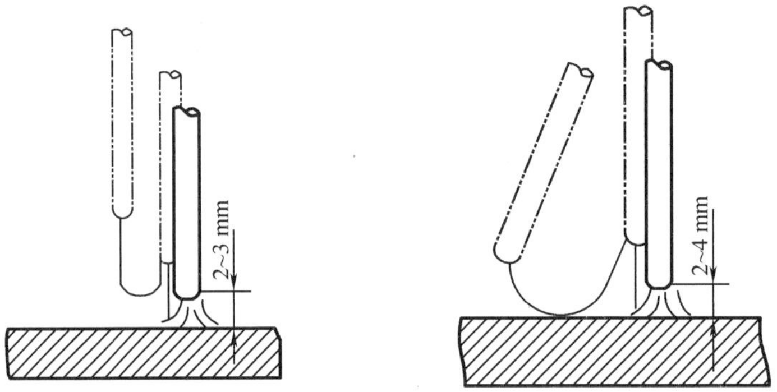

图 1-2-6　引弧方式示意

敲击引弧较难掌握，焊条的提起动作过快，电弧容易熄灭，动作过慢又会导致焊条与工件粘连。在狭窄空间施焊或工件表面不允许有划伤时，应采用敲击引弧法。

2. 运条

在焊接过程中，为稳定弧长、保持熔池形状及控制焊缝成形，以获得均匀一致的焊缝，焊条必须要做相应的运动，焊条相对于焊缝所做的各种运动称为运条。如图 1-2-7 所示，运条可分解为三个基本动作，即沿焊条轴线的送进、沿焊缝轴线方向的纵向移动及横向摆动。

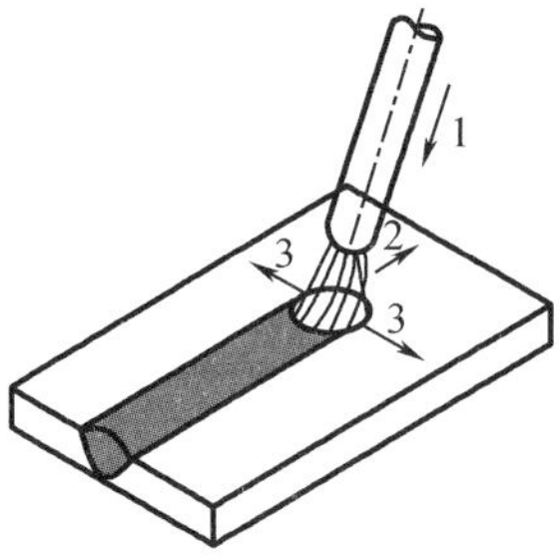

1—送进；2—横向摆动；3—纵向移动。

图 1-2-7　运条示意图

(1)焊条沿轴线向熔池方向送进

焊条熔化后，为保证电弧的长度不变，要求焊条向熔池方向送进的速度与焊条熔化速度一致。

如果焊条送进速度小于焊条熔化速度，电弧长度必然逐渐增加，最终导致电弧熄灭；如果焊条送进速度过快，则电弧长度会缩短，导致焊条末端与工件接触产生短路、电弧熄灭。

(2)焊条沿焊接方向的纵向移动

焊条沿焊接方向的纵向移动可以形成一定长度的焊缝，其运动速度即为焊接速度。

如果移动速度过快,则电弧热量不足以及时熔化焊条和母材,会使焊缝过窄导致未焊透;如果焊条移动速度太慢,则会导致焊缝超高、过宽。

(3)焊条的横向摆动

焊条横向摆动的作用是获得一定宽度的焊缝,并保证焊缝在焊趾处熔合良好,其横向摆动幅度由焊缝宽度和焊条直径决定。焊条适当的摆动不仅可保证焊缝宽度,还可根据焊缝的位置及要求合理控制电弧以获得优良的焊缝成形。

(4)运条方式

焊条电弧的运条方式较多,选用时应根据接头形式、装配间隙、焊接位置、焊条直径及性能、焊接电流和焊工操作水平而定。不论选择哪一种运条方式,都应做到三个基本动作配合得当,以保证电弧长度稳定、焊接速度均匀适当、摆幅前后一致,从而获得外观及尺寸符合要求的焊缝。

常用的运条方式及适用范围见表 1-2-1,在实际应用中以锯齿形、月牙形及圆圈形运条法居多。

表 1-2-1　常用的运条方式及适用范围

运条方法	运条示意图	特点	适用范围
直线形运条		焊条以直线形移动,不做摆动。熔深大,焊道窄	(1)3~5 mm 厚度、I 形坡口对接平焊;(2)多层焊的第一层焊道;(3)多层多道焊
直线往返形运条	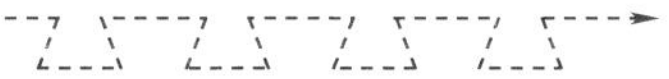	焊条末端沿着焊接方向做往返的直线形摆动。焊接速度快,焊缝窄,散热快	(1)薄板焊;(2)对接平焊(间隙较大)
锯齿形运条	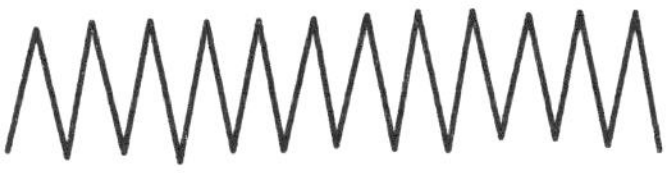	焊条末端沿着焊接方向做锯齿形连续摆动,以控制熔化金属的流动性,使焊缝增宽	(1)对接接头(平焊、立焊、仰焊);(2)角接接头(立焊)
月牙形运条		焊条末端沿着焊接方向做月牙形的左右摆动,使焊缝宽度及余高增加	与锯齿形运条法相同

表 1-2-1(续)

运条方法		运条示意图	特点	适用范围
三角形运条	斜三角形	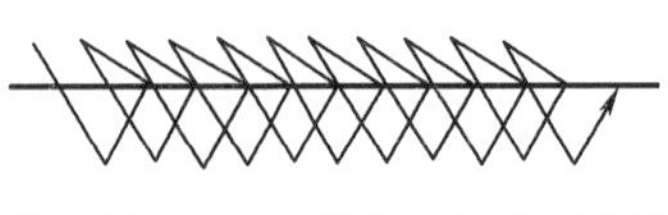	焊条末端沿着焊接方向做三角形摆动	(1)角接接头(仰焊); (2)对接接头(V形坡口横焊)
	正三角形	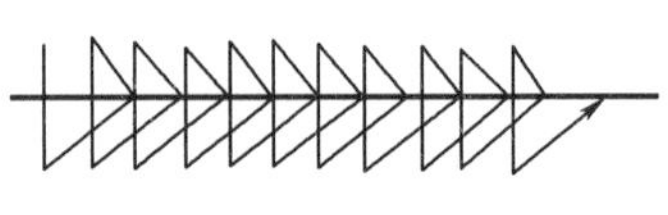		(1)角接接头(立焊); (2)对接接头
圆圈形运条	斜圆圈形	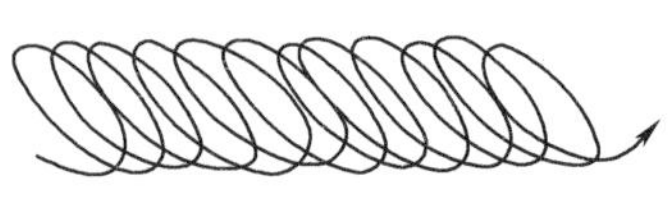	焊条末端沿着焊接方向做圆圈形运动,同时不断地向前移动	(1)角接接头(平焊、仰焊); (2)对接接头(横焊)
	正圆圈形	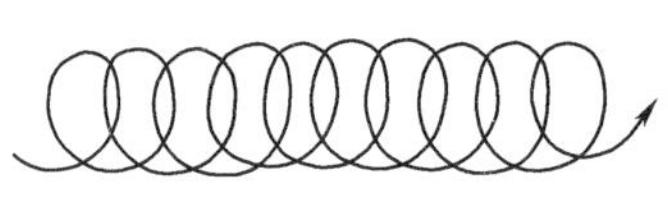		对接接头(厚工件平焊)
8字形运条		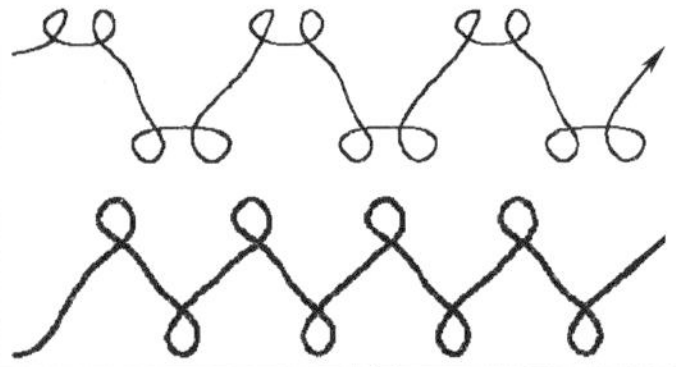	焊条末端沿着焊接方向做8字形运动,使焊缝增宽,波纹美观	对接接头(厚工件平焊)

3. 焊缝的起头

焊缝的起头是指刚开始焊接处的焊缝。起头时工件温度较低,引弧后温度不能迅速升高,导致熔深较浅,焊缝的余高容易超高,甚至出现熔合不良和夹渣等缺陷。

实际操作时,为解决上述问题,引燃电弧后应先将电弧稍微拉长,对工件进行预热,再从距离始焊点 10 mm 左右处回焊到始焊点,压低电弧,微微摆动焊条,逐渐达到需要的焊道宽度,然后按焊接轨迹正常焊接。

4. 焊缝的接头

当焊缝长度较大时,后焊焊缝与先焊焊缝的连接处称为焊缝的接头。焊接过程中,受焊条长度的限制或其他因素的制约,有时不能用一根焊条完成一道焊缝,焊缝存在接头是不可避免的。

为了保证焊缝的连续性及均匀性,防止焊缝出现过高、脱节或宽窄不一等问题,操作时应熟练掌握焊缝接头技术。

(1)中间接头

后焊焊缝的起头与先焊焊缝结尾处相接,大多出现在单层焊和多层焊表层接头。操作时,可选择热接法或冷接法。

①热接法

熄灭电弧后,熔池收弧处还处于呈亮红色或暗红色的高温状态,同时收弧处无黑色熔渣浮出，可采用热接法。运用热接法时，熔池温度较高，处于液态或半凝固状态，接头熔合性较好，可提高接头质量和焊缝成形。

必须保证换好的焊条准确无误地放到收弧处的熔池点上，避免出现接头错位及弯曲缺陷。熔池收弧处还处于呈亮红色或暗红色的高温状态时，就应将换好的焊条重新放到收弧处的熔池点。

②冷接法

接头处已经冷却或熔渣已覆盖焊缝接头时，应采用冷接法。冷接法应用较普及，适用于单层焊及多层焊的表层接头。

操作时，先将接头处弧坑位置的熔渣清理干净。接头时，在先焊焊道弧坑前面约 10 mm 处引弧。电弧长度比正常焊接时略长些（碱性焊条不可拉长，否则易产生气孔），将拉长的电弧缓慢地移到原弧坑的 2/3 处，压低电弧，焊条微微转动，将弧坑填满。

③焊条更换完毕

更换焊条后，重新形成的熔池外缘与原弧坑外缘相吻合时，可向前移动进行正常焊接。

(2)相背接头

相背接头是指后焊焊缝的起头与先焊焊缝的起头相接，如管子对接水平固定后半圈的起头焊接。

操作时，要求先焊焊缝的起头处略低些。接头时在先焊焊缝始端稍前处起弧，然后稍拉长电弧，将电弧逐渐拉向先焊焊缝始端。当先焊焊缝端头被覆盖并焊平后，再向焊接方向移动。

(3)相向接头

相向接头是指后焊焊缝的结尾与先焊焊缝的结尾相接，如管子对接水平固定的封闭处焊接。

后焊焊缝焊至先焊焊缝收弧处时，适当放慢焊接速度，填满先焊焊缝的弧坑，然后快速向前稍焊一段，再熄灭电弧。

(4)分段退焊接头

分段退焊接头是指后焊焊缝的结尾与先焊焊缝的起头相接。

后焊焊缝焊至接近先焊焊缝始端时，改变焊条角度，将焊条指向先焊焊缝始端并拉长电弧。待形成熔池后，再压低电弧向回移动，至原熔池处收弧。

5. 焊缝的收尾

焊缝的收尾是指一条焊缝结束时的结尾操作方法，也称收弧。若收尾方法不当，则在焊缝尾部会形成弧坑，致使焊缝强度下降，容易形成弧坑裂纹。

(1)划圈收尾法

划圈收尾法是指焊条移至焊缝终点时，在弧坑处做圆圈运动，填满弧坑后再拉断电弧，如图 1-2-8 所示。划圈收尾法适用于有黏结特点的碱性焊条厚板焊接，薄板焊接时采用此方法容易烧穿。

(2)反复断弧收尾法

反复断弧收尾法是指焊条移至焊缝终点时,在弧坑处反复熄弧、引弧数次,直到填满弧坑为止,如图 1-2-9 所示。反复断弧收尾法适用于薄板和大电流焊接,但碱性焊条不宜采用此方法,否则易产生气孔。

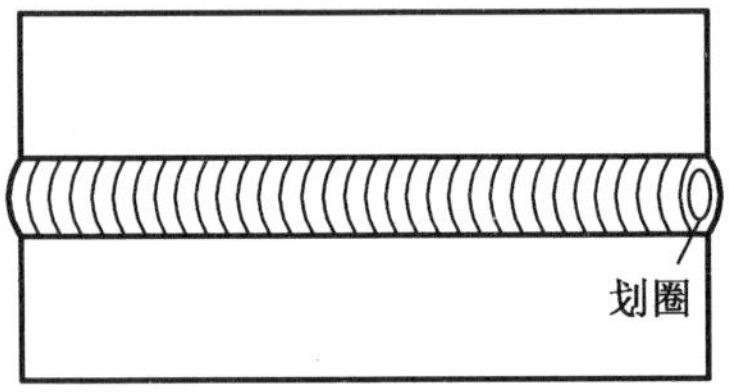

图 1-2-8 划圈收尾法

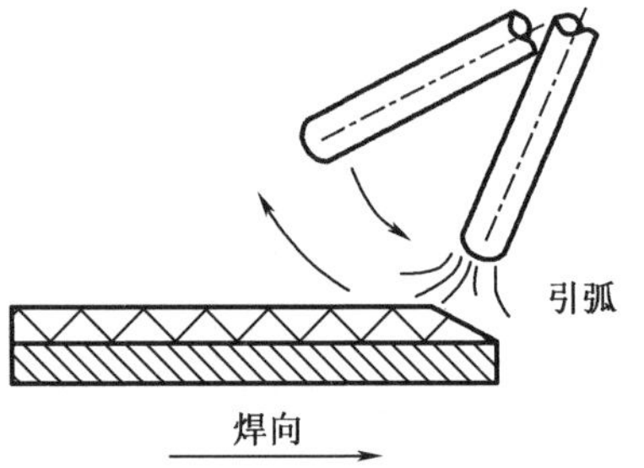

图 1-2-9 反复断弧收尾法

(3)回焊收尾法

回焊收尾法是指焊至终点时,在收弧处稍做停顿,然后改变焊条角度向后回焊 20 ~ 30 mm,再将焊条拉向一侧熄弧,如图 1-2-10 所示。此法适用于碱性焊条。

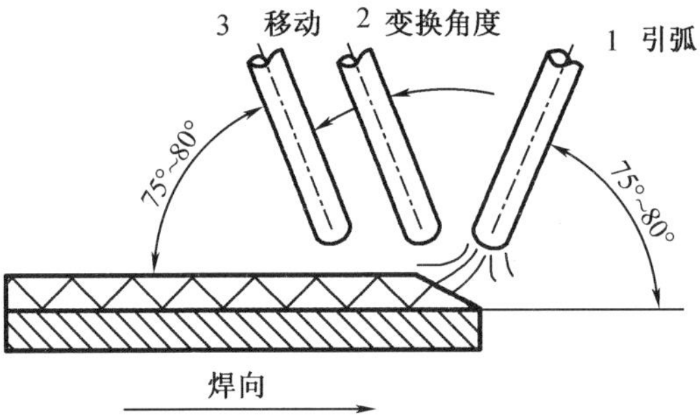

图 1-2-10 回焊收尾法

(4)转移收尾法

转移收尾法是指焊条移至焊缝终点时,在弧坑处稍做停留,将电弧慢慢拉长并引至焊缝边缘的母材坡口内。此时熔池会逐渐缩小,凝固后很少出现缺陷,此法适用于焊条更换或临时停弧。

6. 平敷焊操作

(1)焊接工艺参数选择

①焊条型号、规格

E4303,ϕ2.5 mm、ϕ3.2 mm。

②焊接电流

ϕ2.5 mm 焊条:70 ~ 80 A;ϕ3.2 mm 焊条:95 ~ 105 A。

受焊接电源差异及操作者习惯影响,应用时可做适当调整。

③电源极性

直流正接、反接或交流均可。

(2)焊接操作

采用摩擦法或敲击法引燃电弧。分别用直线形和锯齿形进行运条,焊条角度如图 1 - 2 - 11 所示。分别用冷接法和热接法进行接头训练、收弧训练。

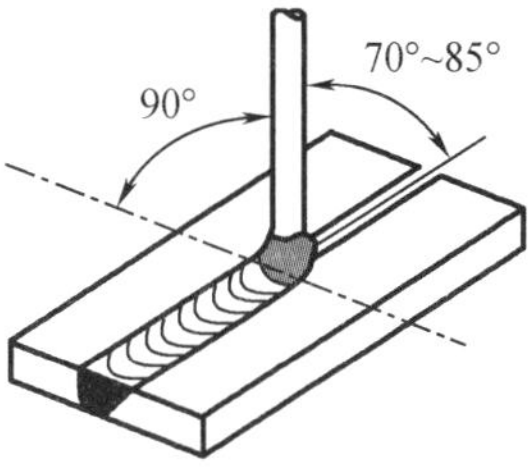

图 1 - 2 - 11　焊条角度示意图

7. 平对接操作技能

(1)装配

对于 250 mm × 25 mm × 4 mm 的工件,清理工件表面的污物,将工件整理平整。在工件两端 10 mm 处进行定位焊,工件间隙为 1 mm,工件错边量应小于 1 mm。

(2)焊接

平对接焊接的操作方法及工艺参数与平敷焊相同。

任务 2.2　焊条电弧焊对接单面焊双面成形

【相关知识】

一、焊条电弧焊对接单面焊双面成形焊接工艺

焊接工艺的合理确定及使用,是保证产品焊接质量的重要环节。焊条电弧焊焊接过程比较复杂,应制定完整、合理的焊接工艺措施,应针对焊接准备、焊接参数的确定及焊后质检等方面全面考虑。

1. 焊前准备

焊前准备是一项极为重要的工作,是保证产品质量的前提,生产中必须对其足够重视。

(1)坡口选择及加工

坡口是指根据设计或工艺需要,将工件的待焊部位加工成一定几何形状的沟槽。在工件上进行坡口加工的目的是使焊接电弧能深入工件根部,保证焊透。焊接时,坡口的存在有利于清除熔渣,还可调节焊缝金属中的熔合比。

①坡口形式选择

焊条电弧焊坡口形式的选择取决于焊接接头形式、工件厚度及技术要求。坡口选择的原则是在保证焊透的前提下,综合考虑加工难易程度、焊接生产率及焊后工件变形等因素。

焊条电弧焊对接接头常用的坡口类型有 I 形、Y 形、X 形及 U 形等,如图 1-2-12 所示。一般情况下,板厚在 1~6 mm 时,可选择 I 形坡口;板厚增加时,可选择 Y 形、X 形或 U 形坡口。

图 1-2-12 对接接头坡口基本形式

角接和 T 形接头的坡口形式与尺寸一般随板厚变化,还与焊接位置、热输入及焊接材料有关。常用的坡口形式如图 1-2-13 所示。

图 1-2-13 角接和 T 形接头的坡口形式

②坡口加工

坡口的加工方法很多,具体的加工方法应根据工件的形状、尺寸、成分、加工条件及质量要求选择。

目前,常用的加工方法有剪切、气割、刨削、车削、碳弧气刨及等离子弧切割等。

(2)工件清理

焊接前,应对工件坡口及坡口两侧一定范围内进行清理,主要是对工件表面的油、漆及锈等污物进行清理。清理时,可根据工件成分及具体条件选择合适的方法。

在实际应用中,可选用钢丝刷、砂轮等机械方法对工件进行清理,也可使用化学方法清理。必要时,对于工件表面的油污及氧化皮,还可用氧乙炔焰进行烘烤清理。

(3)焊条烘干

焊条在运输及储存过程中,有可能会吸收水分而受潮,导致焊接质量下降,所以在使用前应严格按照规范对焊条进行烘干。

焊条烘干的具体规范可按标准进行,也可参照焊条说明书进行。应及时将烘干后的焊条放入焊条保温筒内,随用随取。

(4)焊接设备及工具检查

为使焊接电弧稳定燃烧,确保焊接工艺的合理实施,焊接前应严格检查选择的设备及工具是否合理。

(5)工件的装配

定位焊点是整个焊缝的一部分,又因其冷却速度大于正常焊接过程,容易出现焊接缺陷,所以对其要求更为严格。

焊接时,应按与焊缝完全相同的工艺进行定位焊,重要工件定位焊时禁止带应力对口。

(6)焊前预热

预热是指焊前对被焊工件整体或局部进行适当加热的工艺措施。焊前预热可以降低接头焊后的冷却速度,避免产生淬硬组织,减小焊接应力及变形。对刚性不大的低碳钢和强度级别较低的低合金高强钢,焊前一般不必预热;对刚性大或焊接性差的结构,焊前需要预热。

确定焊前预热温度时,应根据母材化学成分、工件厚度、焊接接头拘束程度、施焊环境温度及产品技术标准等条件综合考虑。

在生产中,可用表面温度计测量预热温度。

2. 焊条电弧焊焊接工艺参数

在实际生产中,合理制定焊接工艺参数是保证焊接工艺正确的关键。焊接工艺参数是焊接时为保证焊接质量而选定的诸物理量,包括焊接电流、电弧电压、焊接速度及热输入等。

(1)焊条直径

焊条直径是指焊芯直径,其大小直接决定生产效率。为提高生产效率,应尽可能选用直径大的焊条,但焊条直径过大容易造成未焊透及成形不良。

确定焊条直径时,应根据工件厚度、焊接位置、接头形式及焊接层数等进行综合考虑。例如,平焊位置或厚度较大的工件,应选用直径较大的焊条;焊接同样厚度的 T 形工件,应选用直径比对接接头大的焊条。

(2)焊接电流

①焊接电流的影响

焊接电流是焊条电弧焊的主要工艺参数。焊接电流增大,可使焊缝熔深增大、焊条熔化速度加快,提高焊接效率。

焊接电流过大会使焊接产生的飞溅和烟尘增多,焊条尾部易发红,导致部分药皮失效或成块脱落。另外,焊接电流过大会造成咬边、焊瘤及烧穿等缺陷,增大焊件变形,并导致焊接接头热影响区晶粒粗大。

焊接电流过小会使引弧困难,焊条容易粘连在工件上,电弧不能稳定燃烧。另外,焊接电流过小时生产率会下降,还会产生未焊透、未熔合、气孔及夹渣等缺陷。

②焊接电流的选择

选择焊接电流时,应结合焊条类型、焊条直径、工件厚度、接头形式、焊缝位置及焊接层数等因素综合考虑，同时还要考虑母材的物理性能。

a. 焊条直径

焊条直径增大，选用的焊接电流必须增大，表 1－2－2 列出了焊接电流与焊条直径的匹配关系。

表 1－2－2　焊接电流与焊条直径的匹配关系

焊条直径/mm	1.6	2.0	2.5	3.2	4.0	5.0	5.8
焊接电流/A	25～40	40～65	50～80	100～130	160～210	200～270	260～300

b. 焊接位置

平焊时，可选择偏大的焊接电流；在横焊、立焊及仰焊位置，焊接电流应比平焊位置小 10%～20%。

c. 焊接层次

打底焊时，特别是单面焊双面成形时，焊接电流应小些；填充焊道时应使用较大的焊接电流；盖面时应选择稍小些的焊接电流。

(3) 电弧电压

电弧电压是由电弧长度决定的，电弧拉长，电弧电压升高。

在焊接过程中，若电弧过长，则会出现电弧燃烧不稳定、飞溅多、熔深浅等现象，并产生咬边、气孔等缺陷；若电弧太短，则焊条容易粘连到工件上。一般情况下，电弧长度应控制在焊条直径的 0.5～1 倍，此时对应的电弧电压为 16～25 V。

(4) 焊接速度

焊条电弧焊的焊接速度是指焊接过程中焊条沿焊接方向移动的速度，即单位时间内完成的焊缝长度。

焊接速度过快会造成焊缝狭窄、凸凹不平，并容易产生未熔合等焊接缺陷；焊接速度过慢会使焊缝变宽、余高增加，焊接功效降低，还会导致热影响区晶粒粗大、焊接变形量增大。

(5) 电源极性

选择电源极性时可结合工件厚度、焊条类型及工件性质综合考虑。

酸性焊条应选择交流或直流正接、反接；碱性焊条应选择直流反接。厚板焊接选择直流正接；薄板焊接选择直流反接。

(6) 焊缝层数

多层焊时，由于前一条焊道对后续焊道起到预热作用，而后续焊道对前一条焊道又起到热处理作用，故接头的延性和韧性较好。焊接时层数越多，焊缝显微组织越细，热影响区越窄。焊缝层数较少时，每层焊缝厚度增大，导致晶粒粗大，焊接接头的力学性能下降。

工件较厚时，一般需要开坡口并采用多层焊，每层焊道的厚度不应超过 5 mm。

(7) 后热与焊后热处理

焊后立即对工件整体(或局部)进行加热或保温使其缓冷的工艺措施称为后热。后热的目的是避免形成淬硬组织，以及使扩散氢逸出焊缝表面，从而防止产生裂纹。

焊后为改善焊接接头的显微组织和性能，或为消除焊接残余应力而进行的热处理称为焊后热处理。

是否进行后热及焊后热处理，以及其温度如何选择，主要根据工件的化学成分、技术要求、施焊环境及构件形式确定。

二、焊条电弧焊缝形成过程

焊条电弧焊焊接过程中，高温使焊条和局部母材熔化，熔化的焊芯以熔滴形式向母材过渡，并与熔化的母材构成具有一定形状和尺寸的液态熔池，随着电弧的移动，熔池前端的工件不断被熔化形成熔池，熔池后部因电弧远离不断冷却，以结晶方式形成焊缝。

1. 熔滴过渡

熔滴过渡在高温状态下的电弧中完成，直接参与焊接冶金过程，并对焊接电弧的稳定性及焊缝成形产生极大影响。

焊条电弧焊的熔滴过渡主要有自由过渡、接触过渡等形式。

2. 焊缝的大小及形状

焊接时，熔池的体积主要由电弧的热作用确定，其形状主要取决于电弧对熔池的作用力。焊接时，熔池受到的作用力主要包括电弧静态及动态电磁压力、熔滴过渡的冲击力、液体金属的重力及表面张力和化学反应产生的附属力等。

电弧压力作用可使熔池表面形成凹坑，电流密度越大，电弧动压力越大，熔池表面的凹坑越深。

3. 焊缝形状参数

焊缝形状是指工件熔化区横截面的形状，可用焊缝的有效厚度（熔深）H、焊缝宽度（熔宽）B 和余高 h 三个参数描述，如图 1－2－14 所示。生产中主要用焊缝成形系数和余高系数来表示焊缝成形特点。焊缝成形系数 $\psi = B/H$，余高系数 $\varphi = B/h$。

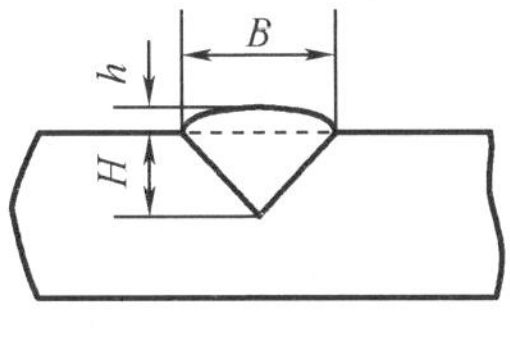

图 1－2－14　焊缝形状参数

三、焊接工艺对焊缝成形的影响

1. 焊接工艺参数的影响

（1）焊接电流

焊接电流主要影响焊缝的熔深。其他条件一定时，随着焊接电流的增大，电弧力、电弧对工件的热输入和焊芯的熔化量增大,焊缝熔深和余高增加,而焊缝宽度变化较小,使焊缝成形系数减小。

(2)电弧电压

电弧电压主要影响熔宽。其他条件一定时,电弧电压增大,焊缝宽度明显增大,焊缝熔深及余高略有减小。

(3)焊接速度

焊接速度的大小主要决定母材的热输入。其他条件不变时,提高焊接速度,焊缝熔深、熔宽及余高均减小。

(4)电源种类及极性

交流焊时,焊缝熔深和熔宽介于直流正接与直流反接之间。

(5)焊条直径

焊接电流、电弧电压及焊接速度不变时,焊条直径越细,电流密度及电磁收缩力越大,对工件的加热越集中,焊缝熔深及余高越大。

(6)工件倾角

下坡焊时,重力阻碍熔池金属向熔池尾部流动,使电弧下方液态金属变厚。电弧对熔池底部金属的热作用减弱,焊缝熔深减小,余高和熔宽增大。

上坡焊时,在重力及电弧力的作用下,熔池金属向熔池尾部流动,电弧正下方液态金属层变薄。电弧对熔池底部金属的热作用增强,使焊缝熔深和余高增大,焊缝熔宽减小。

2. 结构因素的影响

(1)工件材料和厚度

材料不同,其物理性质不同,导热性也不同。导热性好的材料,熔化单位体积金属所需的热量多,相同条件时,得到的焊缝熔深及熔宽要小一些。工件密度及黏度越大,电弧越难排开液体金属,焊缝有效厚度越小。

工件厚度越大,散失的热量越多,焊缝得到的有效热量越少,焊缝熔深及熔宽越小。

(2)坡口

厚板焊接时,为保证工件焊透,需要开坡口并留有一定间隙,焊缝余高和熔合比会随之发生变化。

四、焊缝成形缺陷及预防

焊接缺陷形式较多,产生的原因也不尽相同。

1. 焊缝外形尺寸不符合要求

焊缝外形尺寸不符合要求是指焊缝表面高低不平,焊缝波纹粗糙、宽度不均,以及焊缝几何尺寸不符合要求等现象。

焊缝外形尺寸不仅影响焊缝美观,还影响焊缝金属的力学性能。例如,焊缝余高过大,在焊趾处会产生应力集中;余高过低,会使焊缝的有效横截面积减小,导致接头的承载能力下降。

生产中造成焊缝外形尺寸不符合要求的原因较多，除操作人员技术不熟练以外，还与坡口角度、装配间隙及焊接参数有关。

2. 咬边

焊接时，在母材焊趾线附近出现的沟槽或凹陷称为咬边，是因电弧将焊缝边缘熔化后，填充金属未能有效进行补充而形成的缺口。焊缝存在咬边会使承载截面减小，并导致应力集中。

咬边产生的原因主要是焊接参数选择不正确和操作不当。焊接电流较大、焊接速度过快及焊条角度不正确均可能导致咬边产生。

3. 未焊透和未熔合

焊接接头根部未完全熔透的现象为未焊透。焊道与母材、焊道之间未能完全熔化结合的现象为未熔合。未焊透和未熔合会导致应力集中，使焊缝的力学性能下降。

焊接电流过小、焊接速度过快、坡口尺寸不合适、焊丝偏离焊缝中心及存在偏吹现象都可能导致未焊透或未熔合。另外，工件焊前清理不符合要求，焊接时也容易产生未焊透和未熔合。

为防止未焊透和未熔合，应正确使用焊接参数，合理选择坡口形式及坡口间隙，并保证焊接时焊丝对准焊缝中心。另外，焊前对工件坡口及焊道间严格清理是预防未焊透和未熔合的又一有效措施。

4. 焊瘤

焊接时，熔化的金属流淌到焊缝外未熔化的母材上形成的金属瘤称为焊瘤。焊瘤不仅影响焊缝的外观，造成焊接材料的浪费，还会使夹渣和未焊透夹在其中。

焊瘤产生的主要原因是填充金属过多。坡口尺寸过小、焊接速度慢、电弧电压低、焊丝偏离焊缝中心及焊丝伸出长度过长都可能导致焊瘤出现。

为有效防止焊瘤缺陷，应尽量使焊缝处于水平位置，焊接速度不宜过慢，焊丝伸出长度不宜过长，等等。

5. 夹渣

夹渣是指焊条电弧焊时，药皮未能从熔池中有效脱离出来，最终残留在焊缝金属内部的现象。夹渣会导致焊缝金属力学性能下降。

夹渣产生的原因包括焊接电流太小，焊接速度过快，多层焊层间清理不干净，焊缝成形小，焊条角度不正确，等等。

6. 焊穿及塌陷

焊穿是指在焊缝上形成穿孔的现象。熔化的金属从金属背面漏出，使焊缝正面下凹、背面凸起的现象称为塌陷。

焊穿和塌陷形成的原因为焊接电流大，焊接速度慢，以及坡口间隙过大。在气体保护焊中，气体流量过大也可能导致焊穿。

【任务实施】

一、焊前准备

1. 焊机使用前检查

使用焊机前,应检查焊钳及各接线处连接是否良好。选用直流电源时,应检查电源极性是否符合要求。E4303 焊条应选择直流正接;E5015 焊条应选择直流反接。

2. 工件清理

彻底清除工件一定范围内的油漆、锈、水分及氧化皮等杂质,至露出金属光泽,并适当打磨出钝边,清理后应立即施焊。若工艺无特殊要求,清理时可使用锉刀、角磨砂轮等工具。

(1)板材清理范围为坡口及距坡口两侧 15 ~ 20 mm,如图 1 – 2 – 15(a)所示。

(2)管材清理范围为管子坡口面及近坡口面两侧管壁,如图 1 – 2 – 15(b)所示。

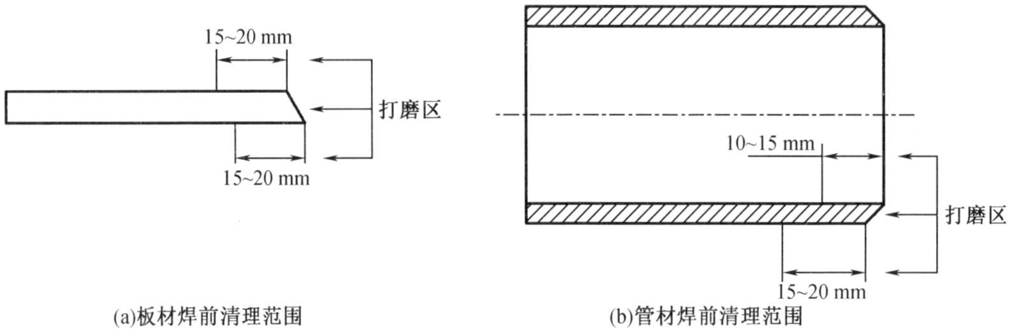

图 1 – 2 – 15　焊前清理范围

3. 焊条烘干

E4303 焊条烘干规范:烘干温度为 100 ~ 150 ℃,保温时间为 1 h。E5015 焊条烘干规范:烘干温度为 250 ~ 300 ℃,保温时间为 2 h。焊条烘干规范也可按焊条说明书执行。

烘干后的焊条应放入焊条保温筒内,随用随取。重复烘干次数不应超过三次。

4. 定位焊

焊前为固定工件的相对位置、避免变形而进行的焊接操作称为定位焊,也称点固焊。定位焊形成的短小且断续的焊缝为定位焊缝。

定位焊缝较短,在正式焊接过程中往往并不清理掉,最终会保留下来而成为正式焊缝的一部分,故定位焊的质量、尺寸及位置会直接影响焊缝的质量,应符合以下要求。

(1)必须按照焊接工艺规定焊接定位焊缝。

(2)定位焊缝必须熔合良好,焊道不能过高,起头和收尾处应圆滑过渡,以防止接头时焊不透。

(3)定位焊缝的长度、余高及间距可参考表 1－2－3 进行选择。

表 1－2－3　定位焊缝的参考尺寸

工件厚度/mm	定位焊缝余高/mm	定位焊缝长度/mm	定位焊缝间距/mm
<4	<4	5～10	50～100
4～12	3～6	10～20	100～200
>12	>6	20～30	200～300

(4)定位焊缝不能设置在焊缝交叉处或焊缝方向发生急剧变化处,通常应距离这些地方 50 mm 以上。

(5)为防止定位焊缝在焊接过程中裂开,应尽量避免强制装配,必要时可增大定位焊缝长度,并减小定位焊缝间距。

(6)定位焊完毕后,应及时焊接,避免中途停顿和存放时间过长。

(7)定位焊使用的焊接电流可比正常焊接电流大 10%～15%。

(8)定位焊必须保证装配间隙。

(9)典型试件装配规范如下。

①300 mm×100 mm×12 mm 板材对接试件的定位焊

定位焊应采用与正式焊接相同的焊条,定位焊点布置在工件背面两侧端头,焊点长度控制在 10～15 mm。

定位焊位置、尺寸要求如图 1－2－16 所示。

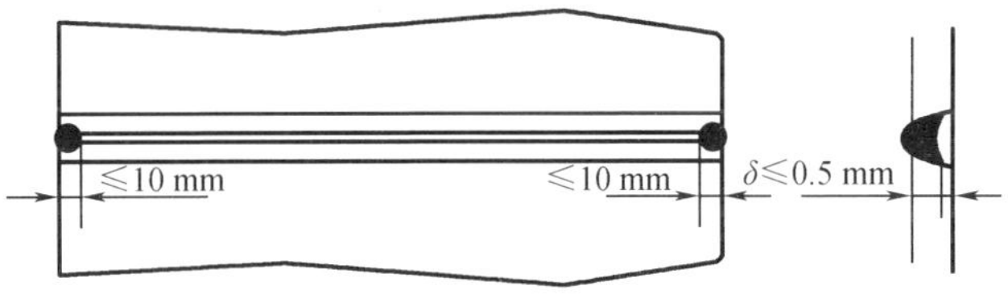

图 1－2－16　定位焊位置、尺寸要求

②管材对接试件

定位焊点按圆周方向均分三处,大管子可焊 2～3 处,小管子可焊 1～2 处,每处定位焊缝长 10～15 mm。装配好的管子应预留间隙,并保证同心。

定位焊一般应在管子坡口内进行,也可使用连接板在坡口外进行装配点固焊。按装配位置,定位焊可分为正式定位焊、非正式定位焊、连接板定位焊三种形式,如图 1－2－17 所示。

图 1－2－17(a)为在坡口内进行定位焊,使用较普及。该定位焊缝是正式焊缝的一部分,应确保焊透、无缺陷。固定完毕后,将定位焊缝两端打磨成缓坡形状。

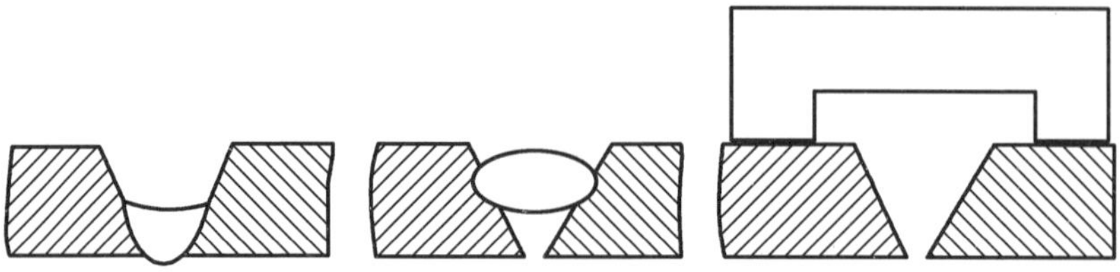

(a)正式定位焊　(b)非正式定位焊　(c)连接板定位焊

图 1－2－17　管材定位焊形式

图 1－2－17(b)为非正式定位焊，操作时应注意保持试件坡口根部棱边不被破坏。正式焊接至定位焊缝处时，将该定位焊缝打磨清除，然后继续焊接。

图 1－2－17(c)为利用连接板(定位板)进行装配固定，这种方法不会破坏试件坡口。焊接至连接板处应将其打掉，然后继续焊接。

5. 反变形

为保证焊后试件的平整度，焊前必须预置反变形，如图 1－2－18 所示。

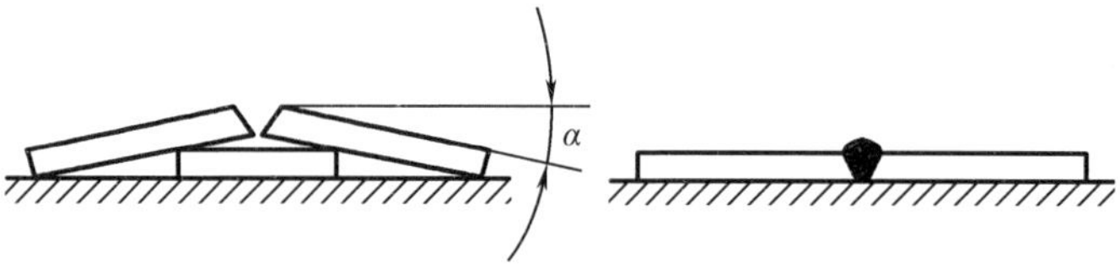

焊前　焊后

图 1－2－18　试件预置反变形

表 1－2－4 为板材试件(300 mm × 100 mm × 12 mm)单面焊双面成形装配尺寸参考数据。表 1－2－5 为管状试件(ϕ108 mm × 8 mm、长度 100 mm)单面焊双面成形装配尺寸参考数据。

表 1－2－4　板材试件(300 mm × 100 mm × 12 mm)单面焊双面成形装配尺寸参考数据

施焊方式	焊条型号	坡口形式	坡口角度/(°)	坡口间隙/mm	反变形/(°)	钝边/mm	错边量/mm
平位施焊	E4303	V 形对接	60	始焊端 3.2，终焊端 4.0	3	0 ~ 1	≤1
	E5015	V 形对接	60	始焊端 2.7，终焊端 3.2	3	0 ~ 1	≤1
立位施焊	E4303	V 形对接	60	断弧法：始焊端 3.2，终焊端 4.0； 连弧法：始焊端 2.5，终焊端 3.2	2	0 ~ 1	≤1
	E5015	V 形对接	60	始焊端 3.2，终焊端 3.7	3	0 ~ 1	≤1
横位施焊	E4303	V 形对接	60	始焊端 3.2，终焊端 4.0	3	0 ~ 1	≤1
	E5015	V 形对接	60	始焊端 3.2，终焊端 4.0	3	0 ~ 1	≤1

表 1-2-4(续)

施焊方式	焊条型号	坡口形式	坡口角度/(°)	坡口间隙/mm	反变形/(°)	钝边/mm	错边量/mm
仰位施焊	E4303	V 形对接	60	始焊端 3.2,终焊端 4.0	3	0~1	≤1
	E5015	V 形对接	60	断弧法:始焊端 3.2,终焊端 4.0; 连弧法:始焊端 2.5,终焊端 3.2	3	0~1	≤1

表 1-2-5　管状试件(ϕ108 mm×8 mm、长度 100 mm)单面焊双面成形装配尺寸参考数据

固定方式	焊条型号	坡口形式	坡口角度/(°)	坡口间隙/mm	定位焊点	钝边/mm	错边量/mm
垂直固定	E4303	V 形对接	60	3.2	3 点	0~1	≤1
	E5015	V 形对接	60	3.0	3 点	0~1	≤1
水平固定	E4303	V 形对接	60	仰焊端 2.5,平焊端 3.0	3 点	0~1	≤1
	E5015	V 形对接	60	仰焊端 2.0,平焊端 2.5	3 点	0~1	≤1

二、焊条电弧焊板材对接单面焊双面成形技术

焊条电弧焊板材对接单面焊双面成形包括平位、立位、横位及仰位四种空间位置。

1. 平位

平位施焊(平焊)时,工件处于俯焊位置。平位施焊是板状试件其余空间位置和管状试件各位置焊接操作的基础,其操作难点在于打底焊的熔孔不易观察、控制。当焊接参数选择及操作不规范时,在焊缝背面容易产生超高、焊瘤或未焊透等缺陷。

平焊操作时,试件置于胎架水平面上,坡口间隙小的一端放置在左侧,自左向右施焊。焊接时,焊道可分四层四道进行,如图 1-2-19 所示。

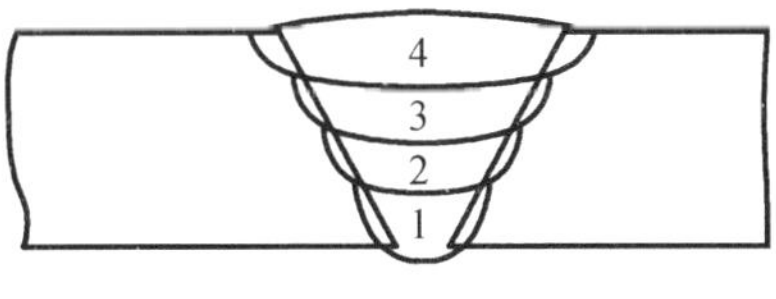

图 1-2-19　平焊焊道布置

(1)E4303

①焊接参数选择

E4303 平焊焊接参数参考范围见表 1-2-6。

表 1－2－6　E4303 平焊焊接参数参考范围

焊条型号	焊接层次	焊条直径/mm	焊接电流/A	焊接速度/($mm \cdot s^{-1}$)	电源极性
E4303	打底	3.2	75～85	—	直流正接
	填充	4.0	175～185	2.0～2.5	直流正接
	盖面	4.0	165～175	1.5～2	直流正接

②打底

单面焊双面成形的第一层打底焊(打底)是焊接操作的关键环节,采用断弧、短弧施焊。

在间隙小的一端定位焊缝始焊处引弧,用 3～4 mm 的长弧对预焊接处进行预热,停顿 1～2 s,当预焊接点变红、微熔后向右施焊。

电弧到达定位焊缝右侧前沿时,焊条下压并稍做停顿,使坡口与焊缝金属熔合为一体且焊出熔孔(熔孔为坡口两侧对称的半圆弧),伴随“噗”的一声第一个熔池形成,此时熄灭电弧。当熔孔变成暗红时重新施焊,焊接位置在熔孔的 1/2～2/3 处。

焊条与前进方向成 60°～80°,焊条的投影与焊缝重合,如图 1－2－20 所示。

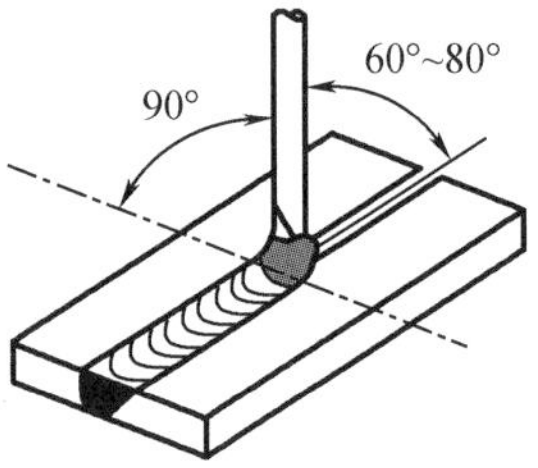

图 1－2－20　平焊打底焊焊条角度

熔孔变大时,应减小焊条前进方向的角度或者提高灭弧频率,降低电弧对焊缝的加热量;熔孔缩小时,应压低电弧,增大焊条前进方向的角度,配合降低灭弧的频率。

更换焊条前,收弧时将焊条下压,使熔孔变大,然后缓慢向前带弧使其形成坡口,为下一根焊条接头打基础。接头时在收弧熔池后约 10 mm 处引弧,引燃电弧后缓慢向前拉弧。当电弧达到收弧熔池前端时将电弧下压,与之前灭弧的熔池熔合为新熔池并形成熔孔,此时熄灭电弧,然后依次施焊。

③填充

施焊前先将前一道焊缝的熔渣及飞溅清除干净,并对焊缝过高或凹处进行修正。焊接时采用短弧法、连弧法施焊。

在距离端部约 10 mm 处引弧,然后将电弧拉回开头处施焊。运条时采用横向锯齿形或月牙形摆动,在坡口两侧稍加停顿,其摆幅应逐层加大。焊接时,焊条与前进方向成 75°～85°,焊条的投影与焊缝重合(参照图 1－2－20 调整)。

焊接与盖面层相邻的填充层时,控制焊缝比坡口边缘低 0.5～1.5 mm,最好略呈凹形,焊缝应平滑、无夹渣。需要注意的是,不得熔化坡口两侧的棱边。填充过程中如果出现熔池和铁水超过焊条，应减小焊条与焊接方向的角度以增大电弧吹力，并适当提高焊接速度。至熔池铁水恢复到正常位置后，再将焊条调整回正常的焊接角度。

④盖面

采用连弧法施焊。

在距离端部约 10 mm 处引弧，然后将电弧拉回开头处施焊。焊条与前进方向成 75° ~ 85°，焊条的投影与焊缝重合。

运条时采用横向锯齿形或月牙形摆动，在坡口两侧稍做停顿。焊条的摆幅由熔池边沿确定，熔池边沿不得超过工件表面棱边 2 mm。接头时应在弧坑前 10 mm 处引弧，然后向回拉弧将弧坑填满后进行施焊。

(2) E5015

①焊接参数选择

E5015 平焊焊接参数参考范围见表 1－2－7。

表 1－2－7　E5015 平焊焊接参数参考范围

焊条型号	焊接层	焊条直径/mm	焊接电流/A	焊接速度/($mm \cdot s^{-1}$)	电源极性
E5015	打底	3.2	70 ~ 80	1.0 ~ 2.0	直流反接
	填充	4.0	165 ~ 175	2.0 ~ 2.5	直流反接
	盖面	4.0	155 ~ 165	1.5 ~ 2.0	直流反接

②打底

采用连弧法、短弧法施焊。

在间隙小的一端定位焊缝始焊处引燃电弧，采用 3 ~ 4 mm 的长弧对预焊接处进行预热，稍做停顿 1 ~ 2 s，当预焊接点变红、微熔后右施焊。

电弧到达定位焊缝右侧前沿时，焊条下压并稍做停顿，使坡口与焊缝金属熔合为一体且焊出熔孔，伴随“噗”的一声第一个熔池形成，然后运用连弧焊法、采用横向锯齿形或月牙形摆动匀速前进。焊接过程中，应保证时刻有熔孔出现。

摆动至坡口两侧时应稍做停顿，使坡口根部熔合。焊条与前进方向成 70° ~ 80°，焊条的投影与焊缝基本重合。

操作时，应将熔孔直径控制在比间隙大 1 ~ 2 mm，如图 1－2－21 所示。熔孔变大时，应减小焊条与前进方向的角度；熔孔缩小时，应压低电弧，同时增大焊条与前进方向的角度。

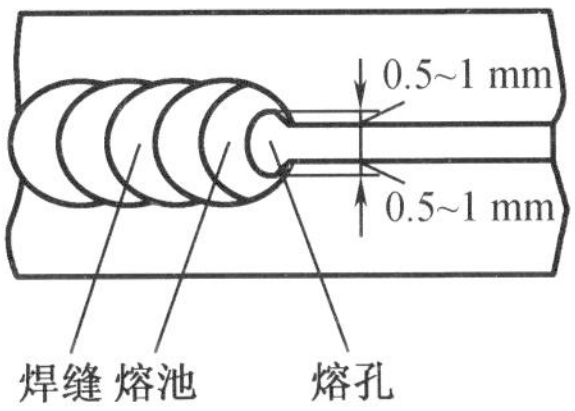

图 1－2－21　平焊熔孔

更换焊条前，在收弧时将焊条下压，使熔孔变大。然后缓慢向前带弧使其形成坡口，为下一根焊条接头打基础。接头时在收弧熔池后约 10 mm 处引弧，引燃后慢慢向前拉弧。当电弧达到收弧熔池前端时，电弧下压形成熔孔，然后依次施焊。

③填充

采用短弧法施焊。

在距离端部约 10 mm 处引弧，然后将电弧拉回开头处施焊。焊条与前进方向成 75° ~ 85°，焊条的投影与焊缝重合。运条时采用横向锯齿形或月牙形摆动，摆动至坡口两侧稍加停顿。

最后一层填充层与工件表面的距离应控制在 1.5 ~ 2 mm，焊缝应平滑、无夹渣。焊接时不要熔化坡口棱边，以保证盖面层焊道平直。

填充过程中，如果熔池和铁水超过焊条，则应减小焊条与焊接方向的角度，以增大电弧吹力，并适当加快焊接速度。当熔池和铁水恢复到正常位置后，将焊条调整回正常的焊接角度。

④盖面

采用连弧法施焊。

在距离端部约 10 mm 处引弧，然后将电弧拉回开头处施焊。焊条与前进方向成 75° ~ 85°，焊条的投影与焊缝重合。运条时采用横向锯齿形或月牙形摆动，摆动至坡口两侧稍做停顿。

接头时应在弧坑前 10 mm 处引弧，然后向回拉弧将弧坑填满后进行施焊。

2. 立位

立位施焊（立焊）时，液态金属受重力作用下坠，容易产生焊瘤致使焊缝成形困难。打底层施焊时，熔池金属和熔渣极易分离，造成熔池保护效果下降，一旦操作手法不当，必然会产生气孔。所以，立焊时，必须严格控制焊条角度并采用短弧施焊。

试件垂直固定在胎架上，工件间隙小的一端放在下端，自下向上施焊。焊接时，焊道可分四层四道进行，如图 1 – 2 – 22 所示。

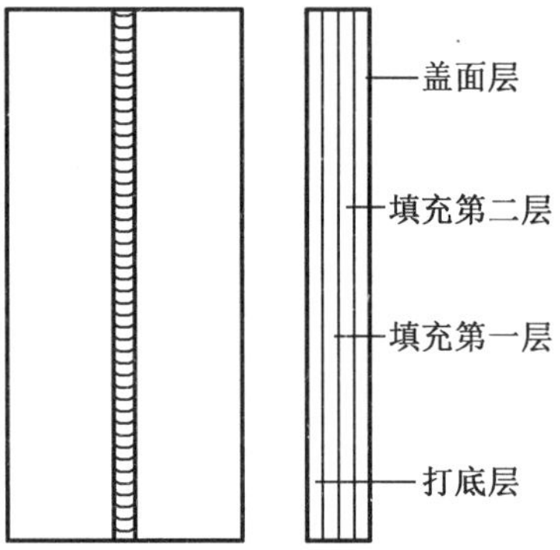

图 1 – 2 – 22　立焊焊道布置图

(1) E4303

①焊接参数选择

E4303 立焊焊接参数参考范围见表 1 -2 -8。

表 1 -2 -8　E4303 立焊焊接参数参考范围

焊条型号	焊接层	焊条直径/mm	焊接电流/A	焊接速度/($mm \cdot s^{-1}$)	电源极性
E4303	打底	2.5	50 ~ 60	—	直流正接
	填充	3.2	85 ~ 95	1.5 ~ 2.0	直流正接
	盖面	3.2	80 ~ 90	1.5 ~ 2.0	直流正接

②打底

采用短弧,可使用断弧法或连弧法施焊。

采用断弧焊时,在试件下端定位焊缝上端 10 ~ 20 mm 处引弧,并迅速向下拉到定位焊缝,稍做停顿预热 1 ~ 2 s,开始摆条并向上运动,到达定位焊缝上端时适当加大焊条角度并压低电弧,焊出熔孔听到“噗”的一声后熄灭电弧。当熔孔变暗红时再进行焊接,焊条与已焊焊缝的角度为 70° ~ 80°,焊条的投影与焊缝重合,如图 1 -2 -23 所示。

电弧在工件两侧坡口面上稍做停顿,确保焊缝与母材熔合,保证电弧的 1/3 对着坡口间隙,电弧的 2/3 覆盖在熔池上。

熔孔可比平焊稍大些,熔池表面应呈水平的椭圆形,适当的熔孔形状及大小如图 1 -2 -24所示。此时焊条末端距工件底部 1.5 ~ 2 mm,一半电弧在工件间隙后面燃烧。熔孔变大时,应减小焊条前进方向的角度;熔孔缩小时,应压低电弧,同时增大焊条前进方向的角度。

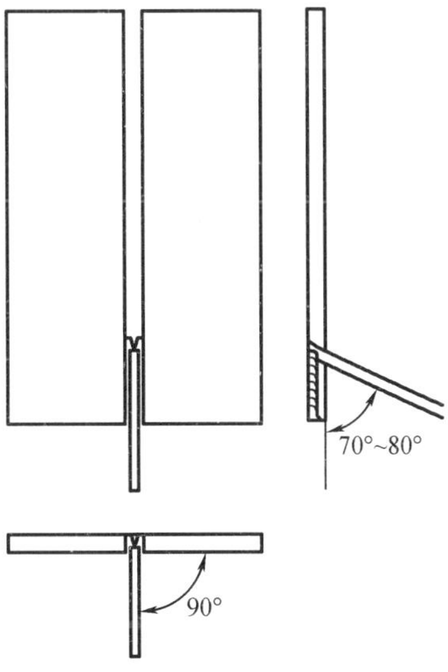

图 1 -2 -23　立焊打底焊条角度示意图

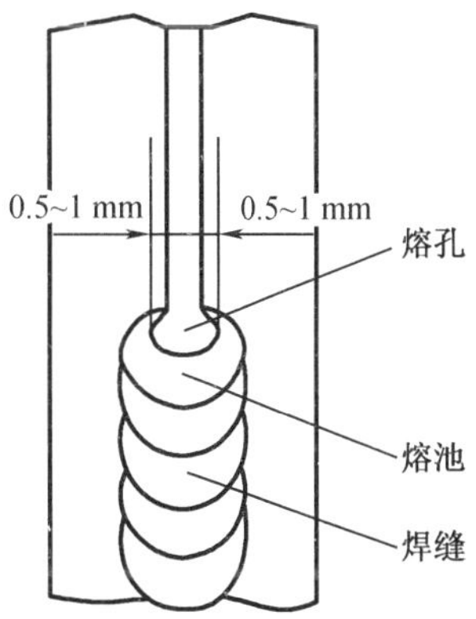

图 1 -2 -24　立焊熔孔的形状及大小

更换焊条前，在收弧时将焊条下压，使熔孔变大，然后缓慢向前带弧使其形成坡口，为下一根焊条接头打基础。接头时，在收弧熔池上方约 10 mm 处一侧坡口面上引弧。引弧后快速拉回到原弧坑上预热，之后稍做摆动向上拉弧，当电弧达到收弧熔池前端时，电弧下压形成熔孔，然后依次施焊。

采用连弧法时，在试件下端定位焊缝上端 10 ~ 20 mm 处引弧，并迅速向下拉到定位焊缝，稍做停顿预热 1 ~ 2 s，开始摆条并向上运动，到达定位焊缝上端时适当加大焊条角度并压低电弧，焊出熔孔后采用横向锯齿形或月牙形摆动，向上带动熔池，保证熔孔始终存在。

焊条与已焊焊缝的角度为 70° ~ 80°，焊条的投影与焊缝重合，其余要求同断弧焊。

③填充

施焊前，将打底层熔渣、飞溅清理干净，将接头处的凸起打磨平整，采用短弧法、连弧法施焊。

在距离端部约 10 mm 处引弧。运条时采用横向锯齿形或月牙形摆动，摆条频率适当加快，在坡口两侧稍加停顿，保证熔合及排渣，防止立焊缝两边产生凹陷死角。

焊条与已焊焊缝成 70° ~ 80°，焊条的投影与焊缝重合。

接头时在收弧弧坑上方约 10 mm 处引弧，然后将电弧拉回至弧坑处，沿弧坑填满后正常施焊。

最后一层填充层与工件表面的距离应控制在 1 ~ 1.5 mm，保证熔合良好，焊道表面平整、无夹渣。不得熔化坡口棱边，以保证盖面层焊道保持平直。

④盖面

采用连弧法施焊。

在距离端部约 10 mm 处引弧。采用横向锯齿形或月牙形摆动运条，焊条摆动频率应比平焊缝稍快些，摆条至坡口两侧时将电弧进一步压低并稍做停顿。

摆动宽度以保证电弧侧边与边棱熔合为宜，焊缝比坡口每侧增宽控制在 1 ~ 2 mm。

焊条前进速度要均匀一致，控制新熔池覆盖前一个熔池的 2/3 ~ 3/4。焊条与板下方成 70° ~ 80°，焊条的投影与焊缝重合。

接头时应在弧坑上方约 10 mm 处引弧，然后向回拉弧将弧坑填满后进行正常焊接。

(2) E5015

①焊接参数选择

E5015 立焊焊接参数参考范围见表 1 - 2 - 9。

表 1 - 2 - 9　E5015 立焊焊接参数参考范围

焊条型号	焊接层	焊条直径/mm	焊接电流/A	焊接速度/(mm · s^{-1})	电源极性
E5015	打底	3.2	70 ~ 80	1.0 ~ 2.0	直接反接
	填充	3.2	90 ~ 100	1.5 ~ 2.0	直流反接
	盖面	3.2	80 ~ 90	1.5 ~ 2.0	直流反接

②打底

采用短弧法、连弧法施焊。

在试件下端定位焊缝上方 10 ~ 20 mm 处引弧，并迅速向下拉到定位焊缝，稍做停顿预热 1 ~ 2 s，开始摆条并向上运动，到达定位焊缝上端时适当加大焊条角度并压低电弧。焊出熔孔后采用横向锯齿形或月牙形摆动向上带动熔池，保证熔孔始终存在。

焊条与已焊焊缝的角度为 70° ~ 80°，焊条的投影与焊缝重合。

熔孔变大时，应减小焊条与前进方向的角度；熔孔缩小时，应压低电弧，同时增大焊条与前进方向的角度。

更换焊条前，在收弧时将焊条下压，使熔孔变大，然后缓慢向上带弧使其形成坡口，为下一根焊条接头打基础。接头时，在收弧熔池上方约 10 mm 处一侧坡口面上引弧。引弧后快速拉回至原弧坑上预热，之后稍做摆动向上拉弧，当电弧达到收弧熔池前端时，电弧下压形成熔孔，然后依次施焊。

③填充

施焊前，将打底层熔渣、飞溅清理干净，打磨平整接头处的焊瘤，采用短弧法施焊。

在距离端部约 10 mm 处引弧。运条时采用横向锯齿形或月牙形手法并稍快些摆动，在坡口两侧稍加停顿。

焊条与板下方成 70° ~ 80°，焊条的投影与焊缝重合。

接头时在收弧弧坑上方约 10 mm 处引弧，然后将电弧拉回至弧坑处，沿弧坑形状填满弧坑后正常施焊。

最后一层填充层与工件表面的距离应控制在 1 ~ 1.5 mm，保证熔合良好，焊道表面平整。不得熔化坡口棱边，以保证盖面层焊道保持平直。

④盖面

采用连弧法施焊。

在距离端部约 10 mm 处引弧，然后将电弧向下拉施焊。采用横向锯齿形或月牙形摆动运条，从一侧向另一侧摆条时应快些，摆条至坡口两侧时将电弧进一步压低并稍做停顿。摆动宽度应保证电弧侧边与边棱熔合，焊缝比坡口每侧增宽控制在 1 ~ 2 mm。

焊条与板下方成 70° ~ 80°，焊条的投影与焊缝重合。

接头时应在弧坑上方约 10 mm 处引弧，然后向回拉弧将弧坑填满后进行正常焊接。

3. 横位

横位焊接（横焊）时，熔化金属下淌，导致焊缝上侧咬边，下侧产生下坠或焊瘤，因此应设置多层多道焊，选用小直径焊条、小电流及短弧操作。

横焊试件垂直固定在胎架面上，两板上下放置，焊道水平。工件间隙小的一端放在左端，焊接时焊道可设计为四层十道，如图 1 - 2 - 25 所示。

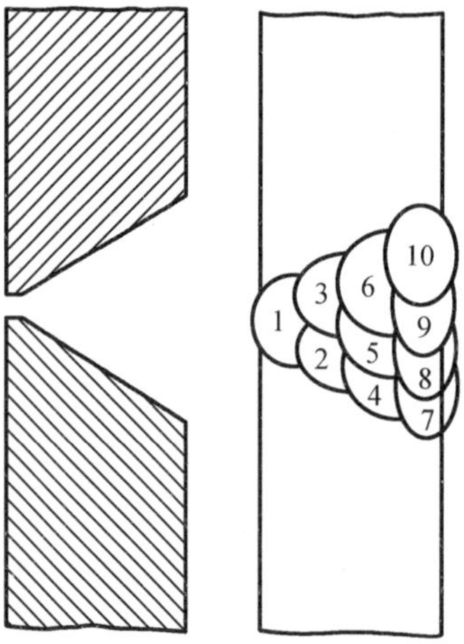

图 1-2-25　横焊焊道示意图

(1) E4303

①焊接参数选择

E4303 横焊焊接参数参考范围见表 1-2-10。

表 1-2-10　E4303 横焊焊接参数参考范围

焊条型号	焊接层	焊条直径/mm	焊接电流/A	焊接速度/($mm \cdot s^{-1}$)	电源极性
E4303	打底	2.5	55~65	—	直流正接
	填充	3.2	120~130	2.0~2.5	直流正接
	盖面	3.2	110~120	1.5~2.0	直流正接

②打底

采用短弧法、断弧法施焊。

在坡口内引燃电弧，将焊条压向工件根部并稍做停顿，上钝边熔化后斜拉至下坡口根部，待下坡口熔化形成完整的熔池后回勾灭弧。

当熔孔变暗红时，压着该熔池的 2/3 重新引弧，横向拉动电弧将上钝边熔化形成熔孔后稍做停留，向熔池稍加压力，填满熔池后再向下斜拉，形成一个完整、清晰的熔池后回勾灭弧。熔池凝固形成一点局部焊缝，整条焊缝运条手法都依此操作，引弧、灭弧节奏控制在每分钟 45~55 次，最终形成完整的打底层焊道。

如图 1-2-26 所示，焊条与前进方向成 70°~80°，与下板成 80°~85°。

保证坡口熔合，保持熔池的大小、形状一致，按图 1-2-27 控制熔孔。熔孔变大时，应提高焊接速度、摆动频率，减小焊条与前进方向的角度；熔孔缩小时，应压低电弧，降低焊接速度、摆动频率，同时增大焊条与前进方向的角度。

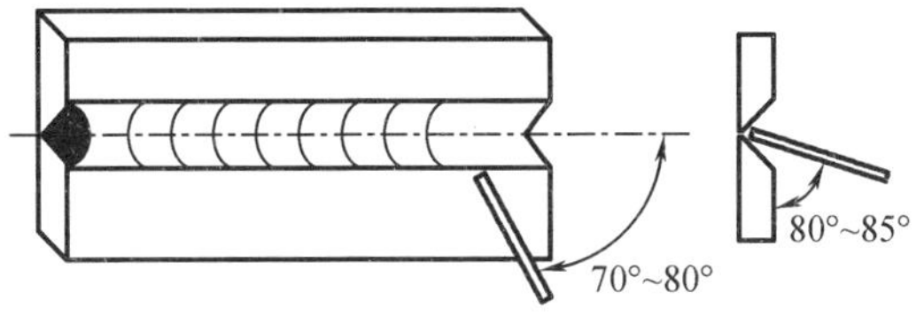

图 1-2-26　打底焊焊条角度

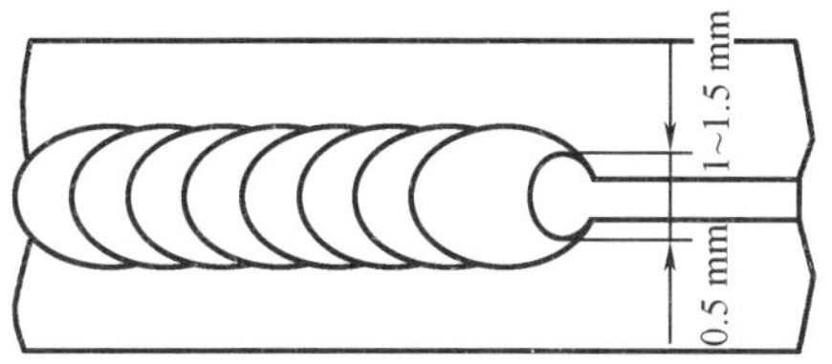

图 1-2-27　横焊熔孔的控制

更换焊条前，在收弧时将焊条下压，使熔孔变大，然后缓慢向前带弧使其形成坡口，为下一根焊条接头打基础。接头时应在距前段焊道收尾处约 10 mm 的坡口内引燃电弧。持续预热升温，焊至坡口根部，将焊条伸入焊缝中心击穿根部，形成熔孔并稍做停顿后灭弧，继续正常运条，完成打底焊的焊接。

③填充

施焊前先将打底层焊道的熔渣和飞溅清理干净，将接头凸起打磨平整。操作时，采用短弧法、连弧法施焊。

采用直线形运条方法多道焊接，由坡口下方开始逐道向上排列，每道焊缝压下侧焊缝 1/2 ~2/3，从左至右焊接。

在距离端部约 10 mm 处引弧。

第一层填充层分两道进行，应保证打底焊道及上下坡口面处熔合良好，表面平整。第一道焊缝（下侧焊道）焊接时，焊条对准打底焊与下侧母材的结合处，焊条与前进方向成 80° ~85°，与上板成 80° ~85°；第二道焊缝焊接时，焊条对准打底焊与上侧母材的结合处，焊条与前进方向成 80° ~85°，与下板成 75° ~85°。第一层填充焊焊条角度及对中位置可参照图 1-2-28。

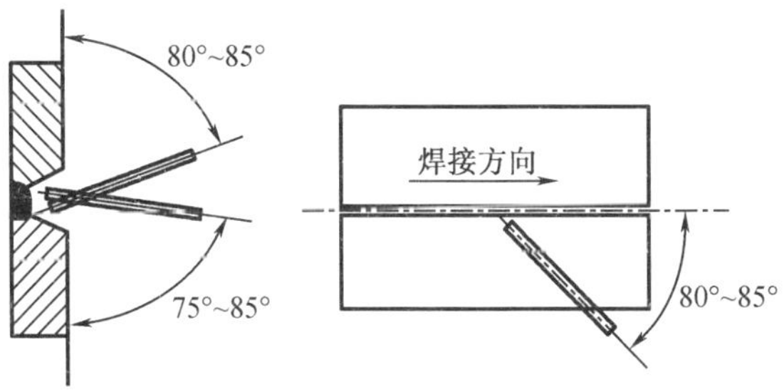

图 1-2-28　第一层填充焊焊条角度及对中位置

第二层填充层分三道进行。第一道焊缝（最下侧焊缝）焊接时，焊条对准第一层填充层与下侧母材的结合处，焊条与前进方向成 80° ~85°，与上板成 80° ~85°；第二道焊缝焊接时，焊条对准第一层填充层两道焊缝的结合处，焊条与前进方向成 80° ~85°，与下板成 85° ~90°；第三道焊缝（最上侧焊缝）焊接时，焊条对准第一层填充层与上侧母材的结合处，焊条与前进方向成 80° ~85°，与下板成 75° ~85°。

填充层表面应控制在距离坡口表面 1 ~2 mm,不得破坏上、下坡口边缘线。

④盖面

盖面分四道进行,采用连弧法施焊,直线运条不做任何摆动以保证各焊道平直。

由坡口下方开始第一道施焊,逐步向上排列,后一道焊缝压住前一道焊缝 1/2 左右,各道焊道应搭接平整。第一道焊道熔化下侧坡口边缘 1 ~2 mm,注意与坡口下侧的熔合。最后一道焊道熔化上侧坡口边缘 1 ~2 mm 为宜,注意推动熔池金属熔合坡口上侧被熔化的母材,避免咬边。

在距离端部约 10 mm 处引弧。

合理调整焊条角度。第一道焊缝(最下侧焊缝)焊接时,焊条与前进方向成 80° ~85°,与下板成 80° ~85°;第二道焊缝焊接时,焊条与前进方向成 80° ~85°,与下板成 85° ~90°;第三道焊缝焊接时,焊条与前进方向成 80° ~85°,与下板成 85° ~90°;第四道焊缝(最上侧焊缝)焊接时,焊条与前进方向成 80° ~85°,与上板成 100° ~110°。

接头时应在弧坑向前 10 mm 处引弧,向回拉弧将弧坑填满后进行施焊。

(2)E5015

焊接时焊道可设计为三层六道。

①焊接参数选择

E5015 横焊焊接参数参考范围见表 1 -2 -11。

表 1 -2 -11　E5015 横焊焊接参数参考范围

焊条型号	焊接层	焊条直径/mm	焊接电流/A	焊接速度/(mm · s^{-1})	电源极性
E5015	打底	3.2	70 ~80	1.0 ~2.0	直流反接
	填充	3.2	115 ~125	2.0 ~2.5	直流反接
	盖面	3.2	105 ~115	2.0 ~2.5	直流反接

②打底

采用短弧法、连弧法施焊。

在始焊部位的上侧坡口面引弧,根部钝边熔化后,再将铁水带到下侧钝边,形成第一个熔池后击穿熔池,并立即采用斜椭圆形手法运条,保持熔孔时刻存在。

从坡口上侧向下侧运条的速度应慢些,以防止夹渣,保证填充金属与工件熔合良好;从下侧向上侧运条的速度应快些,以防止铁水下淌。焊接过程中应将铁水送到坡口根部,工件背面应该保持 2/3 弧柱。收弧时将电弧带到坡口上侧,向后方提起收弧。焊条与前进方向成 70° ~80°,与下板成 80° ~85°。

控制熔孔大小一致、均匀。熔孔变大时,应提高焊接速度、摆动频率,减小焊条前进方向的角度;熔孔缩小时,应压低电弧,降低焊接速度、摆动频率,同时增大焊条前进方向的角度。

更换焊条前，在收弧时将焊条下压，使熔孔变大，然后缓慢向前带弧使其形成坡口，为下一根焊条接头打基础。接头时在收弧熔池后约 10 mm 处引弧，引燃后慢慢向前拉弧，当电弧达到收弧熔池前端时，电弧下压形成熔孔，然后依次施焊。

③填充

施焊前先将打底层焊道的熔渣和飞溅清理干净，将接头凸起打磨平整。

操作时采用短弧法、连弧法施焊，采用直线形运条方法进行多道焊接，由坡口下方开始逐道向上排列，每道焊缝压下侧道焊缝 1/2 ~ 2/3，从左至右焊接。

在距离端部约 10 mm 处引弧。

填充层分两道进行，应保证打底焊道及上、下坡口面处熔合良好，表面平整。第一道焊缝（下侧焊道）焊接时，焊条对准打底焊与下侧母材的结合处，焊条与前进方向成 80° ~ 85°，与上板成 80° ~ 85°；第二道焊缝焊接时，焊条对准打底焊与上侧母材的结合处，焊条与前进方向成 80° ~ 85°，与下板成 75° ~ 85°。

④盖面

盖面分三道进行，采用连弧法施焊，直线运条，不做任何摆动以保证各焊道平直。

由坡口下方开始第一道施焊，逐步向上排列，后一道焊缝压住前一道焊缝 1/2 左右，各道焊道应搭接平整。第一道焊道熔化下侧坡口边缘 1 ~ 2 mm，注意与坡口下侧的熔合。最后一道焊道熔化上侧坡口边缘 1 ~ 2 mm 为宜，注意推动熔池金属熔合坡口上侧被熔化的母材，避免咬边。

在距离端部约 10 mm 处引弧，合理调整焊条角度。

第一道焊缝（最下侧焊缝）焊接时，焊条与前进方向成 80° ~ 85°，与下板成 80° ~ 85°；第二道焊缝焊接时，焊条与前进方向成 80° ~ 85°，与下板成 85° ~ 90°；第三道焊缝（最上侧焊缝）焊接时，焊条与前进方向成 80° ~ 85°，与上板成 100° ~ 110°。

接头时可在弧坑后方 10 mm 处引弧，向回拉弧将弧坑填满后进行施焊。

4. 仰位

试板仰位焊接（仰焊）时，熔池倒悬在工件下表面，受重力作用使熔滴过渡受到阻碍，熔池金属因自身重力下坠。另外，熔池温度高，导致表面张力下降，焊接时容易在焊缝背面产生凹陷，在正面产生焊瘤，焊缝成形困难，在板材对接各空间位置中难度最大。

试件水平固定在胎架上，坡口朝下，焊缝背面朝上，间隙小的一端放在左端。焊接时焊道可设计为四层四道，如图 1 – 2 – 29 所示。

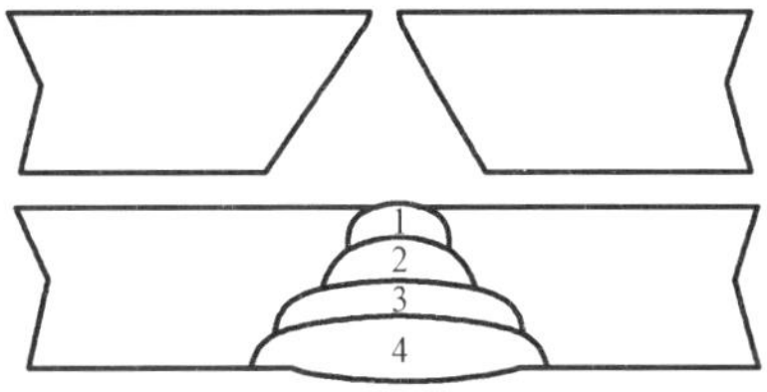

图 1 – 2 – 29　仰位焊道示意图

(1)E4303

①焊接参数选择

E4303 仰焊焊接参数参考范围见表 1－2－12。

表 1－2－12　E4303 仰焊焊接参数参考范围

焊条型号	焊接层	焊条直径/mm	焊接电流/A	焊接速度/$(mm \cdot s^{-1})$	电源极性
E4303	打底	3.2	75～85	—	直流正接
	填充	4.0	145～155	2.0～2.5	直流正接
	盖面	4.0	140～150	1.5～2.0	直流正接

②打底

采用短弧法、断弧法施焊。

在试件始焊端定位焊缝处引燃电弧，稍做停顿预热 1～2 s，形成熔池后迅速压低电弧，做小锯齿摆动向前运条。摆动至坡口根部时向上顶送焊条，保证电弧至少有 3/4 在坡口背面燃烧。听到“噗”的声音，表明电弧已击穿试件背面。此时试件温度较低，容易产生偏吹，造成一侧熔孔打开而另一侧未熔，应迅速将焊条拉向未熔的一侧或改变焊条的角度继续熔化。熔孔正常后，迅速将焊条向前方斜下快速运动以熄灭电弧。

当熔孔变暗红时，压着该熔池的 1/2 处重新引弧并向上顶送电弧，打开熔孔，重复上述动作。

保持焊条与前进反方向成 70°～80°，焊条的投影与焊缝重合，如图 1－2－30 所示。

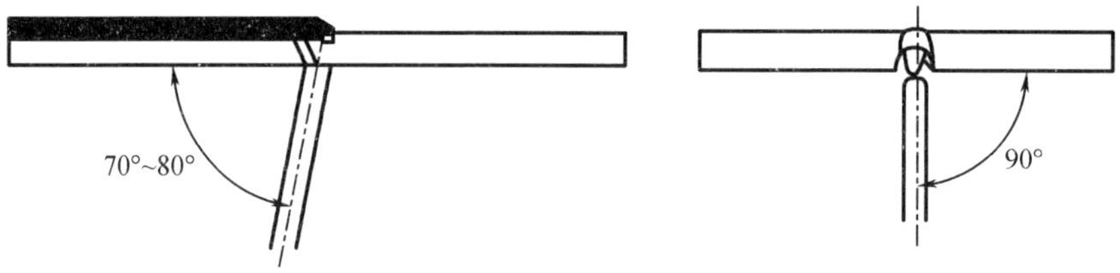

图 1－2－30　仰焊打底焊条角度

控制熔孔大小和熔池均匀、一致，熔孔大小为深入坡口两侧各 0.5～1 mm。如果熔孔过大或熔池铁水有下淌倾向，则应迅速灭弧，温度稍微降低(熔池颜色变为暗红之前)后引弧焊接。

更换焊条前，在收弧时将焊条下压，使熔孔变大，然后缓慢向前带弧使其形成坡口，为下一根焊条接头打基础。接头时在收弧熔池后约 10 mm 处引弧，引燃后慢慢向前拉弧，当电弧达到收弧熔池前端时，电弧上顶，形成熔孔，然后依次施焊。

③填充

采用短弧法、连弧法施焊。施焊前应将打底层焊道的熔渣和飞溅清理干净，将接头凸起打磨平整。

在距离端部约 10 mm 处引弧，焊条角度同打底焊。运条时可采用横向锯齿形或月牙形摆动，在坡口两侧稍做停顿，保证工件两侧熔合良好，焊道平整。

接头时，在弧坑前方 10 ~ 15 mm 处引弧，短弧拖向弧坑，沿弧坑的弧度运条，形成熔池，两边充分熔合后正常焊接。

第二层填充焊缝应控制好熔池形状，保证焊缝平整，不得熔化坡口棱边。焊缝表面与工件表面的距离控制在 1 mm 内。

④盖面

盖面时的焊条角度同打底焊。焊条摆动幅度比填充层略宽，摆动至坡口两侧时进一步压低电弧，并稍做停顿。

（2）E5015

①焊接参数选择

E5015 仰焊焊接参数参考范围见表 1－2－13。

表 1－2－13　E5015 仰焊焊接参数参考范围

焊条型号	焊接层	焊条直径/mm	焊接电流/A	焊接速度/(mm·s^{-1})	电源极性
E5015	打底	3.2	95 ~ 105	—	直流反接
	填充	4.0	135 ~ 145	2.0 ~ 2.5	直流反接
	盖面	4.0	130 ~ 140	1.5 ~ 2.0	直流反接

②打底

E5015 仰焊采用断弧法和连弧法施焊。采用断弧法施焊时，电流为 110 ~ 120 A，焊接方法同 E4303；采用连弧法施焊时，电流应为 95 ~ 105 A。

在试件始焊端定位焊缝处引燃电弧，稍做停顿预热 1 ~ 2 s，形成熔池后迅速压低电弧，做小锯齿摆动向前运条。摆动至坡口根部时向上顶送焊条，保证电弧至少有 3/4 在坡口背面燃烧。听到“噗”的声音，表明电弧已击穿试件背面。此时试件温度较低，容易产生偏吹，造成一侧熔孔打开，而另一侧未熔，应迅速将焊条拉向未熔的一侧或改变焊条的角度继续施焊。熔孔正常后，电弧托着熔池向前，运用直线型方法焊接。

保持焊条与前进反方向成 75° ~ 85°，焊条的投影与焊缝重合。

控制熔孔大小和熔池均匀、一致，熔孔大小为深入坡口两侧各 0.5 ~ 1 mm。如果熔孔过大或熔池铁水有下淌倾向，则焊条应做锯齿形或月牙形横向摆动。如果熔孔过小，焊接速度应稍慢些。

更换焊条前，在收弧时将焊条下压，使熔孔变大，然后缓慢向前带弧使其形成坡口，为下一根焊条接头打基础。接头时在收弧熔池后约 10 mm 处引弧，引燃后慢慢向前拉弧，当电弧达到收弧熔池前端时，电弧上顶，形成熔孔然后依次施焊。

③填充与盖面

操作方法与 E4303 相同。

三、焊条电弧焊管材对接单面焊双面成形技术

焊条电弧焊管材对接单面焊双面成形包括垂直固定、水平固定及倾斜 45°固定三种空间位置。

1. 垂直固定

垂直固定焊接时，试件对接接口在水平位置俗称“横口”。垂直固定焊接要领与板对接横焊基本相同，但焊接时电弧需沿管子周围均匀转动。

操作时，可将焊缝按图 1－2－31 所示设计为三层六道进行焊接。

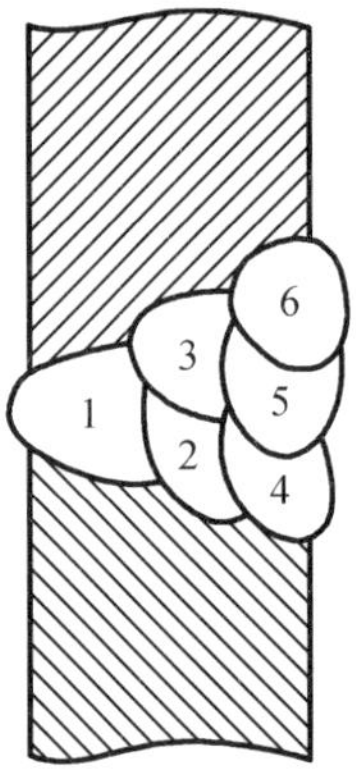

图 1－2－31　垂直固定焊接焊道布置

（1）E4303

①焊接参数选择

E4303 管材（ϕ108 mm×8 mm、长度 100 mm）垂直固定焊接参数参考范围见表 1－2－14。

表 1－2－14　E4303 管材（ϕ108 mm×8 mm、长度 100 mm）垂直固定焊接参数参考范围

焊条型号	焊接层	焊条直径/mm	焊接电流/A	焊接速度/($mm\cdot s^{-1}$)	电源极性
E4303	打底	2.5	80～85	—	直流正接
	填充	3.2	115～125	2.0～2.5	直流正接
	盖面	3.2	110～120	1.5～2.0	直流正接

②打底

采用短弧法、断弧法施焊。

在管子上坡口处引弧，然后移向管子的下坡口，坡口两侧熔化后向坡口压送电弧，稍做停顿，坡口根部熔化并被击穿形成熔孔。熔孔形成以后，焊条回到熔池中间位置迅速灭弧。

当熔孔变成暗红色时，立即在熔孔的 1/2 ~ 2/3 处引燃电弧，形成新的熔孔、熔池后回到熔池中间位置熄灭电弧。

焊条与管的切线方向成 70° ~ 80°，与下管成 80° ~ 85°，如图 1 – 2 – 32 所示。

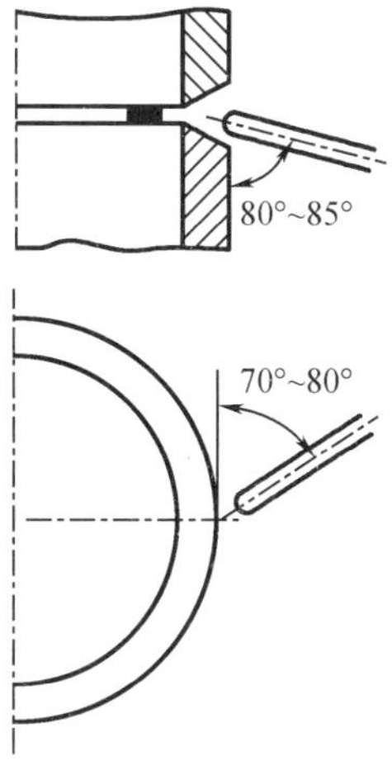

图 1 – 2 – 32　垂直固定焊接打底层焊条角度

控制熔孔大小均匀、一致，深入上坡口 1 ~ 1.5 mm，下坡口略小些。

收弧时焊条下压，慢慢向后方一侧带弧 10 mm 左右，使其形成一个缓坡。

接头时在原熔池后约 10 mm 处引弧，焊至原熔池前沿时向坡口根部压送焊条，稍做停顿以形成新的熔池。

③填充

施焊前将打底层焊缝的熔渣及飞溅清理干净，将焊缝接头处打磨平整。

填充层分上、下两道焊缝进行，采用直线形运条方法。第二道焊缝在第一道焊缝上方，覆盖住第一道焊缝的 1/3 ~ 1/2 施焊，避免焊缝表面出现凹槽、凸起。

第一道填充焊缝（下侧焊缝）焊接时，焊条对准打底焊缝与下侧管材的结合处，焊条与管的切线方向成 80° ~ 85°，与下方管子成 90° ~ 100°；第二道填充焊缝焊接时，焊条对准打底焊道与上侧管材的结合处，焊条与管的切线方向成 80° ~ 85°，与下管成 60° ~ 70°。

接头时，迅速更换焊条。在弧坑前方 10 ~ 15 mm 处引燃电弧，把焊条拉至收弧处焊道中间，压住收弧处 2/3 熔池稍加停顿，形成熔池后横向摆动，当收弧处完全熔化后，即可进行正常焊接。

填充焊应比母材表面低 1 ~ 1.5 mm，并且应平滑、无夹渣。不得熔化坡口棱边，以保证盖面层焊缝平直。

焊接时，要仔细清理焊道与焊道之间，熔合要平滑、美观，不能有未熔合和焊接堆积现象。

④盖面

采用连弧法施焊,在上坡口处引弧,然后将电弧向下拉施焊。

盖面层分三道进行。第一道焊缝焊接时,焊条与管的切线成 80°~85°,与下管成 75°~85°;第二道焊缝焊接时,焊条与管的切线成 80°~85°,与下管成 70°~80°;第三道焊缝焊接时,焊条与管的切线成 80°~85°,与下管成 60°~70°。

接头时应在弧坑前 10 mm 处引弧,向回拉弧将弧坑填满后进行施焊。

(2)E5015

①焊接参数选择

E5015 管材(ϕ108 mm×8 mm、长度 100 mm)垂直固定焊接参数参考范围见表 1-2-15。

表 1-2-15 E5015 管材(ϕ108 mm×8 mm、长度 100 mm)垂直固定焊接参数参考范围

焊条型号	焊接层	焊条直径/mm	焊接电流/A	焊接速度/($mm \cdot s^{-1}$)	电源极性
E5015	打底	2.5	50~60	—	直流反接
	填充	3.2	110~120	2.0~2.5	直流反接
	盖面	3.2	105~115	1.5~2.0	直流反接

②打底

采用连弧法、短弧法施焊。在管子上坡口处引燃电弧,然后移向管子下坡口。坡口两侧熔化后压送电弧,稍做停顿,管子坡口根部熔化并被击穿形成熔孔。

熔孔形成以后,焊条回到熔池中间位置,然后运用连弧焊法,采用横向锯齿形或月牙形摆动,在摆动过程中坡口两侧应稍做停顿,使坡口根部熔合。上坡口停留时间比下坡口停留时间稍长,焊条摆动向前移动的间距不宜过大。

焊接电弧的 1/3 保持在熔池前,2/3 覆盖在熔池上,保持熔池大小一致。焊条与管的切线方向成 70°~80°,与下管成 80°~85°。

合理控制熔孔大小。上坡口面熔化 1~1.5 mm,下坡口略小些。

更换焊条时,将焊条向焊接相反方向拉回 10~15 mm,并将电弧拉长至熄灭。接头时将收弧焊道端头打磨出 10 mm 的缓坡,然后在熔池后约 10 mm 处引燃电弧,焊条上下摆动施焊。焊至收弧前沿时,将焊条向坡口根部压送并稍做停顿,随后渐渐抬起焊条至正常焊接位置施焊。

先将始焊处焊缝端部打磨成缓坡,再进行接头封闭焊接。焊至缓坡前端,向坡口内压送焊条并稍做停顿,然后继续向前焊过缓坡 10 mm 左右,填满弧坑后熄弧。

③填充

施焊前清理干净打底层焊缝的熔渣及飞溅,将焊缝接头处打磨平整。

填充层分上、下两道焊缝进行,采用直线形运条方法。第二道焊缝在第一道焊缝上方,覆盖住第一道焊缝的 1/3~1/2 施焊,避免焊缝表面出现凹槽、凸起。

第一道焊缝焊接时，焊条与管的切线方向成 80°~85°，与下管成 90°~100°；第二道焊缝焊接时，焊条与管的切线方向成 80°~85°，与下管成 60°~70°。

接头时，迅速更换焊条。在弧坑前方 10~15 mm 处引燃电弧，把焊条拉至收弧处焊道中间，压住收弧处 2/3 熔池稍做停顿，形成熔池后横向摆动，当收弧处完全熔化后，即可进行正常焊接。

填充焊应比母材表面低 1~1.5 mm，并且应平滑、无夹渣。不得熔化坡口棱边，以保证盖面层焊缝平直。

焊接时，要仔细清理焊道与焊道之间，熔合要平滑、美观，不能有未熔合和焊接堆积现象。

④盖面

采用连弧法施焊，在上坡口处引弧，然后将电弧向下拉施焊。

盖面层分三道进行。第一道焊缝焊接时，焊条与管的切线成 80°~85°，与下管成 70°~75°；第二道焊缝焊接时，焊条与管的切线成 80°~85°，与下管成 65°~70°；第三道焊缝焊接时，焊条与管的切线成 80°~85°，与下管成 60°~65°。

接头时，应在弧坑前 10 mm 处引弧，向回拉弧将弧坑填满后进行施焊。

2. 水平固定

水平固定焊接时，管材试件水平固定，对接接口垂直于水平面，俗称“吊口”，也可称之为管材全位置焊。水平固定焊接过程中要经过仰焊、立焊、平焊等位置，焊条角度变化较大，如图 1-2-33 所示。

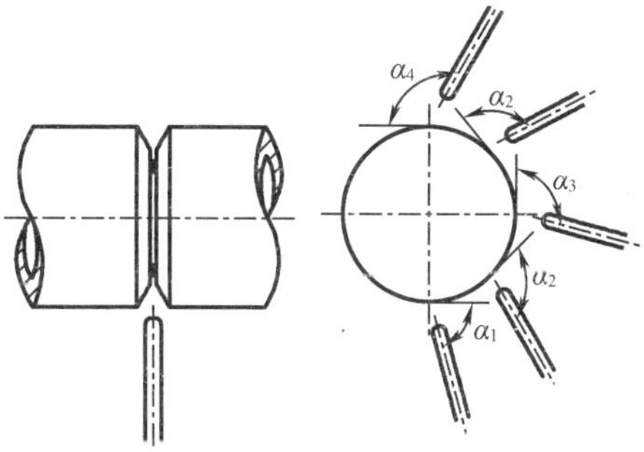

$\alpha_1=80°\sim85°$；$\alpha_2=100°\sim105°$；$\alpha_3=100°\sim110°$；$\alpha_4=110°\sim120°$。

图 1-2-33　水平固定焊接焊条角度

操作时，可将焊道设置为三层三道，并沿垂直中心线将管件圆周分为两个半圆，分别进行焊接。焊接顺序一般是先焊右半周，再焊左半周。

(1) E4303

①焊接参数选择

E4303 管材(ϕ108 mm×8 mm、长度 100 mm)水平固定焊接参数参考范围见表 1-2-16。

表 1-2-16　E4303 管材(ϕ108 mm×8 mm、长度 100 mm)水平固定焊接参数参考范围

焊条型号	焊接层	焊条直径/mm	焊接电流/A	焊接速度/($mm \cdot s^{-1}$)	电源极性
E4303	打底	2.5	60～70	—	直流正接
	填充	3.2	85～95	2.0～2.5	直流正接
	盖面	3.2	80～90	1.5～2.0	直流正接

②右半周打底焊

采用短弧法、断弧法施焊。

焊接过程为“仰焊—立焊—平焊”，逆时针方向焊接，在仰焊位置的起焊点和平焊位置的终焊点都必须超过试件半周(超越中心线 5～10 mm)，如图 1-2-34 所示。

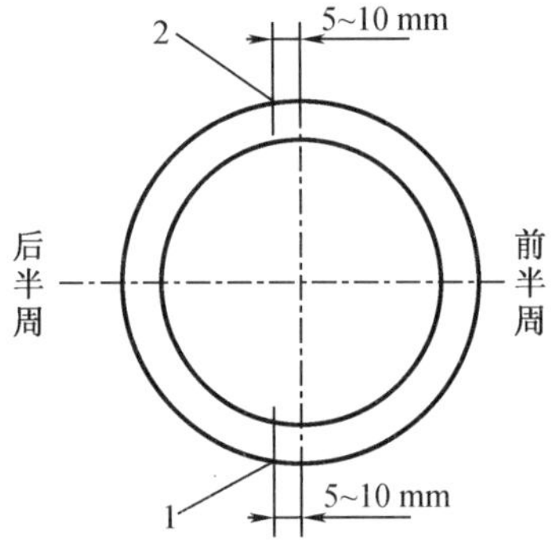

1—起焊点;2—终焊点。

图 1-2-34　右半周打底焊焊缝的起焊点和终焊点

从底部偏左 5～10 mm(“时钟 7 点”)处引弧。

电弧引燃后，将焊条送到坡口根部一侧预热，形成局部焊缝。然后，将焊条向另一侧坡口进行搭焊，两个焊点充分熔合到一起形成一个完整的熔池。当管内发出电弧穿透声时，熔孔即形成，然后将焊条接回到熔池中间位置迅速灭弧。

当熔孔变成暗红色时，立即在熔孔的 1/2～2/3 处引燃电弧，形成新的熔孔后，电弧回到熔池中间位置熄灭。

在仰焊区段内焊接时，焊条要顶住坡口钝边内沿，尽量压低电弧使弧柱透过内壁 1/2 左右，保证管内金属饱满，防止产生内凹。立焊位施焊时，应适当减少焊条向坡口内的给送，控制电弧弧柱透过内壁 1/3 左右。平焊位施焊时，焊条的给送应比立焊位施焊更浅些，控制弧柱透过内壁 1/4 左右。

更换焊条前，在收弧时将焊条下压，使熔孔变大，然后缓慢向前带弧使其形成坡口，为下一根焊条接头打基础。

焊至定位焊缝时，可将定位焊缝打磨掉，并在端头打磨出 10 mm 的缓坡。

③左半周打底焊

采用短弧法、断弧法施焊，焊接过程为“仰焊—立焊—平焊”，顺时针方向焊接。

将右半周起弧处及水平位置收弧处的焊缝打磨成缓坡。

在焊缝仰焊位置下接头。在右半周焊缝前 10 mm 处引弧，焊至缓坡末端时将焊条向上顶送。接头封闭焊接时，将电弧稍向坡口内压送，并稍做停顿。

④填充焊

施焊前清理干净打底层焊缝的熔渣及飞溅，将焊缝接头处打磨平整。

采用锯齿形运条方法，摆动幅度比打底层稍宽。焊接时，电弧在坡口两侧应稍做停留，中间快速过渡，焊条角度与打底焊相同。

填充焊道表面与工件表面距离，仰焊部位、平焊部位应控制在 0.5 mm 左右，立焊部位约为 1 mm。

接头时，迅速更换焊条。在弧坑上方 10 ~ 15 mm 处引燃电弧，将焊条拉至收弧处焊道中间，压住收弧处 2/3 熔池稍加停顿，形成熔池后横向摆动，当收弧处完全熔化时，即可进行正常焊接，应保证坡口表面棱边不受破坏。

⑤盖面焊

盖面时焊条仍采用锯齿形运条方法，摆动速度稍快，前进速度不变，两边稍做停留。

(2) E5015

①焊接参数选择

E5015 管材(ϕ108 mm × 8 mm、长度 100 mm)水平固定焊接参数参考范围见表 1 - 2 - 17。

表 1 - 2 - 17　E5015 管材($\phi\Phi$108 mm × 8 mm、长度 100 mm)水平固定焊接参数参考范围

焊条型号	焊接层	焊条直径/mm	焊接电流/A	焊接速度/($mm \cdot s^{-1}$)	电源极性
E5015	打底	2.5	50 ~ 60	—	直流反接
	填充	3.2	90 ~ 100	2.0　2.5	直流反接
	盖面	3.2	85 ~ 95	1.5 ~ 2.0	直流反接

②打底

采用连弧法、短弧法施焊。

在底部偏左 5 ~ 10 mm(“时钟 7 点”)处引弧。引燃电弧后，立即压低电弧，将焊条移动到起焊点。焊条前端对准坡口中心，向内顶送，并开始左右摆弧，借助电弧吹力击穿坡口钝边形成熔池。管内发出电弧穿透声，表明熔孔形成。焊条采用锯齿形或月牙形横向摆动，向上焊接，焊接过程中保持熔孔时刻出现。其余同断弧焊。

3. 倾斜 45°固定

倾斜 45°固定是介于水平固定和垂直固定之间的焊接位置，管材倾斜 45°固定焊接示意图如图 1 - 2 - 35 所示。焊接时，分成两个半圈进行，每个半圈都包括斜仰焊、斜立焊和斜平焊等焊接位置。

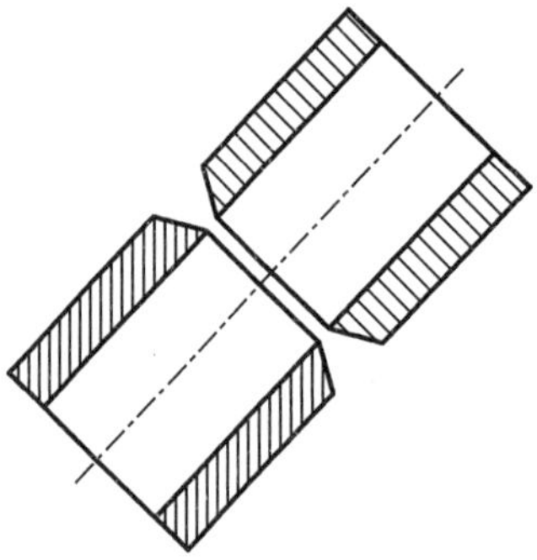

图 1-2-35　管材倾斜 45°固定焊接示意图

(1) E4303

①焊接参数选择

E4303 管材(φ108 mm×8 mm、长度 100 mm)倾斜 45°固定焊接参数参考范围见表 1-2-18。

表 1-2-18　E4303 管材(φ108 mm×8 mm、长度 100 mm)倾斜 45°固定焊接参数参考范围

焊条型号	焊接层	焊条直径/mm	焊接电流/A	焊接速度/($mm \cdot s^{-1}$)	电源极性
E4303	打底	2.5	55~65	—	直流正接
	填充	3.2	85~95	2.0~2.5	直流正接
	盖面	3.2	80~90	1.5~2.0	直流正接

②打底

采用断弧法逐点进行焊接。在仰焊位置引弧。引燃电弧后,立即压低电弧,将焊条移动到起焊点。焊条前端对准坡口中心,将焊条向上顶送,并左右摆动,借助电弧吹力击穿坡口钝边。形成熔池后听到管内发出电弧穿透声,熔孔形成。

熔孔形成后,焊条回到熔池中间位置迅速灭弧。当熔孔变成暗红色时,立即在熔孔的 1/2~2/3 处引燃电弧,形成新的熔孔、熔池后回到熔池中间位置熄灭电弧。

在仰焊区段内焊接时,焊条要顶住坡口钝边内沿,尽量压低电弧,确保管内金属饱满,防止产生内凹。在立焊位、平焊位焊接时,焊条应浅些向坡口里面压送,防止产生焊瘤。

焊条与管的切线反方向成 70°~80°,与焊缝所成的平面垂直。

收弧时焊条下压,慢慢向后方一侧带弧 10 mm 左右,使其形成一个缓坡。焊至定位焊时应打磨掉定位焊,且应在端头打磨出 10 mm 的缓坡。

③填充焊

采用锯齿形或月牙形运条方法,在坡口两侧稍做停留,在上端的停留时间应长于下端,

中间过渡应迅速。焊条与管的切线的夹角应比打底时大5°左右。

侧仰焊部位及平焊部位的填充层与管表面间的距离应控制在约为0.5 mm,侧立焊部位约为1 mm。

接头时,迅速更换焊条。在弧坑上方10～15 mm处引燃电弧,将焊条拉至收弧处焊道中间,压住收弧处2/3熔池稍做停顿,形成熔池后横向摆动,当收弧处完全熔化时,即可进行正常焊接。

填充层焊接时,应仔细清理层与层之间,焊接时焊条角度应随工件空间位置变化,最后一层焊缝应保证坡口表面不受破坏。

④盖面焊

采用锯齿形或月牙形运条方法,摆动速度应稍快些。

(2)E5015

①焊接参数选择

E5015管材(ϕ108 mm×8 mm、长度100 mm)倾斜45°固定焊接参数参考范围见表1－2－19。

表1－2－19　E5015管材(ϕ108 mm×8 mm、长度100 mm)倾斜45°固定焊接参数参考范围

焊条型号	焊接层	焊条直径/mm	焊接电流/A	焊接速度/($mm \cdot s^{-1}$)	电源极性
E5015	打底	2.5	50～60	—	直流反接
	填充	3.2	90～100	2.0～2.5	直流反接
	盖面	3.2	85～95	1.5～2.0	直流反接

②打底

采用连弧法施焊。在侧仰焊位置引弧,引燃电弧后,立即压低电弧,将焊条移动到起焊点。焊条前端对准坡口中心,将焊条向上顶送,左右摆动,借助电弧吹力击穿坡口钝边,听到管内发出电弧穿透声,熔孔形成。熔孔形成后,采用锯齿形或月牙形横向摆动方法向上焊接,焊接过程中保证熔孔时刻出现。

在侧仰焊区段内焊接时,焊条要顶住坡口钝边,尽量压低电弧,保证管内金属饱满,防止产生内凹。在侧立焊位、侧平焊位焊接时,焊条向坡口里面压送应浅些,防止产生焊瘤。

焊条与管的切线反方向成70°～80°,焊条与焊缝所成的平面垂直。

收弧时焊条下压,慢慢向后方一侧带弧10 mm左右,使其形成一个缓坡。可将定位焊打磨掉,且应在端头打磨出10 mm的缓坡。

③填充

采用锯齿形运条方法,坡口两侧稍做停留,在上端的停留时间应长于下端。

焊条与管的切线夹角应比根部大5°,对于填充层与管表面间的距离,侧仰焊部位及平焊部位约为0.5 mm,侧立焊部位约为1 mm。

接头时,迅速更换焊条。在弧坑上方 10 ~ 15 mm 处引燃电弧,将焊条拉至收弧处焊道中间,压住收弧处的 2/3,稍加停顿,形成熔池后横向摆动。收弧处完全熔化时,即可进行正常焊接。

仔细清理层与层之间,焊接时焊条角度应随着工件空间位置的变化而变化,最后一层焊缝应保证坡口表面不受破坏。

④盖面

采用锯齿形运条方法,摆动速度稍快些。

任务 2.3　管板焊条电弧焊

【相关知识】

管板接头是焊接结构的基本形式之一。根据接头结构,可将管板分为插入式管板和骑坐式管板两类。根据空间位置,管板可分为垂直固定俯位、垂直固定仰位和水平固定三种类型,如图 1 - 2 - 36 所示。

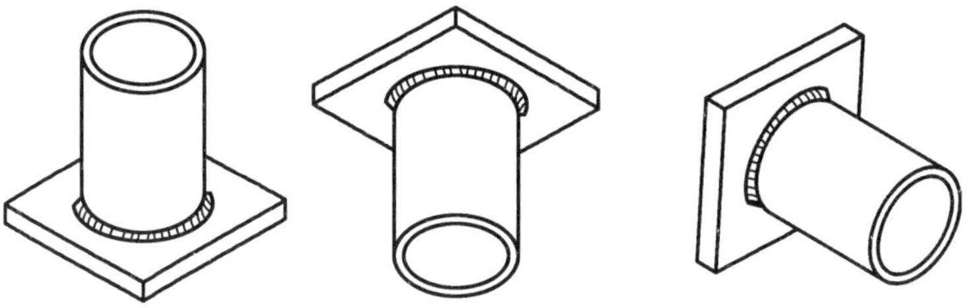

(a)垂直固定俯位　(b)垂直固定仰位　(c)水平固定

图 1 - 2 - 36　管板焊接位置示意

管板焊条电弧焊的质量检验项目及标准见表 1 - 2 - 20。

表 1 - 2 - 20　管板焊条电弧焊的质量检验项目及标准

检验项目			标准
外观检验	焊脚尺寸/mm		6 ~ 8
	咬边	深度/mm	≤0.5
		累计长度/mm	≤15
	裂纹、未熔合、夹渣、气孔和焊瘤		无
	焊缝表面		焊缝边缘应平顺过渡到母材,焊缝宽度均匀
宏观金相检验			焊透,无裂纹、未熔合等缺陷

一、T 形接头

T 形接头是指一工件端面和另一工件表面构成 90°或近似直角的接头，按构件的空间位置可分为以下几种形式。

1. T 形接头横角焊

(1)接头形式

T 形接头横角焊的接头形式如图 1－2－37 所示。

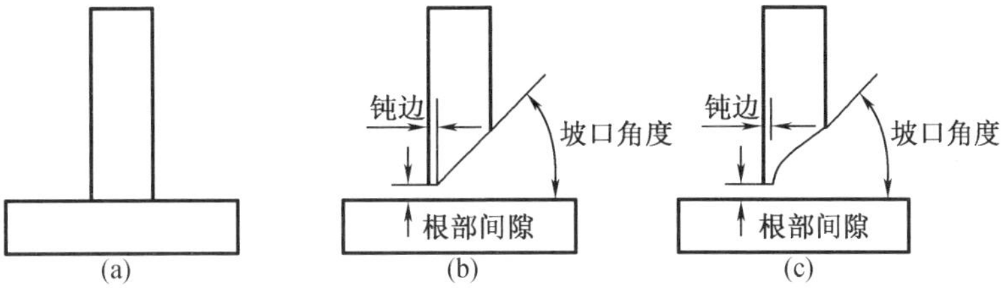

图 1－2－37　T 形接头横角焊的接头形式

(2)焊缝形式

T 形接头横角焊的焊缝形式如图 1－2－38 所示。

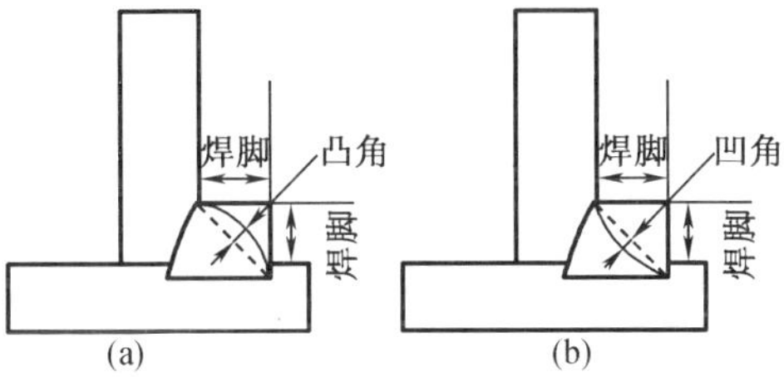

图 1－2－38　T 形接头横角焊的焊缝形式

T 形接头横角焊焊接时，容易产生未焊透、焊偏、咬边及夹渣等缺陷，其中立板极易产生咬边缺陷。

2. T 形接头立焊

T 形接头立焊焊接时容易出现的缺陷是角顶不易焊透，焊缝两侧容易咬边。

3. T 形接头仰焊

略。

二、管板接头焊接电弧焊

插入式管板一般单层、单道施焊，只需保证根部焊透、焊脚对称及无缺陷，较容易焊接。骑坐式管板除需保证焊缝外观外，还需保证背面成形，通常采用多层多道焊。焊接时利用打底焊完成焊缝背面成形及焊透,其余焊道控制焊脚尺寸和焊缝外观。

插入式管板和骑坐式管板的焊接要领及焊接参数基本相同,所以插入式管板可按骑坐式打底焊工艺焊接。

插入式管板和骑坐式管板属于T形接头特例,操作要领和板式T形接头相似。不同之处在于管板焊缝分布在管子根部,焊接时需要不断转动手臂和手腕位置。

【任务实施】

一、T形接头焊接技能

1. 焊前准备

(1)焊机使用前检查

检查焊钳及各接线处连接是否良好,选用直流电源时,检查电源极性是否符合要求。E4303焊条选择直流正接;E5015焊条选择直流反接。

(2)工件清理

彻底清除工件一定范围内的油漆、锈、水分及氧化皮等杂质,至露出金属光泽,清理后应及时施焊。如工艺无特殊要求,清理时可使用锉刀、角磨砂轮等工具。T形接头焊前清理范围如图1-2-39所示。

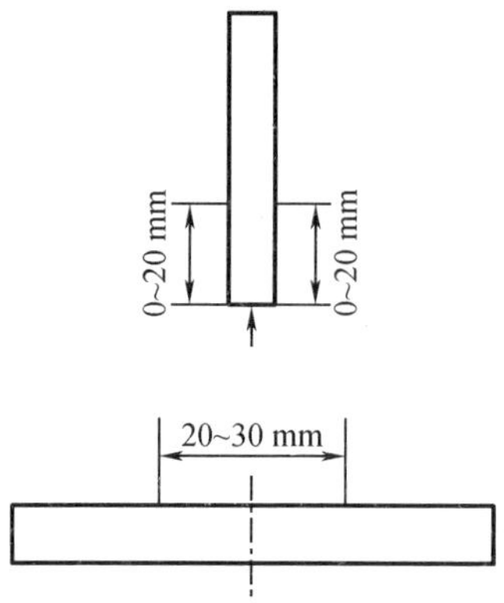

图1-2-39　T形接头焊前清理范围

(3)焊条烘干

E4303焊条烘干规范:烘干温度为100~150 ℃,保温时间为1 h。E5015焊条烘干规范:烘干温度为250~300 ℃,保温2 h。焊条烘干规范也可依照焊条说明书规定执行。

烘干后的焊条应放入焊条保温筒内,随用随取,重复烘干次数不应超过三次。

(4)装配与定位焊

T形接头定位焊(单层焊、多层焊)焊缝位置和尺寸参照图1-2-40、图1-2-41。

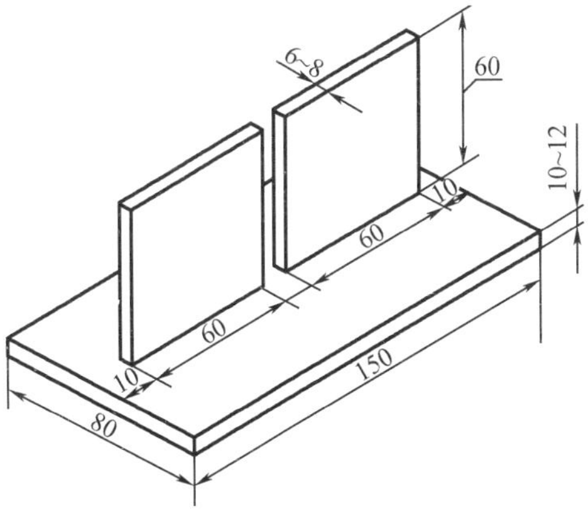

图 1-2-40　T 形接头单层焊焊缝位置和尺寸(单位:mm)

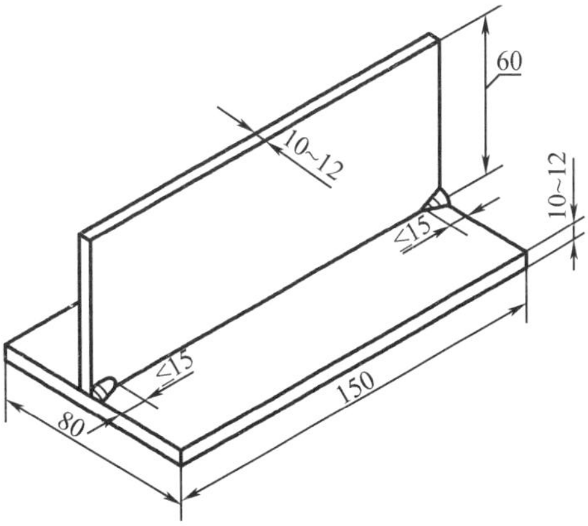

图 1-2-41　T 形接头多层焊焊缝位置和尺寸(单位:mm)

2. 焊接操作

(1)横角焊

根据焊脚尺寸要求,可将焊缝设置为单层焊或二层三道焊,如图 1-2-42 所示。

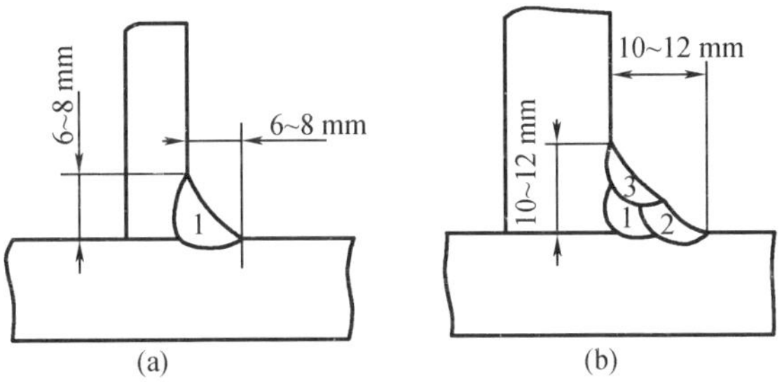

图 1-2-42　横角焊焊道分布示意图

①焊接工艺参数

T 形接头横角焊焊接参数参考范围见表 1-2-21。

表 1-2-21　T 形接头横角焊焊接参数参考范围

焊接层次	焊条型号及规格	焊接电流/A
打底	E4303、ϕ3.2 mm	130 ~ 140
盖面	E4303、ϕ3.2 mm	110 ~ 120

②打底

采用短弧法、连弧法、运用直线运条法施焊,焊接时电弧应始终对准顶角,尽量压低电弧,以保证顶角处焊透。

横角焊打底焊条角度如图 1－2－43 所示。在始焊端和终焊端，应按图 1－2－44 所示适当调整焊条角度，以克服端头磁偏吹的影响。

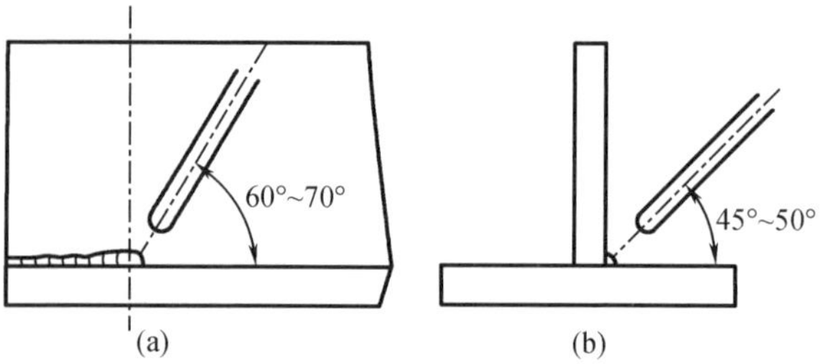

图 1－2－43　横角焊打底焊条角度

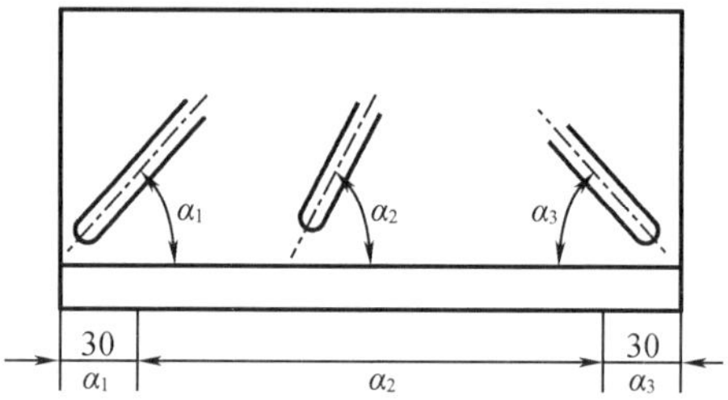

$\alpha_1=40°\sim50°$；$\alpha_2=60°\sim70°$；$\alpha_3=40°\sim50°$。

图 1－2－44　试件端部焊条角度调整示意（单位：mm）

控制熔池，使熔池下沿与底板熔合良好，熔池上沿与立板熔合良好，并保证焊脚对称。

单层角焊缝焊接时，应保证顶角处焊透和焊脚对称。焊脚尺寸要求较大时，可采用锯齿形或斜圆圈形手法适当摆动焊条。

③盖面

施焊前，将打底层的熔渣和飞溅清理干净。

先焊下侧焊道，焊接时电弧应对准打底焊道下沿，直流运条。焊接上侧焊道时，电弧应对准打底焊道上沿，焊条稍做横向摆动，使熔池上沿与立板平滑过渡，熔池下沿与下侧焊道均匀过渡。

横角焊盖面时的焊条角度如图 1－2－45 所示，“2”为下侧焊道焊条角度，“3”为上侧焊道焊条角度。

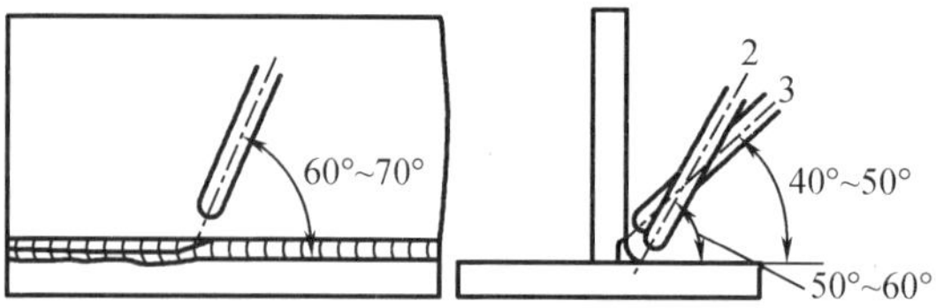

图 1－2－45　横角焊盖面时的焊条角度

焊接速度应均匀，控制焊道表面平滑且略带凹形。

(2)T 形接头立焊

焊接时可将焊缝设置为二层二道施焊。

①焊接工艺参数选择

T 形接头立焊焊接参数参考范围见表 1－2－22。

表 1－2－22　T 形接头立焊焊接参数参考范围

焊接层次	焊条型号及规格	焊接电流/A
打底	E4303、ϕ3.2 mm	110～130
盖面	E4303、ϕ3.2 mm	100～120

②打底

在试件下端引弧，稍做停留进行预热，待试件两侧熔合形成熔池后立即熄弧。

当熔池冷却至暗红色时，在熔池上方 10～15 mm 处引弧，并退至原熔池处继续加热。如此反复数次，直至打底焊脚尺寸满足要求。然后按三角形运条法自下向上焊接，顺序如图如图 1－2－46 所示，焊条角度参照图 1－2－47 执行。

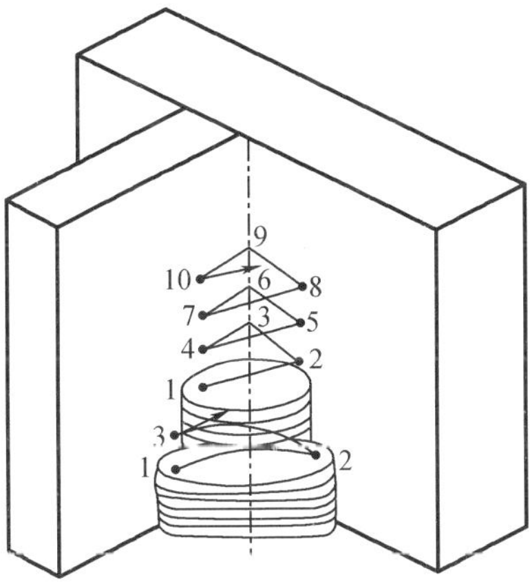

图 1－2－46　立焊三角形运条示意图

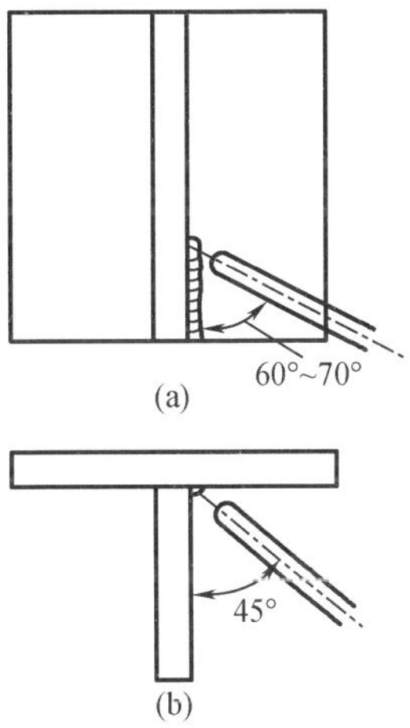

图 1－2－47　立焊焊条角度

操作时，在三角形顶点处应稍做停留，以保证顶角处焊透、熔合良好。注意观察熔池，防止铁液下淌。

接头时，应适当增大焊条角度，待完成焊缝接头后恢复至正常角度。

③盖面

施焊前，清除打底焊道的焊渣和飞溅，将焊道局部凸起打磨平整。

采用锯齿形或月牙形运条方法，保持熔池呈椭圆形匀速上升。运条至打底焊与母材结合处应稍做停顿，保证结合处熔合良好。

接头、收弧时，可参照板材对接立焊盖面手法。

(3)T形接头仰焊

T形接头仰焊时可将焊缝设置为二层三道施焊,如图1-2-48所示。

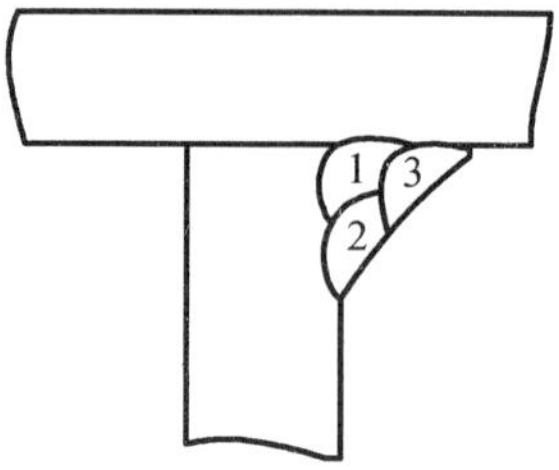

图1-2-48　T形接头仰焊焊道分布

①焊接工艺参数选择

T形接头仰焊焊接参数参考范围见表1-2-23。

表1-2-23　T形接头仰焊焊接参数参考范围

焊接层次	焊条型号及规格	焊接电流/A
打底	E4303、ϕ3.2 mm	110~130
盖面	E4303、ϕ3.2 mm	100~120

②打底

T形接头仰焊打底采用直线运条法,焊条角度如图1-2-49所示。

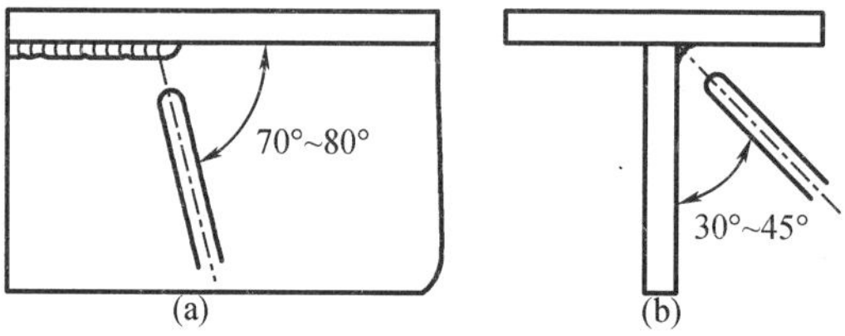

图1-2-49　T形接头仰焊打底焊条角度

在试板左端引弧,电弧始终对准顶角,尽可能压低电弧。应确保熔池两侧与试板熔合良好,脚对称、无咬边。

当单层焊焊脚要求较大时,可适当摆动焊条,但熔池不能过大,否则焊缝表面将严重下凸。

③盖面

盖面层分两道进行,先焊下侧焊道,后焊上侧焊道。

下侧焊道焊接时,电弧应对准打底焊道的下沿,焊条做直线运动或稍做横向摆动,控制熔池的上沿在打底焊道的1/2~2/3处。上侧焊道焊接时,熔池应对准打底焊道的上沿,加大横向摆动幅度。

控制熔池上沿与顶板较好地熔合，保证熔池下沿与下方盖面焊道表面熔合良好，盖面焊道表面应平整。

T 形接头仰焊盖面焊条角度如图 1－2－50 所示。

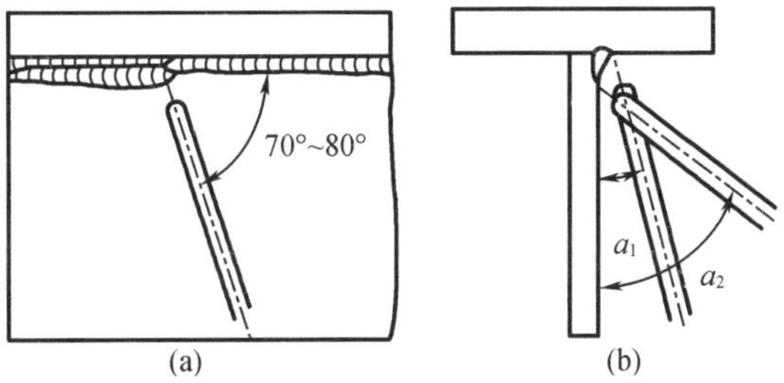

α_1:35°～45°;α_2:45°～60°。

图 1－2－50　T 形接头仰焊盖面焊条角度

二、管板焊接

1. 焊前准备

(1)焊机使用前检查

同 T 形接头。

(2)工件清理

彻底清除工件相应范围内的油漆、锈、水分及氧化皮等杂质，至露出金属光泽，清理后应立即施焊。如工艺无特殊要求，清理时可使用锉刀、角磨砂轮等工具。

管板焊接清理范围如图 1－2－51 所示，图中标有尺寸及箭头所指的表面均需要清理。

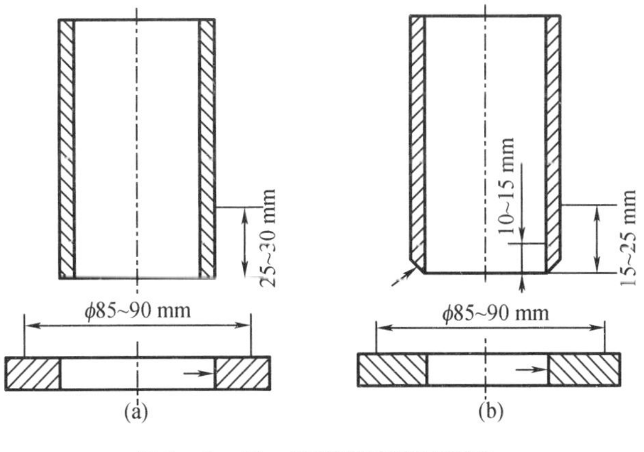

图 1－2－51　管板焊接清理范围

(3)焊条烘干

同 T 形接头。

(4)装配

①焊材选用

试件装配定位焊所用的焊条应与正式焊接时的焊条相同。

②插入式试件

可采用一点定位，定位焊缝长度为 10 ~ 15 mm，焊角不应过高且必须焊透，管子应垂直于孔板。

③骑座式试件

通常采用三点定位焊，但可只焊两点，第三点作为引弧开始焊接的位置。

定位焊长度为 10 mm 左右，焊缝厚度为 2 ~ 3 mm，必须保证焊透、无缺陷。定位焊缝两端应预先打磨或铣削成斜坡，以方便接头。

装配定位后，试件管子内壁与板孔应保证同心、无错边。

④装配尺寸

管板试件装配尺寸参考数据见表 1 - 2 - 24。

表 1 - 2 - 24　管板试件装配尺寸参考数据

结构形式	空间位置	坡口角度/(°)	装配间隙/mm	钝边/mm	允许错边量/mm
骑坐式	垂直固定俯位	50	始焊端 3.0 终焊端 3.5	0 ~ 1.0	≤0.5
骑坐式	水平固定	50	始焊端 3.0 终焊端 3.5	0 ~ 1.0	≤0.5
骑坐式	垂直固定仰位	50	始焊端 2.7 终焊端 3.2	0 ~ 0.5	≤0.5

2. 焊接操作

(1)骑坐式管板垂直固定俯位

垂直固定俯位管板试件，孔板置于水平位置，管子朝上，一个定位焊缝位于左侧，如图 1 - 2 - 52 所示。

焊接时，可将焊缝设置为二层三道，焊道分布如图 1 - 2 - 53 所示。

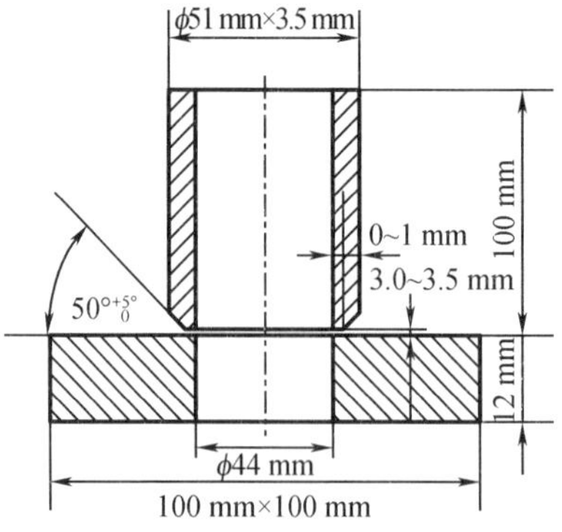

图 1 - 2 - 52　骑坐式管板垂直固定俯位试件及坡口尺寸

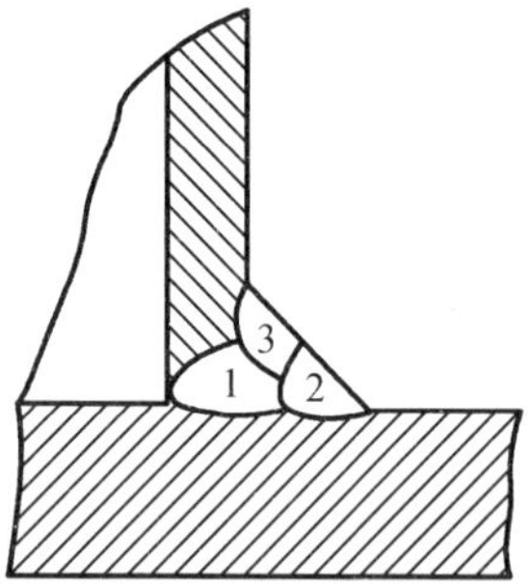

图 1 - 2 - 53　骑坐式管板垂直固定俯位焊道分布

①焊接工艺参数选择

骑坐式管板垂直固定俯位焊接参数参考范围见表 1－2－25。

表 1－2－25 骑坐式管板垂直固定俯位焊接参数参考范围

焊接层次	焊条型号及规格	焊接电流/A	电源极性
打底	E5015、ϕ2.5 mm	70～80	直流反接
盖面	E5015、ϕ3.2 mm	100～120	直流反接

②打底

采用连弧法、短弧法施焊，应保证根部焊透，防止烧穿和产生焊瘤。

在定位焊缝对称位置坡口内的孔板上引弧，预热使孔板上形成熔池，然后向管一侧移动。待与孔板熔池相连后，压低电弧将管子坡口击穿形成熔孔，然后采用直线形或小锯齿形运条法焊接。

运条速度应保持均匀、平稳，电弧在坡口根部与孔板边缘稍做停留。焊接过程中，焊条角度基本保持不变，焊接方向和焊条角度如图 1－2－54 所示。

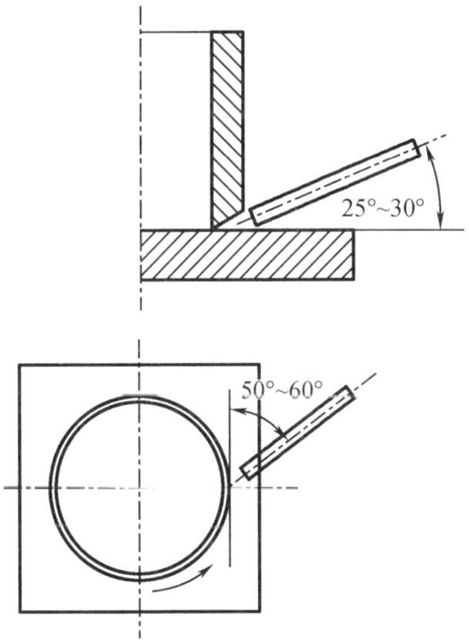

图 1－2－54 骑坐式管板垂直固定俯位焊接打底焊焊接方向和焊条角度

控制电弧的 1/3 在熔池前以击穿及熔化坡口根部，电弧的 2/3 覆盖在熔池上。注意熔池温度，保持熔池形状、大小基本一致。

更换焊条可在熔池尚未冷却时，在原熔池前方 10～15 mm 处引弧，稍做摆动退至原弧坑处时压低电弧，当根部被击穿形成熔孔后转入正常焊接。

接头封闭时，应先将焊缝始焊端修磨成斜坡状，焊至斜坡前沿时压低电弧并稍做停顿，然后恢复正常电弧长度。焊至与始焊缝重叠 10 mm 左右时，填满弧坑熄弧。

焊接过程中，应根据实际位置不断转动手臂和手腕，并保持均匀的移动速度。

③盖面

先清除打底焊道表面的熔渣和飞溅，将局部凸起打磨平整。

焊接分两道进行，先焊下侧焊缝，上侧焊道应覆盖下侧焊缝的 1/2 ~ 2/3，应避免两焊道间形成沟槽、焊缝上凸。

焊接时控制熔合良好，保证管子不咬边且焊脚对称，必要时可采用 ϕ2.5 mm 焊条在上侧加焊一圈，避免咬边。骑坐式管板垂直固定俯位焊接盖面焊条角度如图 1－2－55 所示。

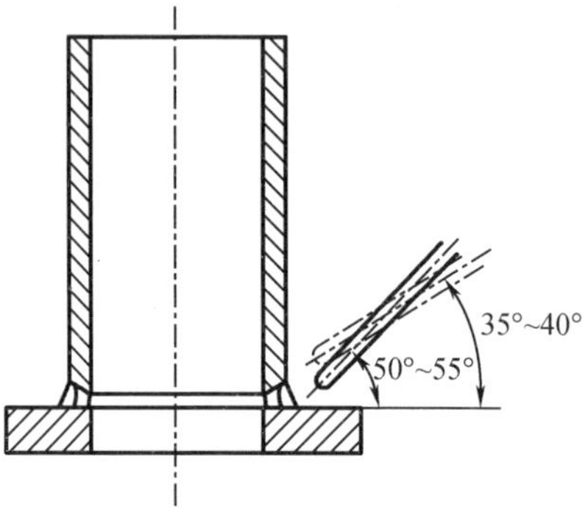

图 1－2－55　骑坐式管板垂直固定俯位焊接盖面焊条角度

（2）骑坐式管板水平固定

管子水平放置，孔板与之垂直，如图 1－2－56 所示，可将焊缝设置为二层二道。施焊时，分两半圈分别进行，每个半圈均包括仰、立及平三种位置的焊接。

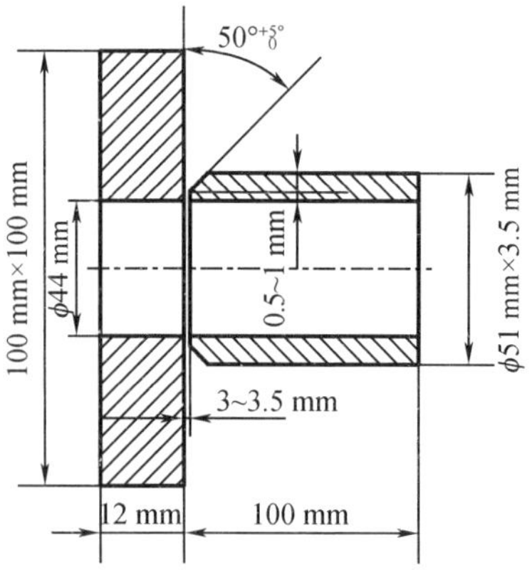

图 1－2－56　骑坐式管板水平固定试件及坡口尺寸

①工件安置

可将定位焊位布置在“时钟 3 点”和“时钟 9 点”位置。

②焊接工艺参数选择

骑坐式管板水平固定焊接参数参考范围见表 1－2－26。

表 1－2－26　骑坐式管板水平固定焊接参数参考范围

焊接层次	焊条型号及规格	焊接电流/A	电源极性
打底	E4303、ϕ2.5 mm	85～90	直流正接
盖面	E4303、ϕ3.2 mm	100～120	直流正接

③打底

采用连弧法、断弧法施焊。

在仰焊位置（“时钟 6 点”）前 5～10 mm 处的坡口内引弧。引燃电弧后稍做预热，然后向上顶送焊条，当孔板边缘与管子坡口根部熔化并形成熔孔后，稍退出焊条。

焊条在坡口根部管与板之间做小幅横向摆动，沿逆时针方向施焊。连弧焊焊条可采用月牙形或锯齿形摆动。管与板厚差异较大，因此焊接电弧应偏向孔板，使管、板温度均匀，并保证板孔边缘熔化良好。焊接时，电弧在管子和孔板上应稍做停留，在孔板侧的停留时间应略长些。

一般，焊条与孔板的夹角为 15°～20°，与焊接前进方向的夹角随焊接位置改变。

采用断弧焊时，灭弧动作要快，不要拉长电弧。灭弧与接弧时间间隔应短些，灭弧频率控制在每分钟 50～60 次。每次重新引燃电弧时，焊条中心要对准熔池前沿焊接方向的 2/3 处，每接弧一次，焊缝应增长 2 mm 左右。

焊接过程中，熔池中的铁水应清晰、明亮，始终保持熔池的形状和大小基本一致，控制熔孔深入每侧母材 0.5～1 mm。

操作过程中，应始终伴有电弧击穿根部所发出的“噗噗”声，以保证根部焊透。运条至定位焊缝根部时，焊条应向管内压送，听到“噗噗”声后，连弧快速运条到定位焊缝另一端。再次将焊条向下压送，听到“噗噗”声后稍做停顿，之后恢复原来的操作手法。

收弧时，将焊条逐渐引向坡口斜前方，或将电弧向回拉一小段，再慢慢提高电弧，使熔池逐渐变小，填满弧坑后熄弧。

接头时，可采用热接法或冷接法。

热接法：迅速更换焊条，当弧坑尚保持红热状态时，在熔孔下面 10 mm 处引弧。然后，将电弧拉到熔孔处，焊条向里推送，听到“噗噗”声后稍做停顿，恢复原来的手法焊接。

冷接法：当熔池冷却后，将收弧处打磨出斜坡方向接头。更换焊条后，在打磨处附近引弧，运条到打磨斜坡根部时，焊条向里推送，听到“噗噗”声后稍做停顿，恢复原来手法焊接。

后半圈打底焊的焊接方法与前半圈基本相同。

可在上、下两接头处均打磨出斜坡。引弧后，在斜坡后端起焊，运条到斜坡根部时，焊条向上顶送，听到“噗噗”声后稍做停顿，再按正常手法施焊。当焊缝即将封闭收口时，焊条向下压送，听到“噗噗”声后稍做停顿，然后继续向前焊接 10 mm 左右，填满弧坑后收弧。

打底焊道应尽量平整，并保证坡口边缘清晰，以便盖面。

④盖面焊

首先,应清除打底焊道特别是死角处的熔渣、飞溅。焊接时,可采用连弧法或断弧法施焊。

连弧焊时,应采用月牙形横拉短弧施焊。在仰焊部位前 10 mm 左右焊趾处引弧,保持熔池呈椭圆形,上、下廓线基本处于水平位置。焊条摆动至管与板侧时应稍做停留,而且在板侧停留的时间略长些,以避免咬边。焊条与孔板的夹角,从仰焊部位的 45°逐渐过渡到平焊部位的 60°左右,焊接与前进方向的夹角随焊接位置变化。焊缝收口时,应填满弧坑后收弧。

断弧焊时,在仰焊部位前 10 mm 左右的第一道焊缝上引弧。将铁水从管侧带到钢板上,向右推动铁水,形成第一个浅的熔池。之后均应从管向板做斜圆圈形运条,电弧在板侧上的停留时间应稍长些。焊至上坡焊时,电弧从钢板向管侧做斜圆圈形运条。焊缝收口时,应和前半圈收尾焊道吻合好,并填满坑后收弧。

(3)骑坐式管板垂直固定仰位

管子垂直朝下放置,孔板与之垂直位于水平面位置,如图 1-2-57 所示。焊接时熔池被管子坡口面托浮,难度并不太大。可将焊缝设置为三层四道,如图 1-2-58 所示。

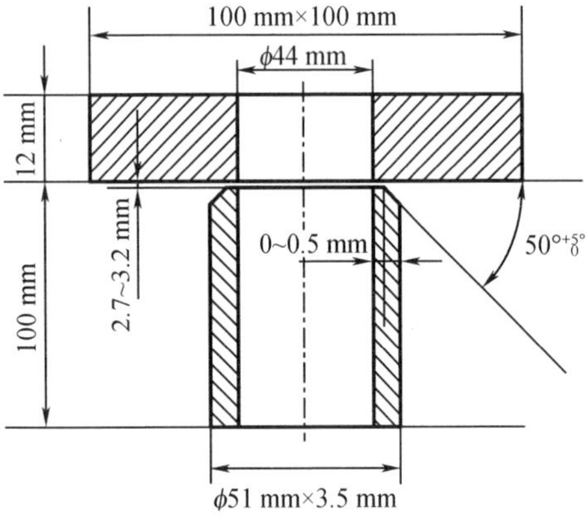

图 1-2-57　骑坐式管板垂直固定仰位试件及坡口尺寸

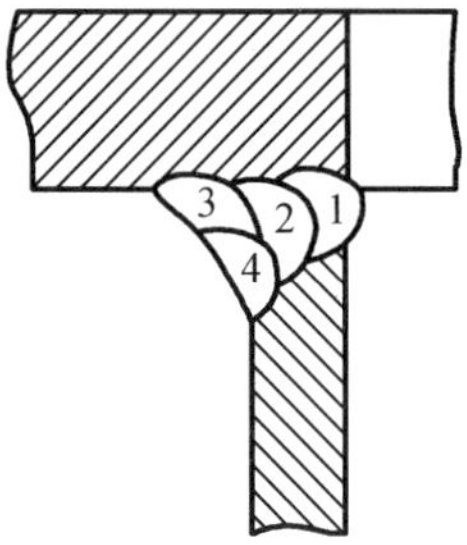

图 1-2-58　骑坐式管板垂直固定仰位焊道分布

①焊接工艺参数选择

骑坐式管板垂直固定仰位焊接参数参考范围见表 1-2-27。

表 1-2-27　骑坐式管板垂直固定仰位焊接参数参考范围

焊接层次	焊条型号及规格	焊接电流/A	电源极性
打底	E5015、ϕ2.5 mm	60~80	直流反接
填充	E5015、ϕ2.5 mm	70~90	直流反接
盖面	E5015、ϕ2.5 mm	70~80	直流反接

②打底

应采用短弧法、连弧法施焊,保证根部熔合良好。

可在左侧定位焊缝上引弧，稍做预热后将焊条向背部压送，形成熔孔后，开始小幅度锯齿形横向摆动，转入正常焊接。电弧摆动至两侧时稍做停顿，保证孔板与坡口根部完全熔合。电弧应偏向孔板一侧，避免烧穿小管。

骑坐式管板垂直固定仰位打底、填充时的焊条角度如图 1-2-59 所示。

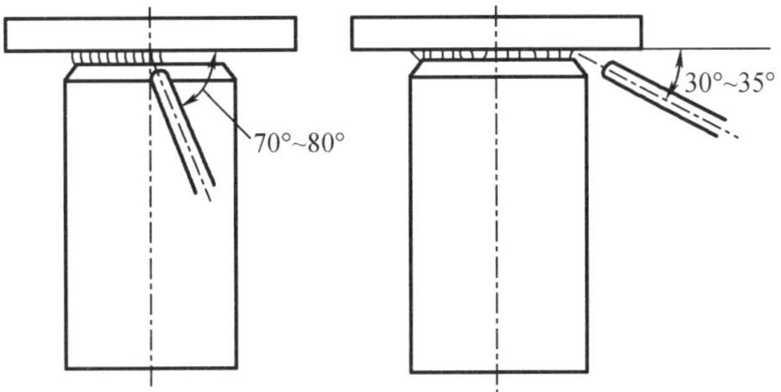

图 1-2-59 骑坐式管板垂直固定仰位打底、填充时的焊条角度

封闭焊缝焊接前，应将原焊缝接头处磨成斜面。

③填充

施焊前，清除干净打底焊道表面的熔渣及飞溅，将局部凸起打磨平整。

焊条角度及操作要领与打底焊相同，焊条摆动幅度、焊接速度应稍大于打底焊。保证焊道两侧良好熔合，焊缝表面平整。

④盖面

盖面分两道焊接，先焊接上侧焊道，然后焊接下侧焊道。

上侧焊道焊接时，适当增大摆动幅度和间距，焊道下沿应压住填充焊道的 1/2 ~ 2/3，控制孔板处焊脚在 9 ~ 10 mm。下侧焊道焊接时，控制管子上焊脚在 9 ~ 10 mm，保证焊道上沿与上侧焊道熔合。

骑坐式管板垂直固定仰位盖面的焊条角度如图 1-2-60 所示。

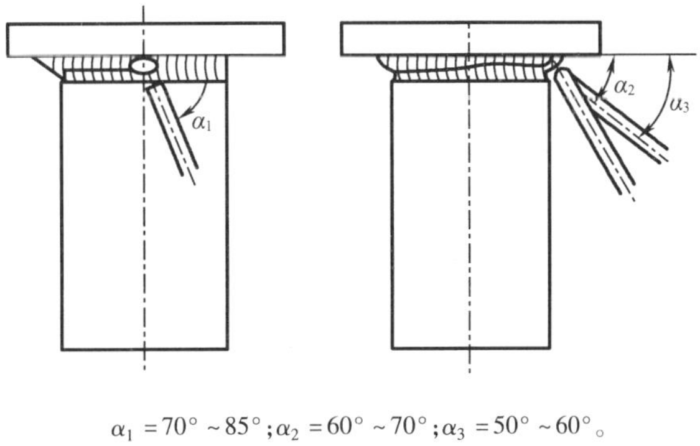

$\alpha_1=70°\sim85°$；$\alpha_2=60°\sim70°$；$\alpha_3=50°\sim60°$。

图 1-2-60 骑坐式管板垂直固定仰位盖面的焊条角度

补平斜面，防止表面出现环形凹槽或凸起。

项目3　船舶 CO_2 气体保护焊

任务3.1　CO_2 气体保护焊操作工艺

【相关知识】

一、CO_2 气体保护焊的工作原理、特点及应用

1. 工作原理

CO_2 气体保护焊是指利用 CO_2 作为保护气体，并形成足够的气体保护层，焊接时采用专用焊枪，依靠焊丝与工件间的电弧热及电阻热提供焊接所需热量，从而实现半自动或自动焊接。其工作原理如图1－3－1所示。

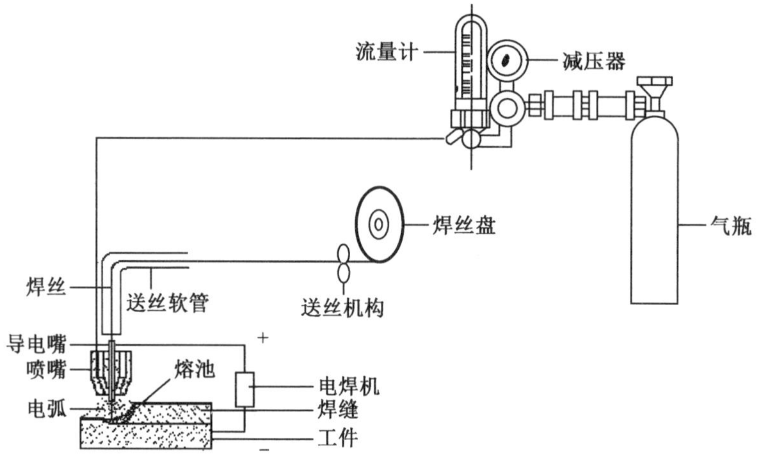

图1－3－1　CO_2 气体保护焊工作原理示意图

焊接时选择直流电源，电源的两极分别接到焊枪及工件上。

焊丝盘提供焊丝，经送丝机构带动，并通过焊枪不断向焊接区域送进，以完成焊接所需的填充。同时，气瓶或管道输送的 CO_2 气体以一定的压力和流量送入焊枪，并从焊枪前端喷出形成套筒，在电弧和焊接熔池周围形成保护气流。

焊接时，熔化的焊丝和母材形成熔池，随焊枪移动及焊丝的不断送进，完成连续焊接

过程。

2. CO_2 气体保护焊的特点及应用

(1)特点

①焊接成本低

CO_2 气体价廉易得,焊接时电能消耗少,所以焊接成本较低。正常情况下,CO_2 气体保护焊成本仅为焊条电弧焊的37% ~42%,为埋弧焊的40%左右。

②焊接生产率高

CO_2 气体保护焊焊接电流密度大,电弧热量利用率较高,使焊丝熔化率提高,母材熔透深度增加;同时,焊后不需要清渣,从而大幅提高了生产效率。

CO_2 气体保护焊的生产率可达到焊条电弧焊的2 ~4 倍。

③焊接变形小

电弧热量集中,工件受热面积较小,焊接时 CO_2 气流又具有较强的冷却作用。所以 CO_2 气体保护焊焊接变形较小,特别适于薄板焊接。

④操作简便

CO_2 气体保护焊焊接时为明弧操作,利于监控,可进行全位置焊接,并可实现机械化和自动化。

⑤焊接质量高,应用范围广

CO_2 气体氧化性强,故焊缝氢含量低,对铁锈敏感性小,焊缝金属抗裂性能好。另外,CO_2 气体保护焊既可焊接薄板,又可焊接厚板,可完成任何位置、角度、长度及复杂曲面焊缝的焊接,所以在生产领域中应用较为广泛。

⑥焊接飞溅大

CO_2 气体保护焊焊接时弧光较强,焊缝成形差。

但是,CO_2 气体保护焊抗风能力较差,这给室外作业带来一定的困难。

⑦设备使用要求

CO_2 气体保护焊难以实现交流焊接,焊接设备相对复杂,要求操作人员具备较强的设备维护能力。

⑧保护气体的氧化性

CO_2 气体保护焊焊接区域内氧化性强,不适于易氧化金属材料的焊接。

CO_2 气体保护焊的优点是其他焊接方法所不具备的。同时,其缺点可通过提高技术水平,改善焊接材料、设备加以解决,所以是一种高效、低耗的焊接方法。

(2)应用

CO_2 气体保护焊主要用于焊接低碳钢及低合金钢等黑色金属,还可用于耐磨零件的堆焊、铸钢件的焊补等。而该方法对于不锈钢焊缝金属有增碳现象,会影响抗晶间腐蚀性能,只能焊接质量要求不高的不锈钢工件。

目前,CO_2 气体保护焊在汽车制造、化工机械、钢结构生产、压力容器及船舶建造等生产领域得到广泛应用。

二、CO_2 气体保护焊的设备

CO_2 气体保护焊所使用的焊接设备包括半自动焊设备及自动焊设备。实际生产中，CO_2 半自动机应用最为普遍，它由焊接电源、送丝系统、焊枪、供气系统等构成，如图 1－3－2 所示。

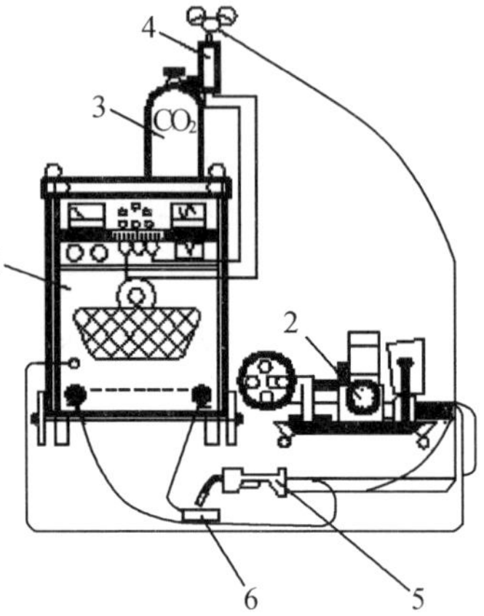

1—焊接电源控制箱；2—送丝系统；3—钢瓶；4—预热器；5—焊枪；6—工件。

图 1－3－2　CO_2 半自动机示意图

1. 焊接电源

焊接生产中，CO_2 气体保护焊电源极性均采用直流反接。为保证焊接过程中焊接工艺参数的稳定，细丝 CO_2 气体保护焊时，应采用具有良好动特性的平特性电源。

2. 送丝系统

CO_2 气体保护焊送丝系统主要由机架、送丝矫直轮、压紧轮和送丝轮构成，并配备装卡焊丝盘、电缆及焊枪等。

CO_2 气体保护焊的焊接电流大小主要由送丝速度调节，所以焊接时送丝的均匀性和稳定性直接决定焊接电弧的稳定性。采用细丝焊接时，焊丝熔化速度快，必须保证均匀、高速且平稳的送丝过程。

3. 焊枪

焊枪的功能是传导焊接电流、导送焊丝及输送 CO_2 气体，按用途可分为半自动焊枪和自动焊枪两类。实际生产中，半自动焊枪应用较为广泛。

4. 供气系统

供气系统的作用是对钢瓶中的高压 CO_2 液体进行处理，以提供满足质量要求且具有一定流量的 CO_2 气体，并保证这些气体均匀、畅通地从焊枪喷嘴喷出，实现对焊接区域的保护。

供气系统通常由钢瓶、预热器、减压阀、高低压干燥器、流量计及电磁气阀等组成。

三、CO_2 气体保护焊焊接材料

1. CO_2 气体

焊接过程中，CO_2 气体主要起到保护作用，使用时根据所生产产品的特点，可分别由管道或瓶装供应。我国相关国标规定，供应 CO_2 气体钢瓶外表涂铝白色，并标注黑色"CO_2"字样。

正常情况下，容量为 40 L 的标准钢瓶可灌入 25 kg 的液态 CO_2，约占钢瓶容积的 80%，其余的空间则充满已气化的 CO_2。满装的气瓶焊接时按气体流量为 15 L/min 使用，可连续工作 14 h 左右；若按气体流量为 10 L/min 使用，可连续工作 24 h。

供焊接使用的 CO_2 气体的纯度应大于 99.5%，影响气体纯度的主要原因是气瓶中的水分和空气中的氮。

2. 焊丝

(1)分类

CO_2 焊丝既是填充金属又是电极，通常以盘状供应。CO_2 焊丝按结构形式可分为实芯焊丝和药芯焊丝。

生产中，可根据需要选用直径为 0.5 ~ 5 mm 的焊丝，目前国内常用的焊丝直径包括 0.6 mm、0.8 mm、1.0 mm、1.2 mm、1.6 mm、2.0 mm 及 2.4 mm 等。

(2) CO_2 气体保护焊对焊丝的要求

合格的焊丝应具有一定的化学成分和力学性能，并具有良好的导电性能和工艺性能。

①化学成分

焊丝必须含有一定数量的脱氧剂。低碳钢、低合金钢和船舶用高强度钢焊接时，必须采用含锰、硅等脱氧元素的合金钢焊丝，以保证足够的力学性能，有效防止气孔，减少焊接飞溅。

应限制焊丝的含碳量低于 0.10%，以便更有效地避免产生气孔及减少焊接飞溅。一般，焊丝中的 S、P 含量应控制在 0.04% 以下。性能要求较高的优质焊丝，S、P 含量不得超过 0.03%。

②制作要求

焊丝表面最好镀铜，目的是防止焊丝生锈，改善焊丝的导电性能，并减少送丝阻力。焊丝外径应均匀，具备一定的硬度和刚度。焊丝应以冷拔状态供应，不得使用退火焊丝。

③焊丝选择

选择焊丝时，应综合考虑被焊材料的性质、用途及焊接接头强度的设计要求。

【任务实施】

一、安全注意事项

(1) CO_2 气体保护焊的电弧光辐射比焊条电弧焊强，所以焊接时应加强防护措施，如使用较好的护目镜。

(2)焊接时飞溅较大,特别是粗焊丝生产,所以操作时防护用具应更完善,防止灼伤人体。

(3)CO_2 气体在高温下可以分解,产生对人体有害的气体,操作时还会放出金属烟尘,所以在容器内或狭小空间内施焊时,应加强通风,设有监护人员。

(4)CO_2 气体预热器使用的电压不得高于 36 V。

(5)使用气瓶时,必须注意以下事项。

①气瓶不得放在火炉、暖气等热源附近,不得放在烈日下暴晒,以免爆炸。

②瓶装气体压力低于 1×10^6 Pa 时,不得继续使用。

③使用瓶装液态 CO_2 时,应安装气体预热装置,将 CO_2 气体在未减压前进行预热。

④若选择的 CO_2 气体纯度较低,则会给产品质量造成严重影响,因此必须采取以下措施确保 CO_2 气体的纯度。

a. 将新灌气瓶倒立放置 1 ~ 2 h,以使瓶中自由状态的水沉积到瓶口,然后打开阀门放水 2 ~ 3 次,每次间隔 30 min 左右,放水结束后将气瓶恢复摆正。

b. 放水处理之后 2 h 左右,再打开阀门放气 2 ~ 3 min,放气后再套接输气管。因为气瓶上部气体中含有较多的空气和水分,这样可以放掉空气和水分,并带走瓶阀中的空气。

c. 可在供气气路中串接干燥器,以烘干 CO_2 气体。

(6)大电流粗丝焊接时,应防止焊枪水冷系统漏水,避免绝缘受破坏而发生触电事故。

二、典型焊机操作

(1)按外部接线图对焊机进行电路和气路连接,开启电源,然后将焊丝盘装好,将止挡板转下,防止焊丝盘脱出。

(2)根据要求选用焊丝直径,配合相应的送线轮沟槽,并选用加压手柄上的相应刻度。

(3)扳起压紧轮,将焊丝从焊丝盘拉出,经校直轮、送丝轮进入夹头座后,再掀下压紧轮。

(4)开启送丝机构控制盒上的电源开关,送丝校直后控制焊丝伸出焊枪导电嘴 20 ~ 30 mm。

(5)利用控制盒上的送丝速度旋钮进行匀速送丝调节,同时实现焊接电流的调节。

(6)开启送气按钮启动电磁气阀,调节 CO_2 气体流量计,并按要求选择合适的气体流量。

(7)合理选择电弧电压等焊接规范参数。

三、焊接操作技能

1. 操作姿势及相关要求

实际生产中,经常需要使用 CO_2 气体保护焊长时间不间断地工作,所以采用正确、合理的操作姿势,是保证长时间稳定施焊的前提。

CO_2 气体保护焊正确的操作姿势如图 1 - 3 - 3 所示。

(a)蹲位平焊　(b)坐位平焊　(c)立位平焊　(d)站位立焊　(e)站位仰焊

图 1－3－3　CO_2 气体保护焊正确的操作姿势

（1）操作时用身体的某个部位承担焊枪的质量。通常，手臂处于自然状态，手腕能灵活带动焊枪平移或转动。

（2）焊接操作过程中，软管电缆最小的曲率半径应大于 300 mm，确保焊接时可随意拖动焊枪。

（3）焊接时，应能维持焊枪倾角不变，并能清楚、方便地观察熔池。

（4）将焊丝机放在合适的地方，以保证焊枪能在需要焊接的范围内自由移动。

2. 操作基本要求

（1）焊枪位置

焊接过程中，必须使焊枪与工件间保持合适的相对位置，主要是通过控制焊枪与工件间的倾角和喷嘴高度调整。

（2）焊枪移动

焊接过程中，可根据工件装配间隙、钝边尺寸、焊接电流、熔池形状及工件熔合情况等因素调整焊枪移动速度，但焊接过程中需要保持焊枪匀速向前移动。

（3）焊枪摆幅

焊接时，焊枪必须在一定范围内摆动，以确保焊缝的熔宽和焊接质量。需要注意的是，为减少焊接热影响区、降低焊接变形，不宜采用大幅度摆动获得较宽焊缝，可采用多层多道焊解决。

CO_2 气体保护焊焊枪的摆动形式及应用可参照表 1－3－1 执行。

表 1－3－1　CO_2 气体保护焊焊枪的摆动形式及应用

摆动形式	应用	摆动形式	应用
直线往复式	薄板、中厚板打底	划圈式	平角焊或多层焊的第一层
锯齿式	坡口角度较小及中厚板打底	月牙式	坡口角度较大

3. 基本操作要领

（1）引弧

CO_2 气体保护焊引弧不采用划擦法，主要是利用碰撞引弧，引弧时不必抬起焊枪。

按动遥控器上的点状开并或焊枪上的控制开关，点动送出焊丝。控制焊丝与工件距离，保持在2~3 mm，超长部分和粗大的焊丝球状端头必须剪掉。

根据焊接电流设定喷嘴高度，保持合适的倾角，将焊枪放在引弧处，但焊丝端部和工件尚未接触。

启动焊枪上的控制开关，焊丝与工件接触短路后，自动引燃电弧。

引弧的注意事项：短路时，焊枪有自动顶起的倾向，所以引弧时要稍用力向下压焊枪，防止因焊枪抬起导致电弧熄灭。

(2)焊接

采用实芯焊丝焊接时，电弧引燃后通常采用左焊法施焊。

左焊法能够获得较大的焊缝熔宽，操作者可以清晰地观察工件坡口和熔池，焊缝不会焊偏，焊缝成形好，如图1-3-4所示。但是，焊枪的倾角不应过大，否则会导致保护效果下降，容易形成气孔。

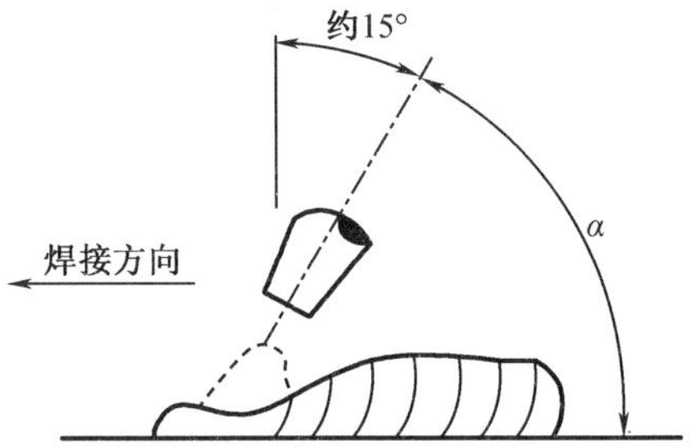

图1-3-4　左焊法示意图

焊接过程中，使焊枪保持合适的倾角和喷嘴高度，沿焊接方向均匀移动。工件坡口较宽时，为保证两侧熔合好，焊枪还应做横向摆动。根据焊接过程判断焊接参数是否合适，通过观察熔池情况、电弧稳定性、飞溅大小及焊缝成形来调整焊接参数。

(3)收弧

焊接结束前必须收弧，收弧不当容易产生弧坑，可能导致弧坑裂纹、气孔等缺陷。

CO_2 气体保护焊机设有弧坑控制电路时，当焊枪到达收弧处时停止前进，接通弧坑控制电路，焊接电流与电弧电压会自动变小，直到熔池填满时断电。

CO_2 气体保护焊机未设置弧坑控制电路，或因焊接电流过小不能使用弧坑控制电路时，焊枪在收弧处应停止前进，并在熔池未凝固时反复断弧、引弧几次，直至弧坑填满为止。注意，操作时动作要快，若熔池已凝固才收弧，则可能产生未熔合及气孔等缺陷。

不论采用哪种收弧方法，收弧时，焊枪除应停止前进外，还不能抬高喷嘴。弧坑已填满、电弧熄灭后，需要使焊枪在弧坑处停留几秒钟后才能移开，避免保护不良而引起缺陷。

(4)接头

焊接前，将待焊接头处用角向磨光机打磨成斜面，如图1-3-5所示。

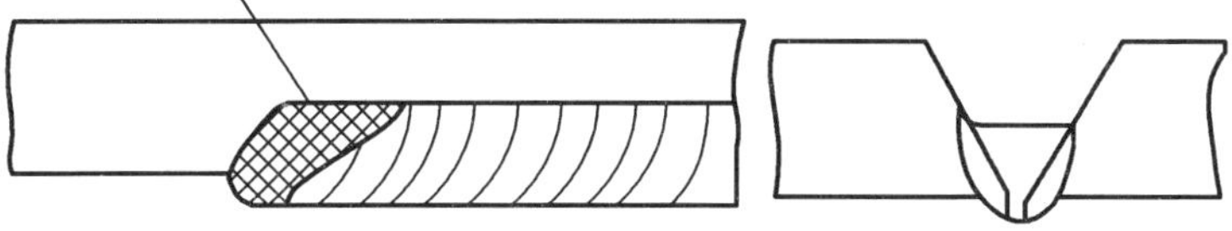

图 1-3-5 接头处理示意图

在斜面顶部引弧，引燃电弧后将电弧移至斜面底部，转一圈返回引弧处后再继续向左焊接，如图 1-3-6 所示。

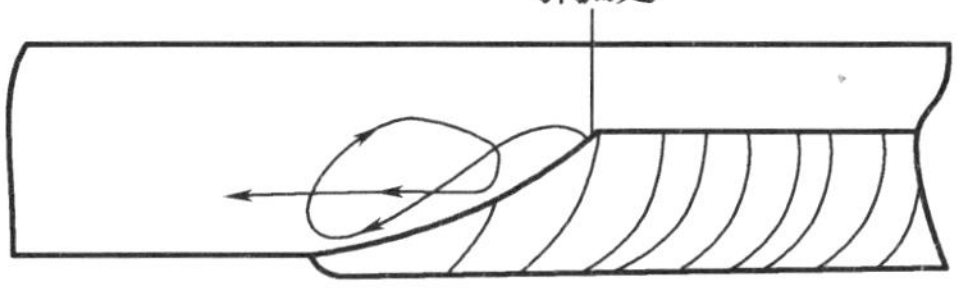

图 1-3-6 接头处引弧操作

引燃电弧后向斜面底部移动时，应注意观察熔孔。若未形成熔孔，则在接头处背面会产生焊不透缺陷。若熔孔太小，则接头处背面会产生缩孔；若熔孔太大，则会导致背面焊缝太宽或出现烧穿现象。

4. 平敷焊

(1) 工件清理、画线

清理工件表面的污物，在工件上用石笔画出数条间隔 30 mm 的平行直线为焊缝位置线，作为平敷焊时的运条轨迹，之后将工件放置在焊接胎架上。

(2) 启动及设置焊接参数

①启动电源，扣动焊枪开关。

②将焊丝嵌入送丝机构上的滚轮沟槽内，按下加压杠杆调整压力，将焊丝送入焊枪，启动焊枪开关，将焊丝伸出导电嘴 20 mm 左右。

③调节焊接参数

按表 1-3-2 的要求，调整焊接电流、电弧电压，打开气阀并调整气体流量。

表 1-3-2 平敷焊时的焊接工艺参数

焊丝牌号、规格	焊接电流/A	电弧电压/V	焊接速度/($m \cdot h^{-1}$)	气体流量/($L \cdot min^{-1}$)
H08Mn2SiA、ϕ1.2 mm	130 ~ 140	22 ~ 24	18 ~ 30	10 ~ 12

(3)平敷焊操作

用碰撞法引燃电弧,分别用直线形运条法和锯齿形运条法等进行平敷焊操作,进行引弧起头、焊枪摆动、接头及收弧技能训练。

任务3.2　CO_2气体保护焊板材对接单面焊双面成形

【相关知识】

鉴于CO_2气体保护焊的独特优势,它已经广泛应用于各行业的焊接生产,特别是在船舶建造业、容器制作业及汽车制造业中应用更为广泛。CO_2气体保护焊板材对接在生产中占据主导地位。

CO_2气体保护焊板材对接单面焊双面成形按施焊空间位置可分为平、立、横、仰四个焊位,按其结构形式又可分为带衬垫和无衬垫的悬空焊接等形式。这些试件类型已经成为船舶建造业及压力容器生产领域焊工取证的重要考试形式。

船舶建造CO_2气体保护焊板材对接单面焊双面成形采用中国船级社《材料与焊接规范(2009)》的技术标准,具体要求见表1-3-3。

表1-3-3　焊缝质量检验项目及标准

<table>
<tr><th colspan="2">检查项目</th><th>标准</th></tr>
<tr><td rowspan="8">外观检查</td><td>表面成形</td><td>成形良好,焊缝边缘应平顺过渡到母材,焊缝宽度均匀</td></tr>
<tr><td>表面缺陷</td><td>焊缝表面应无裂纹、未熔合、夹渣、气孔和焊瘤等缺陷</td></tr>
<tr><td>咬边</td><td>咬边深度应不大于0.5 mm。
咬边长度:
板试件:焊缝两侧咬边累计总长度应不超过焊缝全长10%;
管试件:焊缝两侧咬边累计总长度应不超过焊缝全长的20%</td></tr>
<tr><td>内凹</td><td>允许有深度不超过0.1t(t为试件厚度)且不大于1.5 mm、累计长度不超过焊缝全长10%的局部内凹</td></tr>
<tr><td>未焊透</td><td>无</td></tr>
<tr><td>焊瘤</td><td>根部焊瘤应不大于3 mm</td></tr>
<tr><td>焊缝余高</td><td>平焊位置的焊缝余高应不大于3 mm,其他位置应不大于4 mm</td></tr>
<tr><td>焊缝宽度</td><td>每侧焊缝宽度应不大于坡口宽度2.5 mm</td></tr>
<tr><td colspan="2">弯曲试验</td><td>在受拉面的任何方向上均不应有超过3 mm的裂纹和其他开口缺陷</td></tr>
</table>

一、CO_2 气体保护焊焊接工艺

1. 焊前准备

(1)焊接设备检查

①检查焊机的外部接线是否正确、牢固,检查导电嘴孔径和压轧轮的焊丝槽规格与焊丝直径配备是否一致。

②核实压紧滚轮的压力与焊丝直径是否相符,送气系统是否正常。

③清除焊丝和工件表面及坡口两侧一定范围内的铁锈、水分及油漆等污物。

④调整规范参数。

⑤在喷嘴内侧涂上防堵剂。

(2)坡口选择

开坡口可以保证熔透,但应结合焊缝的形状及熔合比合理确定坡口形式。

坡口角度过小,容易形成指状熔深,可能导致在焊缝中心处产生裂纹。特别是较厚板焊接时,若坡口角度过小,则因拘束应力较大,产生开裂的倾向增加。

生产中推荐使用的坡口形式可参照表 1－3－4 选择。

表 1－3－4　CO_2 气体保护焊推荐坡口形式

坡口形式		板厚/mm	垫板使用	坡口开角或角度 α/(°)	坡口间隙 b/mm	钝边尺寸 p/mm
I 形	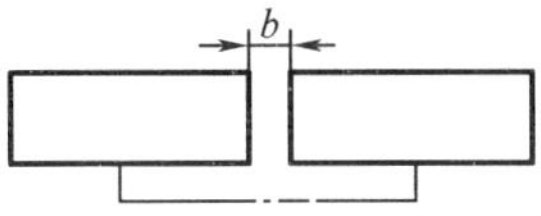	＜12	无	—	0～2	—
			有	—	0～3	—
单边V 形	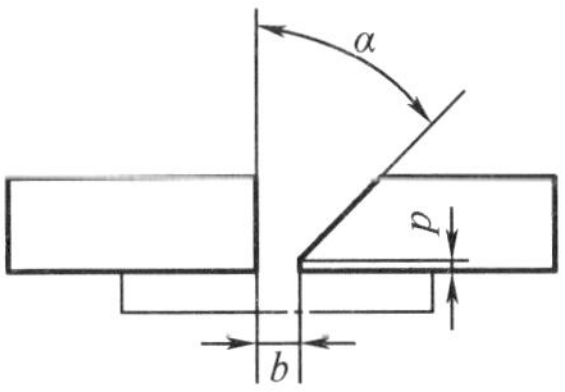	＜60	无	45～60	0～2	0～5
			有	25～50	4～7	0～3
Y 形	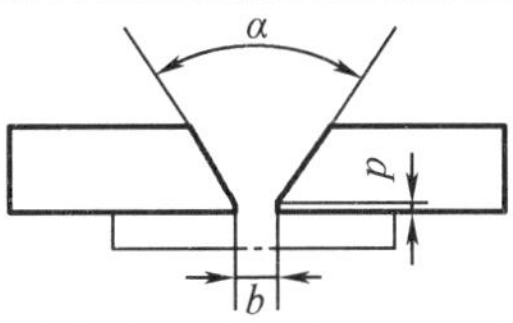	＜60	无	45～60	0～2	0～5
			有	35～60	0～6	0～3
K 形	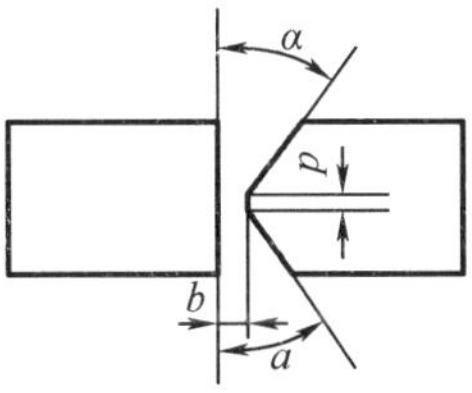	＜100	无	45～60	0～2	0～5

表 1－3－4(续)

坡口形式		板厚/mm	垫板使用	坡口开角或角度 α/(°)	坡口间隙 b/mm	钝边尺寸 p/mm
X 形	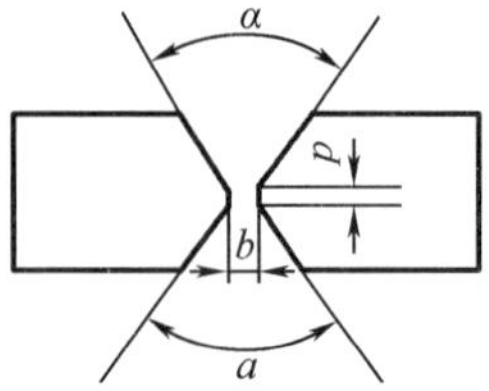	<100	无	45 ~ 60	0 ~ 2	0 ~ 5

对于薄板或中厚板,可采用细丝短路过渡,一般选择 I 形坡口。板厚增加,采用粗丝细滴过渡,可选择开较小坡口。

(3)坡口的加工与清理

①坡口加工

坡口的加工质量对焊接质量影响较大,坡口尺寸不规范会造成未焊透和未焊满等缺陷。CO_2 气体保护焊对坡口的加工质量要求比焊条电弧焊更为严格。

在生产过程中,可根据现场的具体情况选择合适的加工方法,常用的坡口加工方法包括机械加工、气割及碳弧气刨等。

②坡口清理

工件表面存在杂质会严重影响焊接质量。

焊接前,应将坡口及距坡口两侧 10 ~ 20 mm 的油污、油漆、铁锈及氧化皮等污物清除干净。为防止工件重复受污,应做到清理后及时施焊。

(4)定位焊

为保证整个焊缝长度方向的坡口尺寸,防止焊接变形,正式施焊前必须进行定位焊。

对于定位焊缝,因熔池体积相对较小、冷却速度快,更容易产生气孔、夹渣及裂纹等缺陷,所以应严格控制定位焊质量。

2. 焊接参数

焊接生产中,熔滴过渡形式直接决定焊接过程的稳定性。CO_2 气体保护焊的熔滴过渡主要有两种形式,即短路过渡和细滴过渡。其中,短路过渡应用最为广泛。

(1)短路过渡

CO_2 气体保护焊短路过渡主要应用于薄板及全位置焊接。薄板焊接时,生产率较高,焊接变形小,且焊接操作容易掌握。

短路过渡焊接时,熔滴细小,过渡频率高,电弧极为稳定,焊接飞溅小,焊缝成形美观。

①焊丝直径

焊接时均采用细直径焊丝,一般焊丝直径为 0.6 ~ 1.6 mm。随焊丝直径的增加,焊接飞溅颗粒增大。

②焊接电流

焊接电流直接决定焊缝厚度，焊接电流相同时，焊丝直径越小，焊丝熔化速度越快。细焊丝使用过大焊接电流时，会引起熔池翻腾，导致焊缝成形恶化，所以短路过渡焊接时，使用的焊接电流较小。一般情况下，短路过渡的焊接电流均控制在 200 A 以下。

③电弧电压

如果电弧电压过高，则无论其他参数如何选择，都不能获得稳定的焊接过程。

电弧电压的选择与焊接电流及焊丝直径间存在协调匹配的关系。短路过渡电弧电压一般控制在 17 ~ 25 V。对于细丝 CO_2 气体保护焊，焊接电流、电弧电压与焊丝直径的匹配关系可参照表 1 – 3 – 5 选择。

表 1 – 3 – 5　焊接电流、电弧电压与焊丝直径对照表

焊丝直径/mm	电弧电压/V	焊接电流/A	焊丝直径/mm	电弧电压/V	焊接电流/A
0.5	17 ~ 19	30 ~ 70	1.2	19 ~ 23	90 ~ 200
0.8	18 ~ 21	50 ~ 100	1.6	22 ~ 26	140 ~ 300
1.0	18 ~ 22	70 ~ 120			

④焊接速度

焊接速度会直接影响焊缝成形及焊接接头的力学性能，焊接速度选择不当时，还会形成气孔等缺陷。

当焊接电流和电弧电压不变时，焊接速度加快，焊缝厚度、宽度及余高均减小。若焊接速度过快，则在焊趾处会出现咬边，甚至形成驼峰焊道；若焊速过慢，则焊道变宽，焊趾处出现满溢。

一般情况下，焊接速度控制在 30 ~ 60 cm/min。

⑤保护气体流量

正常情况下，保护气体流量与焊接电流有关。对于焊接电流低于 200 A 的薄板焊接，气体流量为 10 ~ 15 L/min；焊接电流高于 200 A 时，气体流量控制在 15 ~ 25 L/min。

⑥焊丝伸出长度

短路过渡采用的焊丝较细，焊丝伸出长度对焊丝熔化速度影响较大。

焊丝伸出长度过大，会使焊接电弧稳定性下降，造成操作困难。此外，焊丝伸出过长还会导致焊接飞溅增大，焊缝成形差，破坏保护效果。当焊丝伸出长度过小时，喷嘴与工件间距离变小，除飞溅金属容易堵塞喷嘴外，焊工观察电弧也变得困难。

焊丝的伸出长度一般控制在焊丝直径的 10 倍左右。

⑦电感值

串联电感可以调节短路电流增长速度，还可以调节电弧燃烧时间，以控制焊缝熔深。

短路电流增长速度过小，会产生大颗粒飞溅，严重时还会使焊丝成段爆裂导致电弧熄灭；短路电流增长速度过大，则会产生大量小颗粒的金属飞溅。

⑧电源极性

CO_2 气体保护焊一般采用直流反接，此时电弧稳定，焊接飞溅小，焊缝成形较好，形成的焊缝熔深较大，生产率提高。

只有在堆焊和铸铁补焊时，为提高熔敷速度，可选择直流正接。

(2)细滴过渡

细滴过渡焊接时，焊丝形成的熔化金属以细滴形式过渡，电弧穿透力较强，焊缝熔深大，适合于中厚度和大厚度工件的焊接生产。

细滴过渡 CO_2 气体保护焊电弧电压高，焊接电流大，焊接过程中电弧持续，不会发生短路熄弧现象。

①电弧电压

为确保细滴过渡，电弧电压必须控制在 34 ~45 V。

②焊接电流

根据焊丝直径选择焊接电流，焊丝直径不同，实现细滴过渡的焊接电流下限不同。

焊接电流与电弧电压存在一定的匹配关系。当焊丝直径一定时，选择过大的焊接电流就需要配备较高的电弧电压。其原因是，焊接电流增大，电弧对熔池金属的冲刷作用增加，焊缝成形恶化，只有提高电弧电压才能削减这种冲刷作用。

表 1 -3 -6 为几种常用焊丝直径对应的焊接电流下限值及电压范围。

表 1 -3 -6　细滴过渡的电流下限值及电压范围

焊丝直径/mm	焊接电流下限/A	电弧电压/V	焊丝直径/mm	焊接电流下限/A	电弧电压/V
1.2	300	34 ~45	3.0	650	34 ~45
1.6	400		4.0	750	
2.0	500				

③焊接速度

细滴过渡焊接速度较快，经常选择焊接速度为 40 ~60 m/h。

④保护气体流量

正常情况下，细滴过渡 CO_2 气体保护焊的保护气体流量比短路过渡 CO_2 气体保护焊高 1 ~2 倍，通常在 25 ~50 L/min 选择。

(3)混合过渡

混合过渡 CO_2 气体保护焊也称半短路过渡 CO_2 气体保护焊，是介于上述二者之间的过渡形式。通常，其熔滴以短路过渡为主，伴有部分细滴过渡，焊接电流和电弧电压比短路过渡略大，但低于细滴过渡。

相对来说，此过渡形式的焊接生产率及熔透能力要比短路过渡有所提高，但熔滴过渡频率较低，熔滴尺寸较大，产生的焊接飞溅较严重，在生产中应用较少。

二、焊接缺陷

CO_2 气体保护焊常见的焊接缺陷类型、成因及预防措施见表 1－3－7。

表 1－3－7　CO_2 气体保护焊常见的焊接缺陷类型、成因及预防措施

缺陷类型	成因	预防措施
气孔	工件或焊丝表面存在污物，气体保护效果不佳，电弧电压过高，等等	焊前清理工件表面污物； 清理焊丝表面； 清除喷嘴内的飞溅等堵塞物； 降低电弧电压
飞溅	焊接电流与电弧电压匹配不当，焊丝和工件表面存在污物	焊接参数合理匹配，清理工件及焊丝
咬边	电弧电压过高，焊接速度过快，焊枪位置不当	降低电弧电压及焊接速度，纠正焊枪位置
夹渣及未熔合	焊接速度不适当，运条手法不规范	增大焊接电流，焊接速度与焊接电流合理匹配，增加电弧在工件坡口边缘的停顿时间
弧坑裂纹	收弧时突然熄弧	调整收弧方式

【任务实施】

一、CO_2 气体保护焊焊机维护、保养

(1)注意送丝软管的工作情况，避免被污垢堵塞。
(2)检查导电嘴的磨损情况，避免其影响焊丝导向及焊接稳定。
(3)及时清除喷嘴上的金属飞溅物。
(4)及时更换磨损的送丝滚轮。
(5)定期检查送丝装置及减速箱的润滑状态，及时添加或更换润滑油。
(6)定期检查电气接头、气管等连接情况。
(7)定期使用干燥的压缩空气清洁焊机。
(8)定期更换干燥剂。
(9)焊机如长时间不使用，应将焊丝自软管中退出，避免生锈。

二、CO_2 气体保护焊板材对接单面焊双面成形操作

1. 焊前准备

(1)焊机使用前检查

焊机的外部接线应正确、牢固，电源极性选择直流反接。送气系统应正常、无泄漏，减

压表、流量计应完好。

(2)工件清理

使用锉刀、角磨砂轮彻底清除工件坡口及距坡口两侧 20mm 范围内的油漆、锈、水分及氧化皮等杂质,至露出金属光泽,并适当打磨出钝边,清理后应及时施焊。

(3)装配

装配规范参照表 1-3-8 选择。

表 1-3-8 板状试件单面焊双面成形装配尺寸参考数据

施焊方式	焊丝牌号	试件规格/mm	坡口形式、坡口角度	坡口间隙/mm	钝边/mm	反变形/(°)	允许错边量/mm
平位施焊(带陶瓷衬垫)	YJ501Ni-1	200×125×25	V形、45°	始焊端6,终焊端8	0~1	3	≤1
立位施焊(带陶瓷衬垫)	YJ501Ni-1	200×125×25	V形、45°	始焊端6,终焊端8	0~1	3	≤1
横位施焊(带陶瓷衬垫)	YJ501Ni-1	200×125×25	V形、45°	始焊端6,终焊端8	0~1	3	≤1
平位施焊(无衬垫)	H08Mn2SiA YJ501Ni-1	200×125×12	V形、60°	始焊端3.2,终焊端4	0~1	3	≤1
立位施焊(无衬垫)	H08Mn2SiA YJ501Ni-1	200×125×12	V形、60°	始焊端2.7,终焊端3.2 始焊端3.2,终焊端4	0~1	3	≤1
横位施焊(无衬垫)	H08Mn2SiA	200×125×12	V形、60°	始焊端2.7,终焊端3.2	0~1	3	≤1
仰位施焊(无衬垫)	H08Mn2SiA	200×125×12	V形、60°	始焊端2.0,终焊端3.0	0~1	3	≤1

陶瓷衬垫焊接预留凹槽置于母材坡口下方,对接间隙应对准陶瓷衬垫的中间凹槽。陶瓷衬垫粘贴时,应与试板之间无间隙且牢固。

2. 带陶瓷衬垫焊接操作

陶瓷衬垫单面焊是一种高效、节能的新工艺,具有操作简单、使用方便等特点,可缩短生产周期、减轻劳动强度及提高生产效率。另外,陶瓷衬垫单面焊焊接时容易控制,对焊接参数要求并不十分严格。

(1)平位

①焊接参数选择

平焊(带陶瓷衬垫)焊接参数参考范围见表 1-3-9。

表 1-3-9　平焊（带陶瓷衬垫）焊接参数参考范围

焊接层次	焊丝牌号、规格	焊接电流/A	电弧电压/V	干伸长/mm	气体流量/(L·min^{-1})
打底	YJ501Ni-1、ϕ1.2 mm	150~170	24~26	15~20	20~25
填充		180~210	25~28	15~20	20~25
盖面		160~190	24~27	15~20	20~25

②打底

焊接时，焊枪与前进方向成65°~80°，焊枪的投影与焊缝重合，如图 1-3-7 所示。

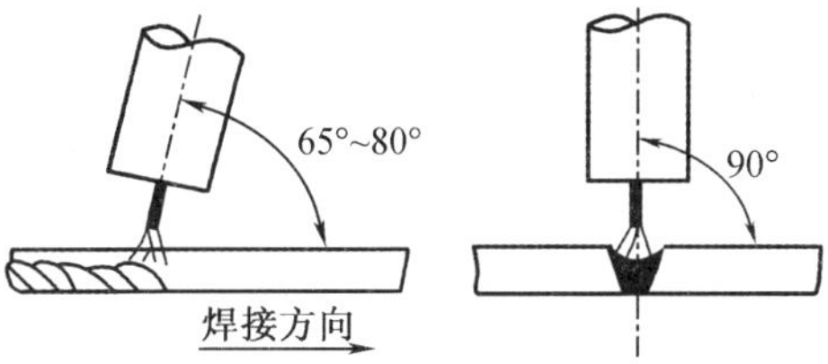

图 1-3-7　带陶瓷衬垫焊接平焊打底焊枪角度

在定位焊点处引弧预热，使电弧在坡口底边燃烧。当坡口底部形成熔孔时，运用拉直线的方法向前匀速运动，在焊接过程中保持熔孔时刻出现、大小均匀。

对接间隙过大时，熔孔不易焊出，可将焊枪沿着坡口两侧做小幅摆动，并在坡口两侧稍做停留。

熔孔变大时，应减小焊枪与前进方向的角度。熔孔缩小时，可压低焊枪，同时增大焊枪与前进方向的角度。

打底层时应严格控制好喷嘴的高度。

③填充

在距离端部约 10 mm 处引弧，然后将电弧拉回开头施焊。

填充焊缝表面宽度不超过 12 mm 时，可运用横向锯齿形或月牙形摆动法焊接。焊枪摆动至坡口两侧时，电弧应稍加停顿。

焊枪与前进方向成 70°~80°，焊枪的投影与焊缝重合（参照图 1-3-7 调整）。

焊缝表面宽度大于 12 mm 时，应设置两道焊缝，采用直线形运条法焊接。

焊接第一道焊缝时，焊丝端部应对准坡口与焊缝结合处。第一道焊缝宽度应控制在底部焊缝宽度的 1/2~2/3；第二道焊缝应与坡口面完全熔合，与第一道焊缝的 1/3 左右熔合。如无法达到以上熔合要求，则焊枪可做小幅摆动。

填充层应比母材表面低 1~1.5 mm。焊缝表面应平滑，不得熔化坡口棱边，以保证盖面层平直。

填充层最好不要出现接头。如有焊接接头，则应在接头前方 10 mm 处引弧，然后将电弧拉至接头处预热，填满弧坑后再进行正常焊接。

④盖面

分两道施焊，控制焊缝与坡口、焊缝与焊缝间熔合良好，手法同两道填充。

(2)立位

①焊接参数选择

立焊(带陶瓷衬垫)焊接参数参考范围见表1-3-10。

表1-3-10 立焊(带陶瓷衬垫)焊接参数参考范围

焊接层次	焊丝牌号、规格	焊接电流/A	电弧电压/V	干伸长/mm	气体流量/($L \cdot min^{-1}$)
打底	YJ501Ni-1、φ1.2 mm	140~160	22~25	10~12	15~20
填充		150~170	23~25	10~12	20~25
盖面		140~160	23~25	10~12	20~25

②打底

采用立向上法焊接，操作时应严格控制喷嘴的高度。

在定位焊点处引弧并预热，产生熔池后，焊枪沿坡口两侧做锯齿形小幅度摆动，在坡口两侧应稍做停留，使电弧在坡口底边处燃烧。坡口底部形成熔孔后，运用连弧法正常焊接。

焊枪与焊接反方向成80°~90°，焊枪的投影与焊缝基本重合，如图1-3-8所示。

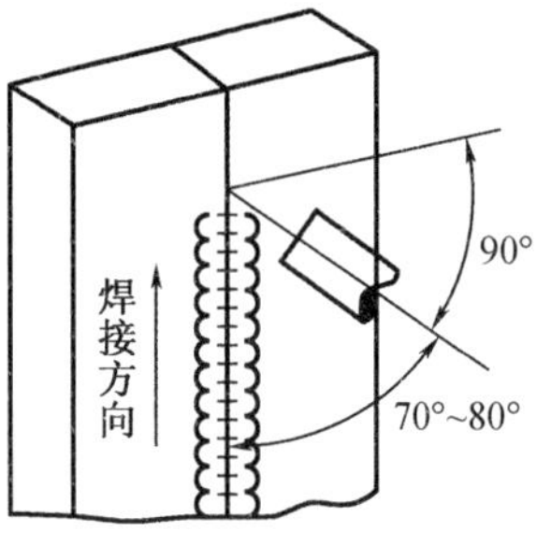

图1-3-8 立焊焊枪角度

熔孔变大时，应增大焊枪与前进方向的角度；熔孔缩小时，应压低焊枪，同时减小焊枪与前进方向的角度。

最好不要出现接头。若产生接头，则应在焊接结束时压低焊枪，并迅速向下使其形成一个坡口。接头时，在接头前方10 mm处引弧，然后将电弧拉至接头处预热形成熔孔后再进行正常焊接。

注意事项：不应采用下凹月牙形摆动，这样容易形成焊肉下垂。

③填充

采用立向上焊接方法。

在距离端部约 10 mm 处引弧，然后将电弧拉回开头施焊。可采用横向锯齿形或上凸月牙形摆动焊枪，摆动至坡口两侧稍加停顿。焊枪与焊接反方向成 80° ~ 90°，焊枪的投影与焊缝基本重合。

填充层应比母材表面低 1 ~ 1.5 mm。焊缝表面应平滑，不得熔化坡口棱边，以保证盖面层平直。

接头时，应在接头前方 10 mm 处引弧，然后将电弧拉至接头处预热，填满弧坑再进行正常焊接。

④盖面

采用立向上焊接方法。

在距离端部约 10 mm 处引弧，然后将电弧拉回开头施焊。可采用横向锯齿形或上凸月牙形摆动焊枪，摆动至坡口两侧稍做停顿。焊枪角度同打底及填充焊。

盖面层应采用两道施焊。第一道焊缝应与相邻坡口表面熔合，宽度控制在底部焊缝宽度的 1/2 ~ 2/3；第二道焊缝应与坡口表面及先焊道完全熔合，与第一道焊缝的 1/3 熔合。

接头时，应在接头前方 10 mm 处引弧，然后将电弧拉至接头处预热，填满弧坑再进行正常焊接。

(3) 横位

①焊接参数选择

横焊（带陶瓷衬垫）焊接参数参考范围见表 1 – 3 – 11。

表 1 – 3 – 11　横焊（带陶瓷衬垫）焊接参数参考范围

焊接层次	焊丝牌号、规格	焊接电流/A	电弧电压/V	干伸长/mm	气体流量/(L · min^{-1})
打底	YJ501Ni – 1、ϕ1.2 mm	150 ~ 170	22 ~ 25	10 ~ 12	15 ~ 20
填充		180 ~ 210	23 ~ 25	10 ~ 12	20 ~ 25
盖面		160 ~ 190	23 ~ 25	10 ~ 12	20 ~ 25

②打底

严格控制喷嘴的高度。

在定位焊点处引弧预热，使电弧在坡口底边处燃烧。当坡口底部形成熔孔时，运用拉直线的方法向前匀速运动，焊接过程中保持熔孔时刻出现、大小均匀。

对接间隙过大时，熔孔不易焊出，应将焊枪沿着坡口两侧做小幅度摆动，并在坡口两侧稍做停留。

熔孔变大时，应减小焊枪前进方向的角度；熔孔缩小时，应压低焊枪，同时增大焊枪前进方向的角度。

焊枪与焊接方向成 75° ~ 90°，与下板成 70° ~ 90°，如图 1 – 3 – 9 所示。

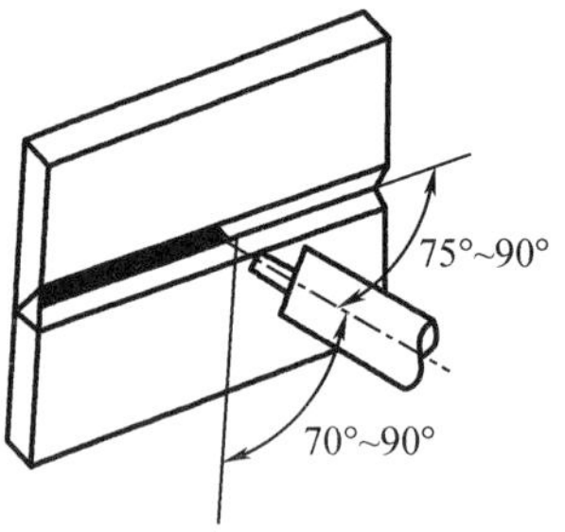

图1-3-9 横焊焊枪角度

③填充

横焊填充必须采用多层多道焊,层数与焊接速度有关,但应控制每层的厚度不超过4 mm。每层的多个焊道之间熔合要平滑、美观,焊道之间不能有未熔合和焊接堆积现象。

在距离端部约10 mm处引弧,然后将电弧拉回开头施焊。操作时,采用拉直线的方法焊接。

填充层第一层分两道进行,先焊下侧焊缝。第一道焊缝焊接时,焊枪与前进方向成80°~85°,与下板成70°~75°;第二道与前进方向成80°~85°,与下板成60°~70°。

填充层第二层分三道进行。第一道焊缝焊接时,焊枪与前进方向成80°~85°,与下板成70°~75°;第二道焊缝焊接时,焊枪与前进方向成80°~85°,与下板成65°~70°;第三道焊缝焊接时,焊枪与前进方向成80°~85°,与下板成60°~65°。

填充层第四层到最后一层填充层均采用四道焊缝。第一道焊缝焊接时,焊枪与前进方向成80°~85°,与下板成75°~80°;第二道焊缝焊接时,焊枪与前进方向成80°~85°,与下板成70°~75°;第三道焊缝焊接时,焊枪与前进方向成80°~85°,与下板成65°~70°;第四道焊缝焊接时,焊枪与前进方向成80°~85°,与下板成60°~65°。

最后一层填充焊应比母材表面低1~1.5 mm,焊道表面应平滑、无夹渣。不得熔化坡口棱边,以利盖面层保持平直。填充层最好不要有接头。出现接头时,应在接头前方10 mm处引弧,然后将电弧拉至接头处预热填满弧坑,再进行正常焊接。

④盖面

采用直线形方法焊接。

在距离端部约10 mm处引弧,然后将电弧向下拉施焊。

盖面层分四道进行,焊道间不能有未熔合和焊接堆积现象。第一道焊缝焊接时,焊枪与前进方向成80°~85°,与下板成70°~75°;第二道焊缝焊接时,焊枪与前进方向成80°~85°,与下板成65°~70°;第三道焊缝焊接时,焊枪与前进方向成80°~85°,与下板成60°~65°;第四道焊缝焊接时,焊枪与前进方向成80°~85°,与下板成55°~60°,但焊丝干伸长要比前三道稍长。

3. 无衬垫焊接操作

(1)实芯焊丝平位

采用左焊法施焊，设置为三层三道施焊，焊接时焊枪角度如图 1－3－10 所示。

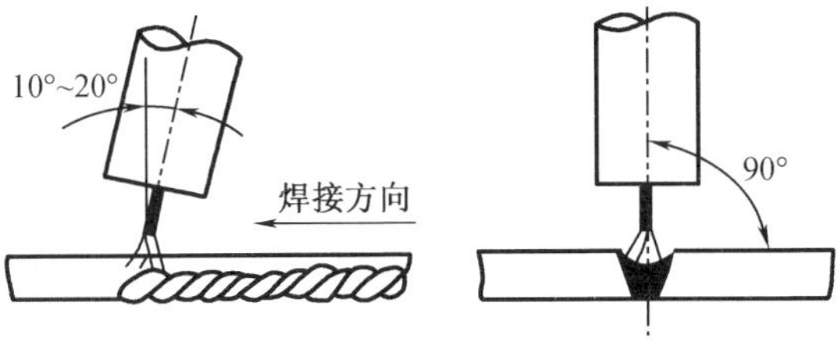

图 1－3－10　实芯焊丝平位焊接焊枪角度

①焊接参数选择

实芯焊丝平位焊接(无衬垫)参数参考范围见表 1－3－12。

表 1－3－12　实芯焊丝平位焊接(无衬垫)参数参考范围

焊接层次	焊丝牌号、规格	焊接电流/A	电弧电压/V	干伸长/mm	气体流量/(L · min^{-1})
打底	H08Mn2SiA、ϕ1.2 mm	90 ~ 110	18 ~ 20	15 ~ 20	10 ~ 15
填充		160 ~ 180	22 ~ 24	15 ~ 20	15 ~ 20
盖面		150 ~ 170	22 ~ 24	15 ~ 20	15 ~ 20

②打底

将试件间隙小的一端置于右侧。

在右侧定位焊处引弧预热。出现熔池后，焊枪沿坡口两侧做小幅度摆动，并在坡口两侧稍做停留。控制电弧在中底边 2 ~ 3 mm 处燃烧，运用连弧法正常焊接。

利用电弧在坡口两侧的停留时间，保证坡口两侧熔合良好，控制打底焊道与坡口两侧结合处稍稍下凹，焊道平整，如图 1－3－11 所示。

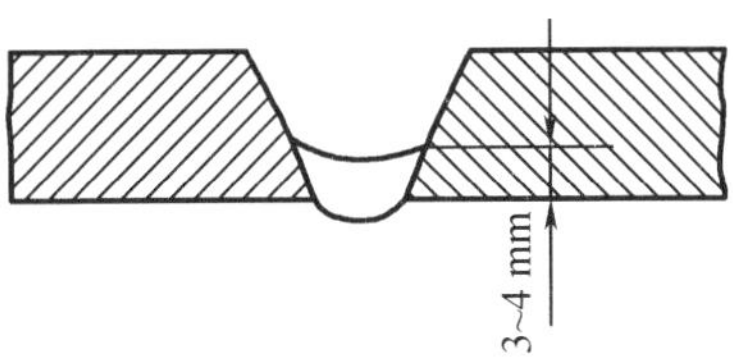

图 1－3－11　打底焊道形状控制

电弧始终在坡口内做小幅摆动，并在坡口两侧稍做停留，控制熔孔直径比间隙略大 0.5 ~ 1 mm，保持焊接过程熔孔大小始终一致。熔孔变大时，应减小焊枪与前进方向的角度；熔孔缩小时，应压低焊枪，同时增大焊枪与前进方向的角度。

应严格控制好喷嘴的高度,电弧必须在坡口底边 2 ~ 3 mm 处燃烧,保证打底层的厚度不超过 4 mm。

中断焊接前,焊枪不能马上离开熔池,应稍做停留,最好将电弧移向坡口侧停弧。接头时,可在焊接结束前压低焊枪,并迅速向后使其形成一个坡口。接头时,应在接头后方 10 mm 处引弧,然后将电弧拉至接头处预热,形成熔孔后再进行正常焊接。

③填充

施焊前将打底层焊道清理干净,打磨平整焊道上的局部凸起。

从试板右端开始焊接,焊枪摆动幅度略大于打底层。可采用横向锯齿形或月牙形摆动焊枪,摆动至坡口两侧稍加停顿,焊枪角度与打底焊相同。

填充层应比母材表面低 1.5 ~ 2.0 mm,焊道表面应平滑、稍下凹,不得熔化坡口棱边,以利盖面层保持平直。

④盖面

从试板右端开始焊接,焊枪角度与打底焊相同。保持喷嘴高度,焊接熔池边缘应超出坡口边棱 0.5 ~ 1.5 mm。

保持焊接速度均匀,以确保焊缝外成形美观。收弧时必须填满弧坑,短弧施焊以避免形成弧坑裂纹。

(2)药芯焊丝平位

①焊接参数选择

药芯焊丝平位焊接(无衬垫)参数参考范围见表 1 - 3 - 13。

表 1 - 3 - 13　药芯焊丝平位焊接(无衬垫)参数参考范围

焊接层次	焊丝牌号、规格	焊接电流/A	电弧电压/V	干伸长/mm	气体流量/($L \cdot min^{-1}$)
打底	YJ501Ni - 1、ϕ1.2 mm	110 ~ 140	22 ~ 25	15 ~ 20	10 ~ 15
填充		170 ~ 190	24 ~ 26	15 ~ 20	20 ~ 25
盖面		150 ~ 170	24 ~ 26	15 ~ 20	20 ~ 25

②打底

药芯焊丝打底时,采用连弧法不易掌握,最好采用灭弧法。

在试件间隙小的一端定位焊点处引弧,并适当预热。形成熔池后,焊枪沿坡口两侧做小幅度摆动,至坡口两侧时稍做停留。

控制电弧在坡口底边 2 ~ 3 mm 处燃烧,当坡口底部形成熔孔且直径达到 4 ~ 5 mm 时,熄灭电弧。待熔孔变为暗红色时,重新引弧施焊,焊接位置为原熔孔的 1/2 ~ 2/3 处。

焊枪与前进方向成 60° ~ 80°,焊枪的投影与焊缝重合。

焊接过程中,应控制熔孔大小始终一致。熔孔变大时,应减小焊枪与前进方向的角度,减少电弧在熔池的停留时间;熔孔缩小时,应压低焊枪,同时增大焊枪与前进方向的角度,增加电弧在熔池的停留时间，以提升电弧对熔池的加热温度，从而控制熔孔变回正常大小。

中断焊接前，应在焊接结束时压低焊枪，并迅速向前使其形成一个坡口。接头时，应在接头后方 10 mm 处引弧，然后将电弧拉至接头处预热，形成熔孔后再进行正常焊接。

应严格控制喷嘴的高度，保证打底层的厚度不超过 4 mm。

③填充

焊接时，应严格控制好喷嘴高度。

在距离端部约 10 mm 处引弧，然后将电弧拉回开头施焊。

可采用横向锯齿形或月牙形摆动焊枪，摆动至坡口两侧时稍加停顿。焊枪与前进方向成 70°～80°，焊枪的投影与焊缝重合。

填充层比母材表面低 1～1.5 mm，焊缝表面应平滑，不得熔化坡口棱边，以确保盖面层保持平直。

接头时，应在接头后方 10 mm 处引弧，然后将电弧拉至接头处预热，填满弧坑后再进行正常焊接。

④盖面

在距离端部约 10 mm 处引弧，然后将电弧拉回开头施焊。

可采用横向锯齿形或月牙形摆动焊枪，摆动至坡口两侧时稍做停顿。焊枪与前进方向成 70°～80°，焊枪的投影与焊缝重合。

接头时应在接头后方 10 mm 处引弧，然后将电弧拉至接头处预热，填满弧坑后再进行正常焊接。

(3) 实芯焊丝立位

焊接时，熔池下部焊道可对熔池起到一定的依托作用。焊接时，焊接电流不宜过大，焊枪摆动频率应稍快，焊缝应薄且均匀。采用细焊丝焊接、短路过渡形式，有利于实现单面焊双面成形。

操作时采用立向上法施焊，焊缝设置为三层三道。

①焊接参数选择

实芯焊丝立位焊接（无衬垫）参数参考范围见表 1－3－14。

表 1－3－14　实芯焊丝立位焊接（无衬垫）参数参考范围

焊接层次	焊丝牌号、规格	焊接电流/A	电弧电压/V	干伸长/mm	气体流量/($L \cdot min^{-1}$)
打底	H08Mn2SiA、ϕ1.2 mm	90～110	22～25	10～15	10～15
填充		130～160	24～26	10～15	15～20
盖面		120～150	24～26	10～15	15～20

②打底

将试件间隙小的一端置于下方。

在下端定位焊处引弧并适当预热。熔池形成后，焊枪沿着坡口两侧做锯齿形小幅度摆动向上施焊，焊枪摆动至坡口两侧时应稍做停顿。当电弧移动至定位焊缝与坡口根部连接处时，用电弧将坡口根部击穿形成熔孔后，运用连弧法正常焊接。

焊枪与试板下方成 70° ~ 80°，焊枪的投影与焊缝基本重合，如图 1 – 3 – 12 所示。

焊接过程中，应始终保持熔孔大小均匀、一致。如图 1 – 3 – 13 所示，熔孔大小以坡口两侧各熔化 0.5 ~ 1 mm 为宜。熔孔变大时，应增大焊枪与前进方向的角度；熔孔缩小时，应压低焊枪，同时减小焊枪与前进方向的角度。

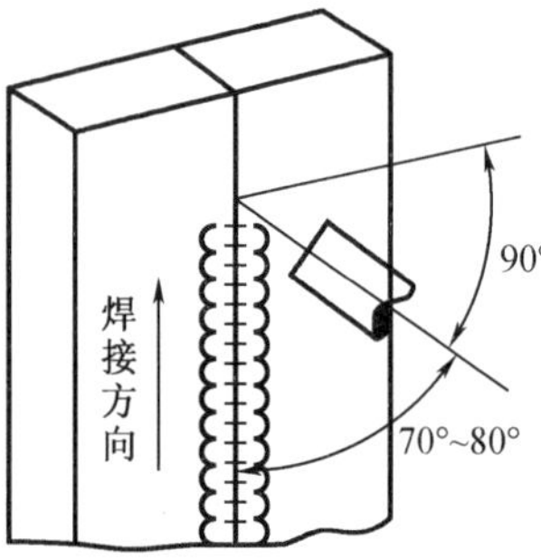

图 1 – 3 – 12　实芯焊丝立位打底焊焊枪角度

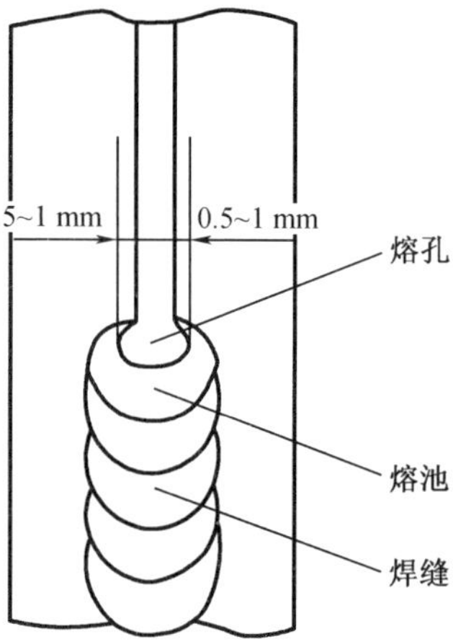

图 1 – 3 – 13　实芯焊丝立位焊接熔孔形态

焊至试件上方收弧时，应待电弧熄灭、熔池完全凝固后才能移开焊枪。

注意事项：应严格控制喷嘴的高度，焊丝摆动间距要小且均匀。焊枪摆动时，以操作手腕为中心做横向摆动，保持焊丝始终处于熔池上边缘。可采用锯齿形或上凸月牙形摆动焊枪，不宜采用下凹月牙形摆动。

③填充

施焊前，应清除打底层及坡口表面的飞溅、熔渣，将焊道局部凸起处打磨平整。

采用立向上焊接方法，在距离端部约 10 mm 处引弧，然后将电弧拉回开头施焊。采用横向锯齿形或上凸月牙形摆动焊枪，摆动至坡口两侧稍做停顿。焊丝与板下方成 80° ~ 90°，焊枪的投影与焊缝重合。

填充层焊缝应比母材表面低 1 ~ 1.5 mm，焊缝表面应平滑，不得熔化坡口棱边，以保证盖面层保持平直。

④盖面

在距离端部约 10 mm 处引弧，然后将电弧拉回开头施焊。

可采用横向锯齿形或上凸月牙形摆动焊枪，摆动至坡口两侧稍做停顿。焊枪与板下方成 80°～90°，焊枪投影与焊缝重合。

焊丝横向摆动幅度比填充层略大，控制熔池超出坡口边缘 0.5～1.5 mm。

(4)药芯焊丝立位

操作时采用立向上法施焊，焊缝设置为三层三道。

①焊接参数选择

药芯焊丝立位焊接(无衬垫)参数参考范围见表 1－3－15。

表 1－3－15　药芯焊丝立位焊接(无衬垫)参数参考范围

焊接层次	焊丝牌号、规格	焊接电流/A	电弧电压/V	干伸长/mm	气体流量/($L \cdot min^{-1}$)
打底	YJ501Ni－1、ϕ1.2 mm	100～130	22～25	15～20	10～15
填充		150～170	23～25	15～20	20～25
盖面		140～160	23～25	15～20	20～25

②打底

药芯焊丝采用连弧法不易掌握，最好采用灭弧法。

在定位焊点引弧预热。形成熔池后，焊枪沿坡口两侧做小幅摆动，至坡口两侧时稍做停顿，使电弧在坡口底边 2～3 mm 处燃烧。坡口底部形成熔孔且直径达到 4 mm 左右时，熄灭电弧。待熔孔变为暗红时再重新施焊，焊接位置为原熔孔的 1/2～2/3 处。

焊枪与板下方成 70°～80°，焊枪的投影与焊缝重合。

控制熔孔大小均匀。熔孔变大时，应增大焊枪与前进方向的角度；熔孔缩小时，应压低焊枪，同时减小焊枪与前进方向的角度。

接头时，应在焊接结束前压低焊枪，并迅速向前使其形成一个坡口。接头时，应在接头后方 10 mm 处引弧，然后将电弧拉至接头处预热，形成熔孔后再进行正常焊接。

应严格控制好喷嘴的高度，保证打底层的厚度不超过 4 mm。

③填充

施焊前，应清除打底层及坡口表面的飞溅、熔渣，将焊道局部凸起处打磨平整。

在距离端部约 10 mm 处引弧，然后将电弧拉回开头施焊。可采用横向锯齿形或上凸月牙形摆动焊枪，摆动至坡口两侧稍加停顿。

焊枪与板下方成 80°～90°，焊枪投影与焊缝重合。

填充层应比母材表面低 1～1.5 mm，焊缝表面应平滑，不得熔化坡口棱边，以保证盖面层平直。

④盖面

在距离端部约 10 mm 处引弧，然后将电弧拉回开头施焊。

可采用横向锯齿形或上凸月牙形摆动焊枪，摆动至坡口两侧稍做停顿。焊枪与板下方成 80°～90°，焊枪投影与焊缝重合。

焊丝横向摆动幅度比填充层略大,控制熔池超出坡口边缘0.5~1.5 mm。

(5)实芯焊丝横位

实芯焊丝横位焊接时,坡口下侧金属对熔池有依托作用,操作较容易。但是,熔池体积较大,温度高,凝固速度慢时会产生金属下坠现象。焊接时,应保持较小的熔池和熔孔尺寸。

实芯焊丝横位是将试板垂直固定于焊接胎架,焊缝处于水平位置,焊接时采用左向焊法,坡口间隙小的一端置于右侧。焊缝可设置为三层六道,依照图1-3-14所示按1~6顺序施焊。

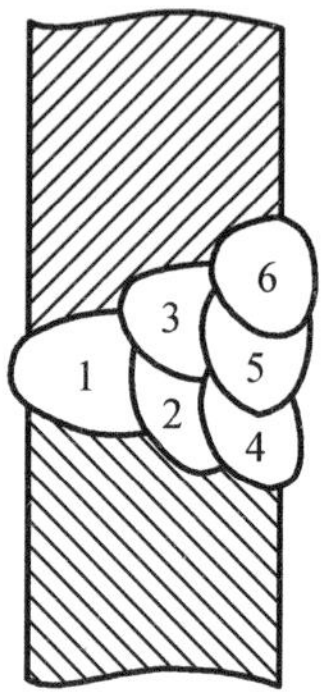

图1-3-14 实芯焊丝横位焊道分布

①焊接参数选择

实芯焊丝横位焊接(无衬垫)参数参考范围见表1-3-16。

表1-3-16 实芯焊丝横位焊接(无衬垫)参数参考范围

焊接层次	焊丝牌号、规格	焊接电流/A	电弧电压/V	干伸长/mm	气体流量/(L·min^{-1})
打底	H08Mn2SiA、ϕ1.2 mm	90~110	18~20	10~12	10~15
填充		150~170	22~24	10~12	15~20
盖面		140~160	22~24	10~12	15~20

②打底

按图1-3-15(a)所示的焊枪角度,从右向左焊接。

在试件定位焊缝上引弧,以小幅度锯齿形摆动焊枪,应控制焊丝摆动间距略小且均匀、一致。当预焊点左侧形成熔孔后,保持熔池边缘超出坡口上、下边棱0.5~1 mm。

焊接过程中,应始终保持熔孔大小一致、均匀。

接头时,可按下述方法操作:将接头处焊道打磨成斜坡,在打磨后的焊道最高处引弧,然后采用小幅锯齿形摆动焊枪并将焊道斜坡覆盖。当电弧达到斜坡最低处时,即可开始正常焊接。

③填充

施焊前，清除打底焊道及坡口表面的飞溅、熔渣，将焊道局部凸起处打磨平整。

按图 1－3－15(b)所示的焊枪对中位置和角度，分别进行填充焊道“2、3”的焊接。

填充焊道“2”施焊时，焊枪应成俯角，电弧以打底焊道的下缘为中心做横向摆动，保证下坡口熔合良好；填充焊道“3”施焊时，焊枪应成仰角，电弧以打底焊道的上缘为中心，在焊道“2”和上坡口面间摆动，保证熔合良好。

④盖面

按图 1－3－15(c) 所示的焊枪对中位置和角度进行焊接，操作要领同填充焊。

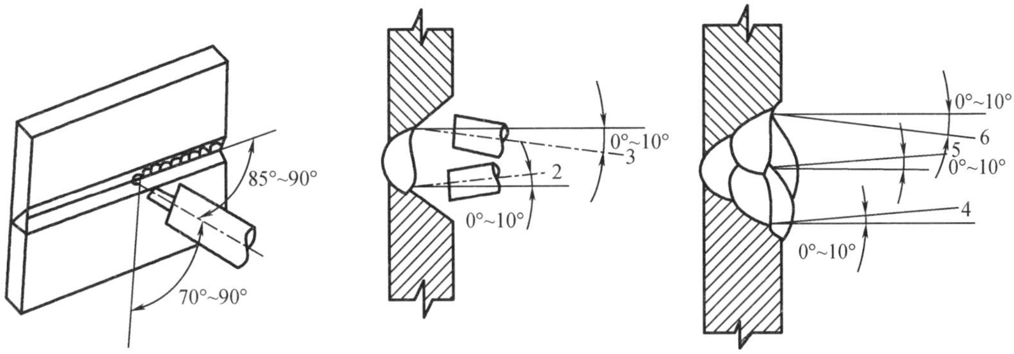

图 1－3－15　实芯焊丝横位焊接焊枪角度及对中位置

收弧焊必须填满弧坑，尽量短弧施焊。

(6)实芯焊丝仰位

仰位焊接是板材单面焊双面成形操作中难度最大的一项。焊接时，熔池倒悬在试件坡口内，液体金属和熔渣极易下坠，导致在坡口内侧形成焊瘤，在坡口外侧背面容易产生凹陷。另外，仰位施焊易伤害操作人员，飞溅容易使焊枪喷嘴内堵塞。

板材仰位是将试板仰位装卡在焊接胎架上，焊缝与水平面平行。坡口间隙小的一端为始焊端，焊缝可设置为三层三道。

①焊接参数选择

实芯焊丝仰位焊接(无衬垫)参数参考范围见表 1－3－17。

表 1－3－17　实芯焊丝仰位焊接(无衬垫)参数参考范围

焊接层次	焊丝牌号、规格	焊接电流/A	电弧电压/V	干伸长/mm	气体流量/($L \cdot min^{-1}$)
打底	H08Mn2SiA、ϕ1.2 mm	80～90	18～20	10～12	10～15
填充		100～105	20～22	10～12	15～20
盖面		100～105	20～22	10～12	15～20

②打底

在试件定位焊缝上引弧,焊枪做小幅横向摆动,摆动至坡口根部形成熔孔后,开始正常焊接。

实芯焊丝仰位打底焊焊枪角度如图 1 - 3 - 16 所示。

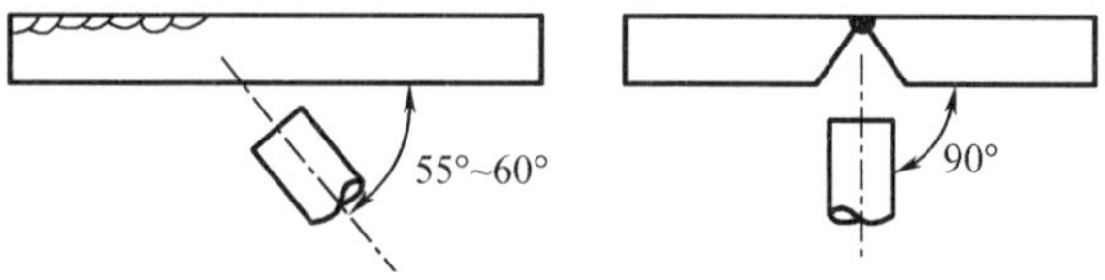

图 1 - 3 - 16　实芯焊丝仰位打底焊焊枪角度

注意事项:应增加电弧在坡口内侧两端的停顿时间,并减小熔孔尺寸。摆动电弧采用中间摆动速度快、两端稍做停顿的锯齿形方法,摆幅应控制在熔化坡口钝边每侧 0.5 mm 左右。

③填充

施焊前,清除焊道及坡口表面的飞溅、熔渣,将焊道局部凸起处打磨平整。

焊枪与焊接方向成 65° ~ 75 °,焊枪投影与焊缝重合。

焊枪摆动方法同打底焊相同,摆动幅度略大于打底焊,在坡口两侧时间稍长。

填充层焊缝表面距试件表面应控制在 1 ~ 1.5 mm。

④盖面

焊枪角度和摆动方法同填充层。

摆动幅度更宽,在坡口边缘棱角处应适当停顿。电弧不要深入坡口边缘太多,电弧横向摆动应均匀、平稳。

任务 3.3　CO_2 气体保护焊管材对接单面焊双面成形

【相关知识】

CO_2 气体保护焊管材对接单面焊双面成形按施焊空间位置可分为水平转动、垂直固定、水平固定及倾斜 45°等试件类型。这些试件类型已经成为船舶建造及压力容器生产领域焊工取证的重要考试形式。

CO_2 气体保护焊板材对接单面焊双面成形应达到的技术标准可参照中国船级社《材料与焊接规范(2009)》,具体要求见表 3 - 3。

【任务实施】

一、CO_2 气体保护焊管材对接单面焊双面成形焊前准备

1. 焊机使用前检查

焊机的外部接线应正确、牢固，电源极性选择直流反接。送气系统应正常、无泄漏，减压表、流量计应完好。

2. 工件清理

使用锉刀、角磨砂轮等工具，彻底清除管子坡口内外边缘 20 mm 范围内的油漆、锈、水分及氧化皮等杂质，至露出金属光泽，并适当打磨出钝边，清理后应及时施焊。

3. 装配

装配规范参照表 1－3－18 选择。

表 1－3－18　CO_2 气体保护焊管材对接单面焊双面成形装配尺寸参考数据

施焊空间位置	试件规格 /mm	焊丝牌号、规格	坡口形式、坡口角度	坡口间隙 /mm	钝边 /mm	定位焊点	允许错边量 /mm
水平转动	ϕ219×12×100	H08Mn2SiA、ϕ1.2 mm	U 形	3	0～1	3 点（均布圆周）	≤2
垂直固定	ϕ60×5×200	H08Mn2SiA、ϕ1.2 mm	V 形、60°	始焊端 2 终焊端 2.5	0～1	1 点	0.5
	ϕ133×12×200	H08Mn2SiA、ϕ1.2 mm	V 形、60°	始焊端 2.5 终焊端 3	0～1	3 点（均布圆周）	≤1.2
水平固定	Φ219×12×100	H08Mn2SiA、ϕ1.2 mm	V 形、60°	始焊端 2.2 终焊端 3.2	0～1	3 点（均布圆周）	≤1.2

二、CO_2 气体保护焊管材对接单面焊双面成形焊接技能

1. 水平转动

焊接过程中允许管子转动，焊道设置为多层多道并始终处于平焊位置焊接，操作难度较小。

（1）试件装配

20#，ϕ219 mm×12 mm×100 mm，可加工成 V 形或 U 形坡口。U 形坡口试件形状及装配参照图3－17 所示进行。

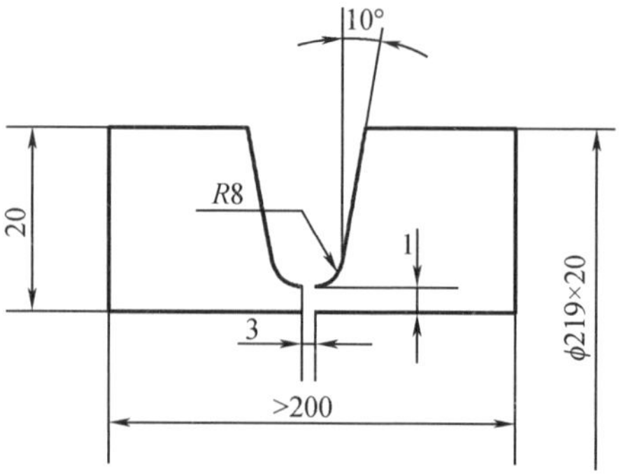

图1－3－17　U形坡口试件形状及装配示意图(单位:mm)

(2)焊接工艺参数选择

管材水平转动焊接参数参考范围见表1－3－19。

表1－3－19　管材水平转动焊接参数参考范围

焊接层次	焊丝牌号、规格	焊接电流/A	电弧电压/V	干伸长/mm	气体流量/(L·min^{-1})
打底	H08Mn2SiA、φ1.2 mm	110～130	18～20	15～20	12～15
填充		130～150	20～22	15～20	12～15
盖面		130～140	20～22	15～20	12～15

(3)焊接

将试件置于转动胎架上,使试件一定位点位于"时钟1点"位置,焊枪角度参照图1－3－18选择。

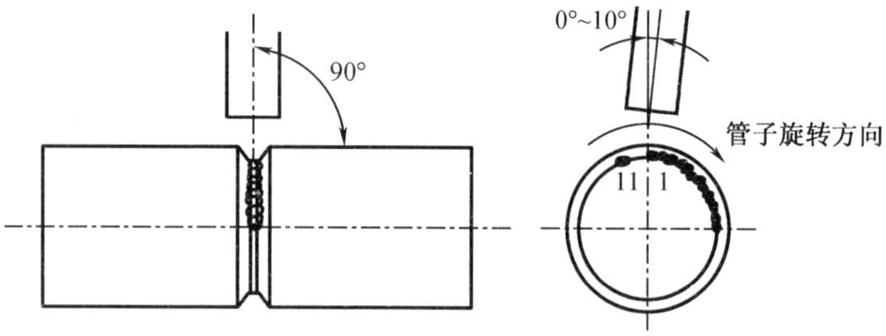

图1－3－18　管材水平转动焊接焊枪角度示意图

①打底

在"时钟1点"处的定位焊缝上引弧,从右向左焊至"时钟11点"处断弧;然后立即将管材按顺时针方向旋转适当角度,使灭弧处位于"时钟1点"位置,再按上述方法引弧、焊接。不断重复以上过程,直至整圈焊缝焊完。

注意事项:管子转动时,必须使焊缝保持水平位置,保持焊接速度同管子转动速度一致。焊接过程中应控制熔孔大小一致,以保证背面成形,熔孔大小应控制在比间隙大 0.5 ~ 1 mm 左右。

②填充

施焊前,清除干净打底焊道、坡口表面的熔渣、飞溅,将打底焊道的局部凸起打磨平整。

填充焊操作和打底焊相同。

注意事项:焊枪横向摆动幅度应稍大于打底焊。焊枪摆动至坡口两侧时,应稍做停顿,保证焊道两侧熔合良好,焊缝表面平整、稍下凹。最后一层填充焊道表面应低于工件表面 2 ~ 3 mm,不得熔化坡口边棱。

③盖面

焊枪摆动幅度比填充焊大,摆动至坡口两侧时稍做停顿使坡口两侧熔合良好,保证熔池超出坡口边缘 0.5 ~ 1 mm。

转动速度应适当放慢,使焊道外形美观。

2. 垂直固定

(1)ϕ60 mm × 5 mm × 200 mm

①焊接工艺参数选择

管材垂直固定焊接参数参考范围(一)见表 1 - 3 - 20。

表 1 - 3 - 20　管材垂直固定焊接参数参考范围(一)

焊接层次	焊丝牌号、规格	焊接电流/A	电弧电压/V	干伸长/mm	气体流量/(L · min^{-1})
—	H08Mn2SiA、ϕ1.2 mm	110 ~ 130	20 ~ 22	15 ~ 20	12 ~ 15

②打底

从右向左施焊,将定位焊缝置于右端。

在右侧定位焊缝上引弧。

以锯齿形小幅摆动焊枪,控制焊丝摆动间距略小且均匀一致。当预焊点左侧形成熔孔后正常焊接,焊枪角度如图 1 - 3 - 19 所示。

焊接过程中,应始终保持熔孔大小一致、均匀,保持熔池边缘超出坡口上、下边棱 0.5 mm 左右。

熄弧时可不必填满弧坑,但暂不能移开焊枪,直至熔池金属完全凝固;然后调整好位置,在熄弧处重新引弧施焊,至焊道完成。

焊接中要时刻注意焊枪角度的变化。

③盖面

施焊前,清除干净打底焊道、坡口表面的熔渣、飞溅,将打底焊道的局部凸起打磨平整。

盖面焊分两道进行,先焊下侧焊道,后焊上侧焊道。

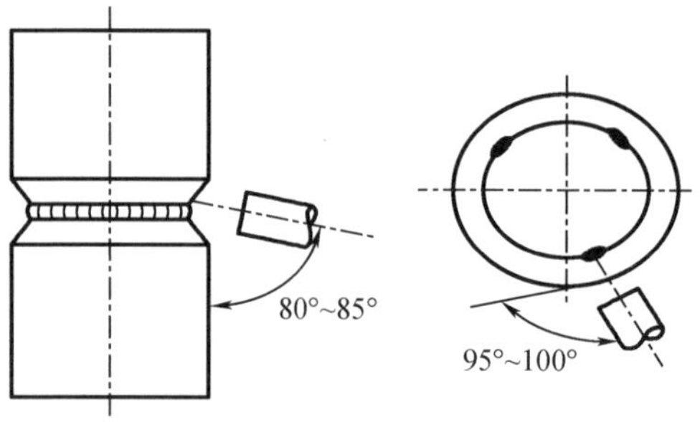

图 1-3-19　管材垂直固定打底焊焊枪角度(一)

下侧焊道焊丝对准打底焊与坡口结合处,使熔池下沿超出试板坡口下边棱 0.5 ~ 1.5 mm,并与母材圆滑过渡,上沿覆盖打底层 1/2 ~ 2/3,焊接中采用直线或稍做摆动皆可。焊接上侧焊缝时,焊丝对准打底层焊道上沿偏上 1 mm 左右,使熔池超出管子坡口上边棱 0.5 ~ 1.5 mm,下沿覆盖下侧焊道 1/3 ~ 1/2 并圆滑过渡。

焊枪角度同打底焊。

(2)ϕ133 mm × 12 mm × 200 mm

将试件垂直固定在胎架上,间隙小的一端置于右侧。采用左向焊法,焊道按图 1-3-20 所示设置为三层四道。

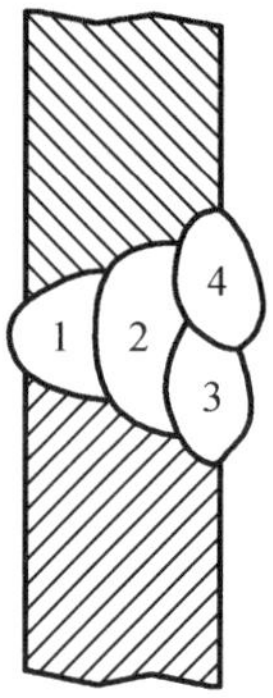

图 1-3-20　三道四层焊道分布示意图

①焊接工艺参数选择

管材垂直固定焊接参数参考范围(二)见表 1-3-21。

表 1-3-21　管材垂直固定焊接参数参考范围(二)

焊接层次	焊丝牌号、规格	焊接电流/A	电弧电压/V	干伸长/mm	气体流量/(L·min^{-1})
打底	H08Mn2SiA、ϕ1.2 mm	110 ~ 130	18 ~ 20	15 ~ 20	12 ~ 15
填充		130 ~ 150	20 ~ 22	15 ~ 20	12 ~ 15
盖面		130 ~ 150	20 ~ 22	15 ~ 20	12 ~ 15

②打底

在试件右侧定位焊缝上引弧，从右向左做小幅锯齿形横向摆动，摆动至定位焊尾部形成熔孔后，转入正常焊接。

焊枪角度如图 1－3－21 所示。

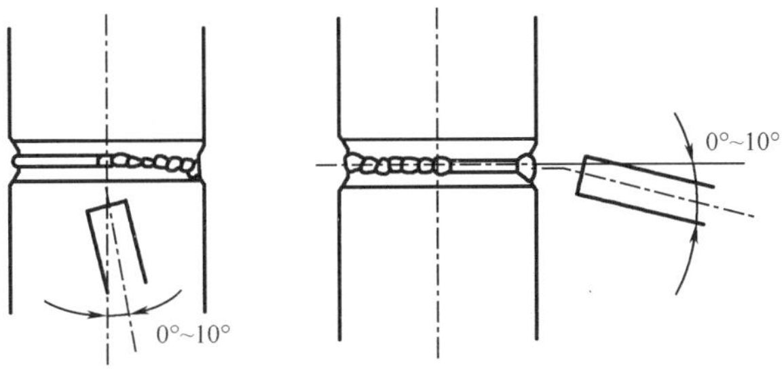

图 1－3－21　管材垂直固定打底焊焊枪角度（二）

注意事项：必须熔合好打底焊道和定位焊缝的接头。灭弧后允许管子转动位置。此时，可不必填满弧坑，但暂不能移开焊枪，直至熔池金属完全凝固。在熄弧处重新引弧施焊，至焊道完成。

③填充

施焊前，清除干净打底焊道、坡口表面的熔渣、飞溅，将打底焊道的局部凸起打磨平整。

焊枪角度同打底焊。

不得熔化坡口边棱，焊道表面低于工件 2.5～3 mm。适当加大焊枪的横向摆动幅度，保证坡口两侧熔合。起焊位置应与打底焊道接头错开。

④盖面

焊道分两道进行，先焊下侧焊道。

下侧焊道施焊时，焊枪应成俯角，电弧以填充焊道的下缘为中心做横向摆动，保证下坡口熔合良好。上侧焊道施焊时，焊枪应成仰角，电弧以填充焊道的上缘为中心，在下侧焊道和上坡口面间摆动，保证熔合良好。

焊枪角度及对中位置参照图 1－3－22。熔池边缘超出坡口棱边控制在 0.5～2 mm。

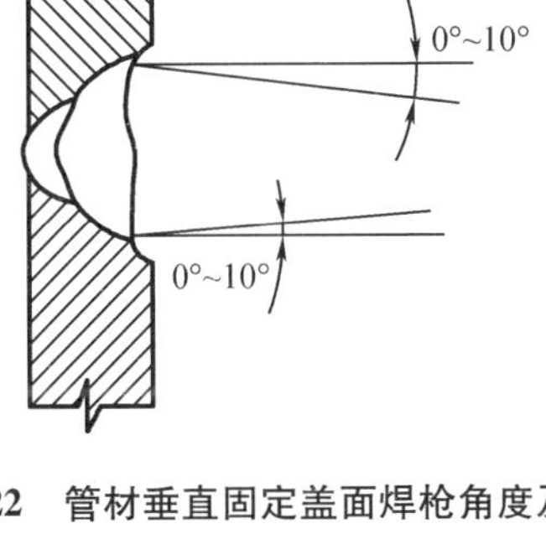

图 1－3－22　管材垂直固定盖面焊枪角度及对中位置

3. 水平固定

采用左焊法，焊缝设置为三层四道。

(1)焊接工艺参数选择

管材水平固定焊接参数参考范围见表1－3－22。

表1－3－22 管材水平固定焊接参数参考范围

焊接层次	焊丝牌号、规格	焊接电流/A	电弧电压/V	干伸长/mm	气体流量/(L·min^{-1})
打底	H08Mn2SiA、ϕ1.2 mm	105～115	19～21	14～16	12～15
填充		115～125	21～23	14～16	12～15
盖面		120～130	21～27	14～16	12～15

(2)打底

①左半圈焊接

如图1－3－23所示，将定位焊点分别布置在“时钟2点、6点及10点”处固定试件。

在管材“时钟5点30分”位置近根部引弧，小幅横向摆弧，至定位焊根部形成熔孔后，开始转入正常焊接。焊至“时钟9点”位置时，应中止焊接，调整焊工的身体位置，保证最佳焊枪位置。焊至顶部“时钟12点”位置时，继续向前焊接10 mm左右停弧。将始焊处和终焊处用砂轮修磨成斜坡状，为接头做准备。

②右半圈焊接

操作手法同前半圈，焊枪角度参照图1－3－24。

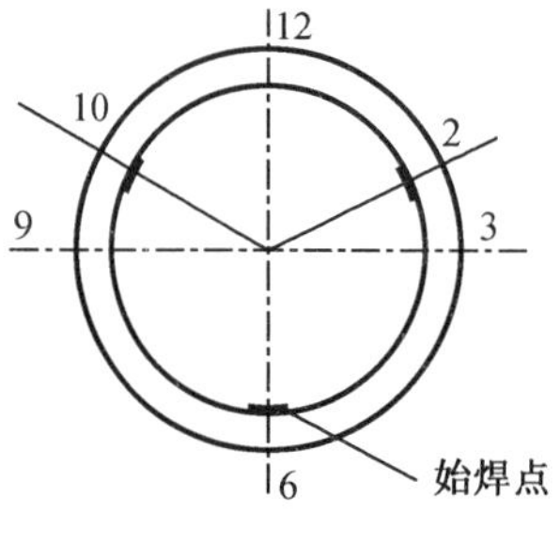

图1－3－23 左半圈焊接定位焊点及引弧位置

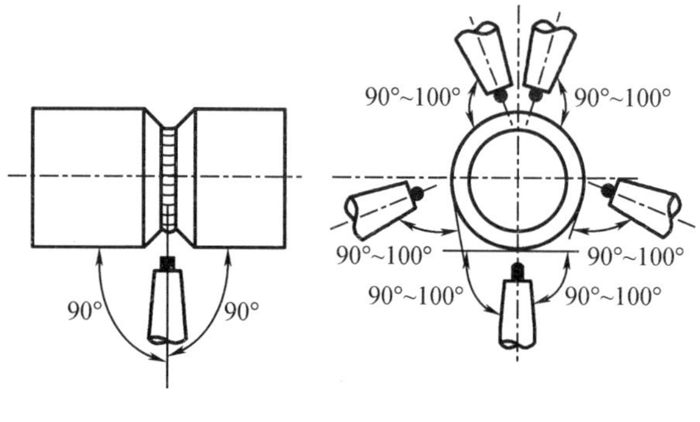

图1－3－24 右半圈焊接焊枪角度

注意事项：控制熔孔直径比间隙大0.5 mm左右，左右对称，必须熔合好打底焊道与定位焊缝的接头。从立位到平焊位置时，为防止液体金属淌入背面焊缝，应适当减小熔孔尺寸，加快焊枪中间摆动速度，至坡口两侧适当停顿。

(3)填充

施焊前，清除干净打底焊道、坡口表面的熔渣、飞溅，将打底焊道的局部凸起打磨平整。

焊枪角度和操作手法同打底焊，但焊枪摆动幅度增大，摆动至坡口两侧适当停顿，确保焊缝两侧熔合。摆动中焊丝处于熔池的前部1/3处，每道熔池覆盖前一道熔池的1/3～1/2。

填充层距工件表面距离应控制在2～3 mm。焊缝表面应平整，不得破坏坡口边缘棱边。

（4）盖面

焊枪摆动幅度较填充焊时大，并在坡口两侧适当停顿，使坡口熔池边缘超过坡口棱边0.5～1.5 mm。

保证两侧熔合良好，焊缝与管壁圆滑过渡。从坡口一侧摆动到坡口另外一侧过程中，焊枪在管子坡口内速度要适当快一点，以免由于速度慢而产生焊缝中间堆积过高的现象。

任务3.4　管板CO_2气体保护焊

【相关知识】

管板接头是焊接结构的基本形式之一。根据接头结构形式不同，管板可分为插入式管板和骑坐式管板两类。根据空间位置，管板可分为垂直固定俯位、垂直固定仰位和水平固定三种类型。

插入式管板试件，焊接时需要保证根部焊透、焊脚对称，且不允许存在缺陷。而骑坐式管板焊接难度较大，既要保证单面焊双面成形，又要保证焊缝的均匀美观、焊脚对称。

管板CO_2气体保护焊应达到的技术标准可参考中国船级社《材料与焊接规范(2009)》，具体要求见表1－3－23。

表1－3－23　管板焊缝的质量检验项目及标准

检验项目			标准
外观检验	焊脚尺寸/mm		6～8
	咬边	深度/mm	≤0.5
		累计长度/mm	≤15
	裂纹、未熔合、夹渣、气孔和焊瘤		无
	焊缝表面		焊缝边缘应平顺过渡到母材，焊缝宽度均匀
宏观金相检验			焊透，无裂纹、未熔合缺陷

【任务实施】

一、管板 CO_2 气体保护焊焊前准备

1. 焊机使用前检查

焊机的外部接线应正确、牢固，电源极性选择直流反接。送气系统应正常、无泄漏，减压表、流量计应完好。

2. 工件清理

使用锉刀、角磨砂轮等工具，彻底清除管材焊接端外壁 40 mm 范围内、孔板内壁及四周 20 mm 范围内的油漆、锈、水分及氧化皮等杂质，至露出金属光泽，并适当打磨出钝边，清理后应及时施焊。

3. 装配

(1) 装配要求

①定位焊焊材

试件装配定位焊所用的焊材应与正式焊接时的焊材相同。

②插入式试件

可采用一点定位，定位焊缝长度为 10 ~ 15 mm，焊角不应过高、必须焊透，管材应垂直于孔板。

③骑座式试件

通常采用 3 点定位焊，但可只焊 2 点，第三点作为引弧开始焊接的位置。

定位焊长度为 10 mm 左右，焊缝厚度为 2 ~ 3 mm，必须保证焊透，不能存在缺陷。定位焊缝两端应预先打磨或铣削成斜坡，以方便接头。

装配定位后，试件管子内壁与板孔应保证同心、无错边。

(2) 装配规范

管板 CO_2 气体保护焊装配尺寸参考数据见表 1 – 3 – 24。

表 1 – 3 – 24　管板 CO_2 气体保护焊装配尺寸参考数据

结构形式	空间位置	坡口角度/(°)	装配间隙/mm	钝边/mm	允许错边量/mm
骑坐式	垂直固定俯位	50	始焊端 3.0， 终焊端 3.5	0 ~ 1.0	≤0.5

二、管板 CO_2 气体保护焊焊接技能

1. 插入式垂直固定俯位

焊缝形式为角焊缝，焊缝成环形，试件形式如图 1 – 3 – 25 所示。管材与孔板厚度不同，焊接过程自动、连续送丝，操作难度稍大于板对接。

焊接时，采用单层、单道左向焊法施焊。

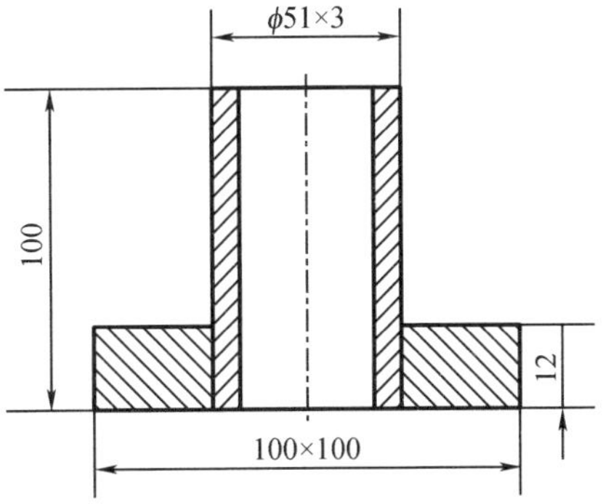

图 1－3－25　管板插入式垂直固定俯位试件尺寸(单位:mm)

(1)焊接工艺参数选择

插入式管板垂直固定俯位焊接参数参考范围见表 1－3－25。

表 1－3－25　插入式管板垂直固定俯位焊接参数参考范围

焊丝牌号、规格	焊接电流/A	电弧电压/V	干伸长/mm	气体流量/(L·min^{-1})
H08Mn2SiA、φ1.2 mm	130～150	20～22	8～15	12～15

(2)焊接

在定位焊点对称处引弧，自右向左沿管材与孔板结合处焊接，焊枪角度如图 1－3－26 所示。

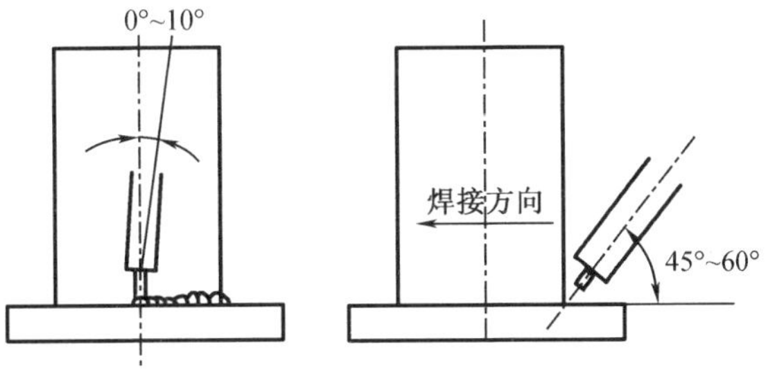

图 1－3－26　插入式管板垂直固定俯位焊接焊枪角度

焊至距定位焊缝 20 mm 左右处收弧，打磨掉定位焊缝，将焊缝始端及收弧处磨成斜面。

收弧后将试件转 180°，在收弧处引弧并完成其余焊缝焊接。封闭焊缝，填满弧坑，控制接头不要太高。

注意事项:操作过程中,应根据板材和焊脚尺寸控制焊枪角度及电弧方向。施焊过程中,应采用斜圆圈形摆动焊枪,应随焊枪移动调整人的身体。

2. 插入式水平固定

水平固定是按管材轴线平行于水平方向将试件固定在胎架上,如图 1-3-27 所示,是插入式管板中难度最大的焊接位置。操作时,可将焊缝设置为单道焊或二层二道施焊。

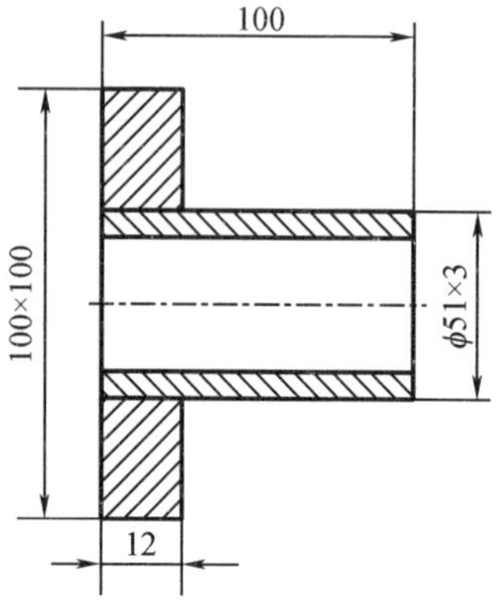

图 1-3-27 管板插入式水平固定试件尺寸(单位:mm)

(1)焊接工艺参数选择

插入式板管水平固定(二层二道)焊接参数参考范围见表 1-3-26。

表 1-3-26 插入式板管水平固定(二层二道)焊接参数参考范围

焊接层次	焊丝牌号、规格	焊接电流/A	电弧电压/V	干伸长/mm	气体流量/($L \cdot min^{-1}$)
打底	H08Mn2SiA、ϕ1.2 mm	90~110	18~20	15~20	10~15
填充	H08Mn2SiA、ϕ1.2 mm	110~130	20~22	15~20	10~15

(2)打底

在"时钟 7 点"处引弧,沿逆时针焊至"时钟 3 点"处断弧。断弧时不必填满弧坑,但断弧后焊枪不能离开。迅速改变焊工体位,从"时钟 3 点"处引弧,按逆时针方向焊至"时钟 0 点"位置熄弧。

将"时钟 0 点"处收弧焊道磨成斜面。从"时钟 7 点"处引弧,沿顺时针方向焊至"时钟 0 点"位置接头。接头时应填满弧坑,保证焊缝平整。

焊枪角度如图 1-3-28 所示。

焊接时应保证根部焊透,焊接速度适当快些。焊接过程中焊枪不摆动,以控制焊脚尺寸不要过大。

(3)盖面

盖面焊枪角度及操作手法基本同打底焊。焊接时摆动焊枪,保证焊缝两侧熔合,焊脚尺寸符合要求。

3. 骑坐式垂直固定俯位

试件装配如图 1－3－29 所示，可将焊道设置为二层三道施焊。

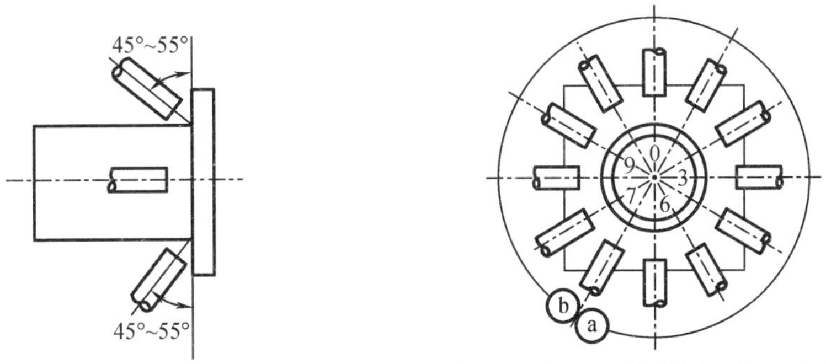

a—自“时钟7点”处沿逆时针方向焊至“时钟0点”处；b—自“时钟7点”处沿顺时针方向焊至“时钟0点”处。

图 1－3－28　管板插入式水平固定焊接焊枪角度

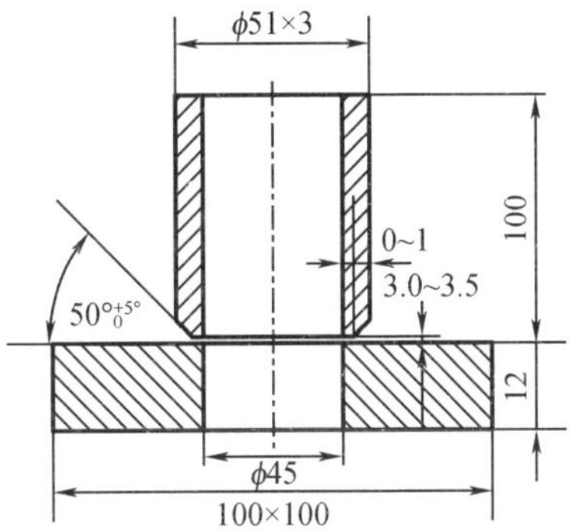

图 1－3－29　骑坐式垂直固定俯位试件尺寸（单位：mm）

（1）焊接工艺参数选择

骑坐式管板垂直固定俯位焊接参数参考范围见表 1－3－27。

表 1－3－27　骑坐式管板垂直固定俯位焊接参数参考范围

焊接层次	焊丝牌号、规格	焊接电流/A	电弧电压/V	干伸长/mm	气体流量/(L·min^{-1})
打底	H08Mn2SiA、ϕ1.2 mm	80～90	18～20	10～12	12～15
填充	H08Mn2SiA、ϕ1.2 mm	100～105	20～22	10～12	12～15

（2）打底焊

在定位焊点对称位置引弧，引弧后适当停顿、预热，形成熔孔后转入正常焊接。

随焊缝弧度变化，手腕应不断转动，并保持熔孔大小均匀、一致。熔孔应控制在深入上坡口 0.8 ~1 mm。

焊接时,焊枪做小幅上下摆动,摆动至坡口根部与孔板边缘时稍做停顿。

(3)盖面

熔池边缘超出坡口棱边 0.5 ~2 mm。应保证管材不咬边,焊脚对称。

项目 4　船舶钨极氩弧焊

任务 4.1　钨极氩弧焊操作工艺

【相关知识】

一、钨极氩弧焊的工作原理、特点及应用

1. 钨极氩弧焊的工作原理

钨极氩弧焊是使用纯钨或钨的氧化物作为非熔化电极，利用高熔点的钨与工件间形成的电弧热量熔化母材和填充焊丝，并使用惰性气体氩气对整个焊接区进行保护的焊接方法，其工作原理如图 1－4－1 所示。

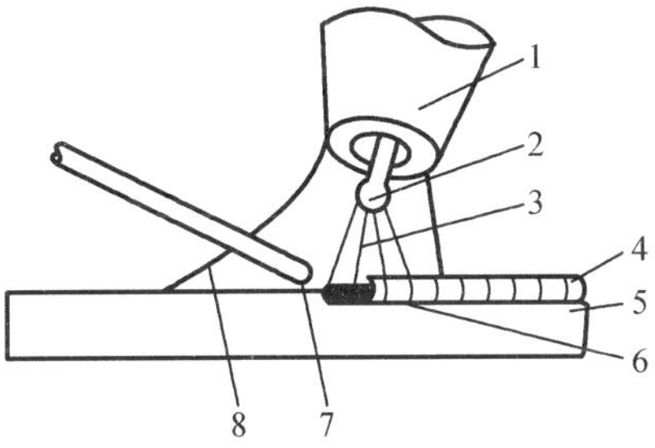

1—喷嘴；2—钨极；3—电弧；4—焊缝；5—工件；6—熔池；7—焊丝；8—氩气。

图 1－4－1　钨极氩弧焊工作原理

焊接时，氩气以一定流量向焊接区喷出，在焊接区周围形成保护层以隔绝空气，对电极、熔池及高温区固态金属进行保护，从而获得优质的焊接接头。

该焊接方法几乎可对所有金属及合金进行焊接。该方法使用惰性气体保护，可保证较高的焊接质量。但是，焊接过程中使用的材料（钨极及氩气）成本高，生产率较低，故在生产应用中，大多数情况下针对有色金属、不锈钢及特殊性能钢采用该方法进行焊接。

2. 钨极氩弧焊的特点

钨极氩弧焊电极使用的是钨或钨合金，因其熔点较高，所以焊接时基本不熔化，更容易保证稳定的电弧长度，从而获得尺寸及形状均匀的焊缝。同其他焊接方法相比，钨极氩弧焊具备以下特点。

(1)优点

惰性气体可有效隔绝空气,不溶于金属且与金属不发生反应,相当于在真空情况下焊接,可焊接的金属材料较多;电弧燃烧稳定,焊接电流很小时也能保证电弧稳定燃烧;焊接时不会产生飞溅,不需要清理熔渣,焊缝成形美观。

钨极氩弧焊适合各种位置焊接,容易实现机械化和自动化,焊接热影响区窄,焊接变形小。

(2)缺点

焊接电流过大会引起钨极熔化和蒸发,其颗粒会进入熔池导致夹钨。另外,电弧功率受到限制,致使焊缝熔深浅、生产率低,一般只用于焊接厚度在6 mm 以下的工件。

保护所用的惰性气体无冶金、脱氧及去氢能力,焊前必须严格清除工件上的油污、铁锈等杂质;采用惰性气体对焊接进行保护,不具备冶金能力,抵抗风的能力差,对气体的纯度、流量的要求严格。

钨极惰性气体保护焊的紫外线强度是焊条电弧焊的5~30倍,在紫外线照射下臭氧增加,对焊工危害较大。另外,钨极氩弧焊使用的具有放射性的钨极对焊工也有一定程度的危害。

3. 钨极氩弧焊的应用

钨极惰性气体保护焊可获得较理想的焊接质量,因其特点所致,在实际应用中,该方法同其他焊接方法存在较大区别。

(1)焊接操作

钨极惰性气体保护焊可分为手工焊和自动焊两种,选择时主要根据产品的形式及生产条件。手工焊接时,焊丝在熔池前方送进,因两手同时操作,所以相对比较容易。

焊接时,可分别控制热源和焊丝,热输入量容易调节,特别适合于薄板焊接。焊接薄板时,可不开坡口、不填充焊丝。为保证施焊环境,尽量使用铈钨极以减少对焊工带来的危害。

钨极惰性气体保护焊特别适合于对质量要求较高的场合。对于某些厚壁重要构件,如采用底层熔透焊道焊接、全位置焊接和窄间隙焊接时,为保证底层焊接质量,经常采用钨极氩弧焊打底焊接。

(2)可焊接材料

钨极惰性气体保护焊成本较高,生产中主要用于不锈钢、耐热钢及铝、镁、钛、铜等有色金属及其合金的焊接。而对于低熔点、容易蒸发的金属(如铅、锡、锌等),因焊接操作困难,则很少采用该方法。

二、钨极氩弧焊对氩气和钨极的要求

1. 氩气

不同金属材料焊接对氩气的纯度要求不同,具体要求见表1-4-1。

表1－4－1　氩气纯度的使用要求

母材类别	氩气纯度/%
碳钢、低合金钢	≥99.50
铬镍不锈钢，铜、钛及其合金	≥99.70
铝、镁及其合金	≥99.90
高合金钢	≥99.95
钛、钼、铌、锆及其合金	≥99.98

2. 钨极

(1)钨极应具备的性能

钨极应具备较强的电子发射能力，以保证良好的电弧稳定性；应能够耐高温，不易蒸发及耗损，可承载较大的许用电流；应具有较高强度及耐磨损性能，不易损耗。

(2)钨极的类别、典型牌号及特点

钨极的类别、典型牌号及特点见表1－4－2。

表1－4－2　钨极的类别、典型牌号及特点

类别	典型牌号	特点
纯钨极	W1、W2	要求焊机空载电压较高，使用交流电时，承载电流能力较差，故目前很少采用
钍钨极	WTH－7、WTH－10、WTH－15、WTH－30	电子发射能力强，允许较大电流密度，电弧燃烧较稳定，但钍元素具有一定放射性
铈钨极	WCe－5、WCe－13、WCe－20	电子逸出功低，易引弧，电弧稳定性高，适用于直流电源小电流焊接，可承载较大电流密度，放射性极低，热能集中，烧损小，是目前普遍采用的一种电极类型
锆钨极	WZr－150	适用于必须防止电极污染的基体金属焊接，尖端易保持半球形，适于交流电源焊接

【任务实施】

一、安全注意事项

1. 焊接场所要求

氩弧焊工作场地应有良好的自然通风及固定的机械通风装置，以减少有害气体和金属粉尘的危害。

2. 设备操作

①钨极氩弧焊设备应安置在干燥通风处，并严格按照使用说明书操作。

②焊机应至少每年除尘清洁一次。

③使用前应对焊机进行全面检查，若焊机发生故障，应由专业人员进行维修，检修时应做好防电击等安全措施。

④操作前检查输气管是否破裂，检查各连接处是否完好。

⑤经常检查氩弧焊枪冷却水系统的工作情况，发现堵塞或泄漏时应立即解决，防止烧坏焊枪和影响焊接质量。

⑥工作完毕后必须关闭气阀，切断电源。

3. 射线防护

①尽可能采用放射剂量低的铈钨极。

②钍钨极和铈钨极加工时，应采用密封式或抽风式砂轮磨削，操作者应配戴口罩、手套等个人防护用品，加工后要洗净手、脸。

③钍钨极和铈钨极应放在铅盒内保存。

4. 高频防护

工件良好接地，焊枪电缆和地线应用金属编织线屏蔽，适当降低频率。

5. 个人防护措施

焊工操作时应穿白帆布工作服，戴好口罩、面罩及防护手套、脚盖等。为了防止触电，应在工作台附近地面覆盖绝缘橡皮，工作人员应穿绝缘胶鞋。

在容器内焊接若不能局部通风，可以采取佩戴送风式头盔、送风口罩或防毒口罩等个人防护措施。

二、操作技能

1. 焊接参数选择

钨极氩弧焊焊接参数参考范围见表1－4－3。

表1－4－3　钨极氩弧焊焊接参数参考范围

焊接电流/A	焊丝直径/mm	钨极直径/mm	焊接速度/(cm·min⁻¹)	气体流量/(L·min⁻¹)	喷嘴直径/mm	电源极性
90～100	ϕ2.5	ϕ2.5	6～8	8～10	10	直流正接

2. 填丝和持枪姿势

钨极氩弧焊填丝及持枪手法可参照图1－4－2和图1－4－3。

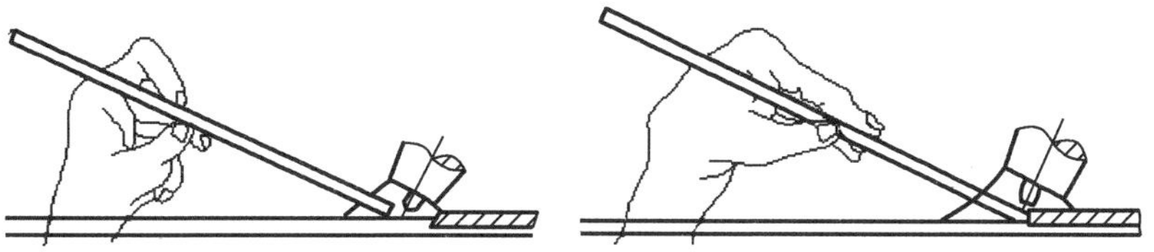

图 1-4-2　钨极氩弧焊填丝手法

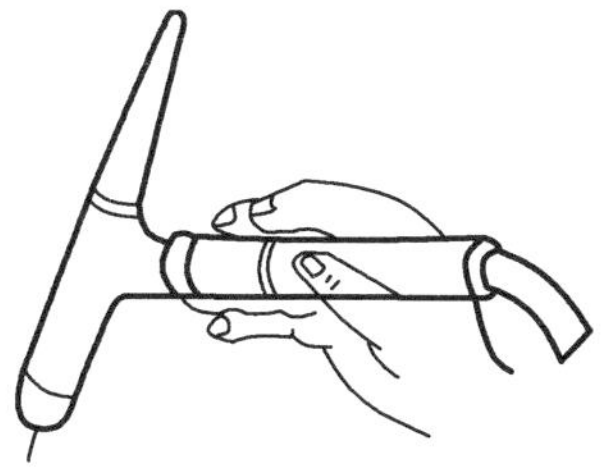

图 1-4-3　钨极氩弧焊持枪手法

3. 操作技能要点

钨极氩弧焊正确、合理的操作技术及其熟练程度,是保证焊接质量的重要前提。需要注意的是,随着工件厚度、接头形式及生产条件的变化,操作技术也不尽相同。

(1)引弧

同焊条电弧焊相比,钨极氩弧焊可获得较高的焊接质量,但不具备脱氧去氢能力。为确保对焊接区的有效保护,引弧前应提前 3 ~5 s 送气。

钨极氩弧焊的引弧有两种方式,即非接触引弧和接触引弧。焊接生产中,钨极氩弧焊主要采用非接触引弧。

①非接触引弧

工作时将钨极端部与工件间保持较短距离,然后接通引弧器电路,在高频电流或高压脉冲电流的作用下引燃电弧,包括高频振荡引弧和脉冲引弧两种主要方式。

非接触引弧方法容易引弧、可靠性高。操作时,钨极不会与工件接触,不会因短路而烧损,可减少钨极端部损耗,还可避免电极材料落入熔池导致夹钨等缺陷。

②接触引弧

在无引弧器设备施焊时采用接触引弧,即将钨电极末端与工件直接接触短路,然后迅速拉开引燃电弧。

接触引弧设备简单,但引弧可靠性差。操作时,钨极与工件接触,会使钨极端部局部熔化混入焊缝金属中造成夹钨缺陷。为防止焊缝夹钨,可在引弧板上引燃电弧,然后再将电弧移到焊缝起点处。

(2)焊枪控制

为确保气体保护效果,在不妨碍视线的前提下,应尽量缩短喷嘴与工件间的距离,采用短弧焊。焊接时,一般将弧长控制在 4 ~7 mm。

为送丝方便、保持焊工视野宽广和防止喷嘴烧损，钨极应伸出喷嘴端面一定距离。板材焊接时，钨极伸出长度可控制在 4 ~ 8 mm。管材打底焊时，钨极伸出长度控制在 5 ~ 7 mm。

钨极端头与熔池表面的距离应控制在 2 ~ 4 mm。

焊接时焊枪与工件间角度的选择，应以获得较好保护效果、便于填丝为基础。焊枪、焊丝和工件之间需保持一定的距离。

(3)焊接

①运弧

钨极氩弧焊的运弧技术与焊条电弧焊不同，与气焊的焊枪运动相似，但要严格得多。

焊接时，运弧有左焊法和右焊法两种，实际生产中左焊法应用较为广泛。左焊是指运弧方向自右向左，焊枪以一定的速度前移。使用左焊法操作时，容易观察熔池，不易焊偏，填丝方便。另外，左焊法对焊丝末端保护效果较好，但对熔池保护效果不理想。

平敷焊时，焊枪应与工件表面成 70° ~ 80°，焊丝置于熔池前面或侧面与工件表面成 15° ~ 20°，如图 1 – 4 – 4 所示。

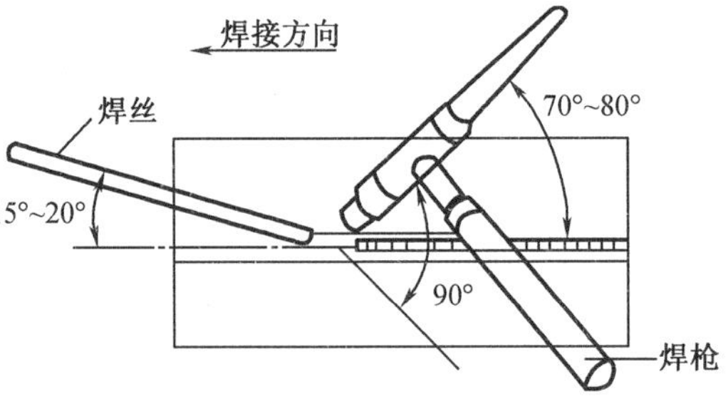

图 1 – 4 – 4　平敷焊焊枪及焊丝角度示意图

右焊法是指自左向右运弧。当采用较大焊接规范施焊时，焊接熔池较大，应采用右焊法，以防止未完全凝固金属及高温焊缝较早失去氩气保护。应注意保持电弧高度和焊枪移动速度的均匀性，以确保焊缝熔深、熔宽均匀，防止产生气孔和夹渣等缺陷。为获得必要的熔宽，焊枪除做匀速直线运动外，允许做适当的摆动。

②填丝

填充焊丝（填丝）应在母材熔化充分后再开始，以免造成金属不熔合，焊丝填入熔池的方法较多。

焊丝做间歇式重复运动，如图 1 – 4 – 5 所示。这种填丝动作最为常用，特别是对平焊和环缝焊接。

操作时，焊丝应敏捷而又准确地从熔池前沿送入（此时喷嘴可稍向后平移一下），随后撤回焊丝，如此重复动作。在焊丝填入过程中，应注意保持焊丝的末端始终处于氩气保护区内，避免焊丝端头氧化。

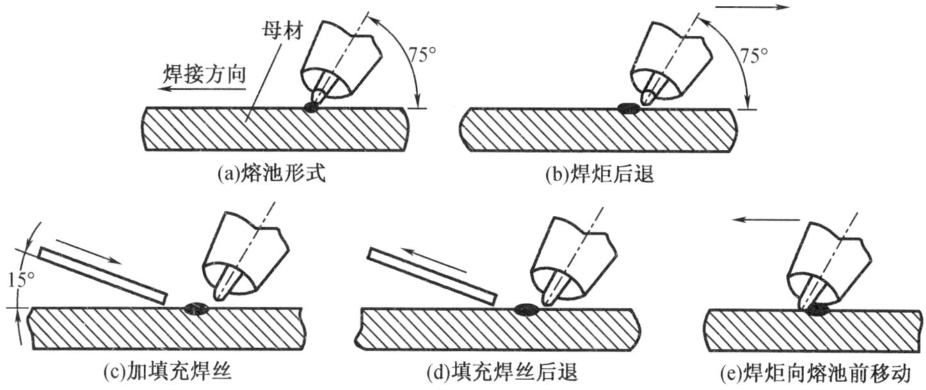

图1-4-5　间歇式重复运动送丝

填充焊丝末端紧靠熔池的前缘连续送入,送丝速度必须与焊接速度相适应,主要适用于搭接焊、角接焊以及焊丝较细的情况。

填充焊丝末端紧靠坡口,焊枪运动时既熔化坡口又熔化焊丝,主要应用于小口径管材氩弧焊打底焊接。

焊丝随焊枪做横向摆动,适用于焊缝要求较宽的部位。

反面填丝(也称内填丝法)是指焊枪在外,在内侧填丝。此方法适用于管材仰焊部位氩弧焊打底操作,对坡口间隙、焊丝直径和操作技术要求极为严格。

填丝注意事项:填充焊丝时,焊丝直径一般不大于4 mm;填充焊丝在熔池前均匀向熔池送入,不可扰乱氩气气流,焊丝的端部应始终置于氩气保护区内以避免氧化;填充焊丝时,焊丝不应直接放在电弧下面,也不能抬起过高,不应形成熔滴向熔池滴渡现象。填丝的具体位置可参照图1-4-6。

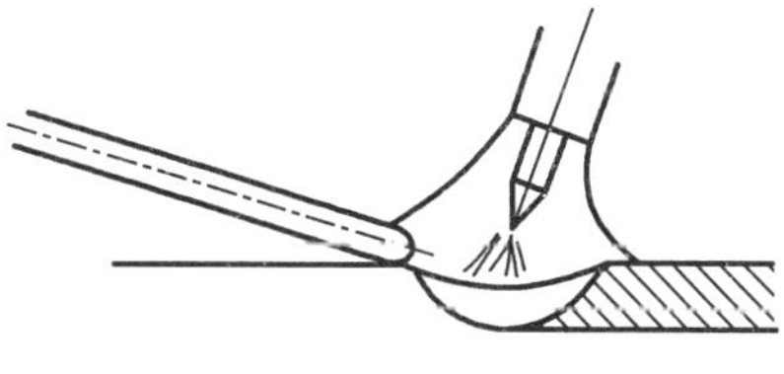

图1-4-6　正确的填丝位置

操作时,若钨极与焊丝接触,则将产生很大的飞溅和烟尘,造成焊缝污染和夹钨。此时,应立即停止施焊,磨掉污染至露出金属光泽。对于被污染的钨极,清除污染端部后方可使用。撤回焊丝时,不得将焊丝端头立即撤出氩气保护区,以避免焊丝端头氧化。

(4)接头

接头处要有斜坡,不能存在死角,在原弧坑后面重新引弧,使焊缝重叠20~30 mm,在重叠处可不填丝或填少量焊丝。接头时,熔池应贯穿至接头根部,确保接头处熔透。

(5)收弧

①增加焊速法

焊接终止时,焊枪前移速度逐渐加快,焊丝给送量逐渐减少,至工件不熔化为止,焊缝从宽到窄。此操作手法简易可行,效果较好,但要求焊工的操作技术比较熟练。

②焊缝增高法

焊接终止时,焊接速度减慢,焊枪向后倾斜角度加大,焊丝给送量增加。电弧成点焊状态,熄弧再起弧,至弧坑填满并适当增高为止。

③电流衰减法

熄弧时,将焊接电流逐渐减小。此时,熔池逐渐缩小至工件不熔化,使收弧处无缩孔。

④熄弧板

将熄弧熔池引到与工件相连的其他板材上,焊接完毕后再将熄弧板切掉。

⑤收弧注意事项

焊缝在收弧处应不存在明显的下凹及缺陷,所以收弧时应填加焊丝以填满弧坑。为避免焊缝和钨极氧化,熄弧后不要立即抬起焊枪,应使焊枪在焊缝上停留 5 ~ 10 s,待钨极和熔池冷却后再抬起焊枪,停止供气。

(6)定位焊

定位焊必须按正式焊缝焊接工艺施焊,焊缝不要太高但必须焊牢,不允许存在焊接缺陷。为控制焊接变形,可参照表 1 –4 –4 的要求设置定位焊缝的间距。

表 1 –4 –4　定位焊缝的间距

板厚/mm	0.5 ~ 0.8	1 ~ 2	> 2
定位焊间距/mm	≈20	50≈100	≈200

任务 4.2　钨极氩弧焊板材对接单面焊双面成形

【相关知识】

单面焊双面成形是在坡口背面没有辅助措施的情况下,在坡口正面施焊,焊后要求焊缝的正、反面成形均匀、良好,且符合质量要求,是难度较大的手工操作技能。

钨极氩弧焊单面焊双面成形的接头形式主要包括板状对接接头、管状对接接头及管板接头等形式。

钨极氩弧焊对接单面焊双面成形应达到的技术标准参照中国船级社《材料与焊接规范(2009)》,具体要求见表 1 –4 –5。

表 1-4-5　焊缝质量检验项目及标准

检验项目		标准
外观检验	表面成形	成形良好,焊缝边缘应平顺过渡到母材,焊缝宽度均匀
	表面缺陷	焊缝表面应无裂纹、未熔合、夹渣、气孔和焊瘤等缺陷
	咬边	咬边深度应不大于 0.5 mm。 咬边长度: 板试件:焊缝两侧咬边累计总长度应不超过焊缝全长的 10%; 管试件:焊缝两侧咬边累计总长度应不超过焊缝全长的 20%
	内凹	允许有深度不超过 0.1t(t 为试件厚度)且不大于 1.5 mm、累计长度不超过焊缝全长 10% 的局部内凹
	未焊透	无
	焊瘤	根部焊瘤应不大于 3 mm
	焊缝余高	平焊位置的焊缝余高应不大于 3 mm,其他位置应不大于 4 mm
	焊缝宽度	每侧焊缝宽度应不大于坡口宽度 2.5 mm
弯曲试验		在受拉面的任何方向上均不应有超过 3 mm 的裂纹和其他开口缺陷

钨极氩弧焊的焊接工艺包括焊前准备、焊接工艺参数的选择及质量检验等方面。

一、焊前准备

完善的焊前准备工作可确保焊接工艺正常实施,生产中应考虑到在焊接前所有会影响焊接过程稳定进行的因素。

1. 清理

工件、焊丝表面的杂质参与整个焊接过程,从而决定焊缝的成分及组织性能。氩气是惰性气体,不具备氧化或还原性能。为确保氩气的保护作用,控制焊接缺陷,必须更为严格地进行焊前清理。

(1)油污、灰尘

可用有机溶剂(汽油、丙酮、酒精)或棉纱进行清理。

(2)氧化膜、铁锈及油漆

清理方法包括机械清理和化学清理两种,有时可两者联合使用。

①机械清理

机械清理仅适用于工件,包括机械加工、吹砂、磨削及抛光等方法。常用的方法是用不锈钢丝或铜丝轮(刷),将坡口及距坡口两侧一定范围内的氧化膜清除。

清理手段应针对材质合理选择,如不锈钢可用砂布打磨或抛光法,铝及铝合金材质较软,可用细钢丝轮、钢丝刷或刮刀来清理。

机械清理效率低,去除氧化膜不彻底,一般只用于工件尺寸大、生产周期长或化学清洗后又局部沾污的工件。

②化学清理

化学清理是指依靠化学反应的方法去除焊丝或工件表面的氧化膜。对于铝、镁、钛等有色金属及其合金,采用化学清理效果好、生产率高。

使用化学清理法时,清洗溶液和方法应因材料而异。

(3)清理后的要求

工件和焊丝清理后必须妥善放置及保管,一般应在清理后 24 h 内施焊。

2. 施焊环境检查

环境温度较低会使焊缝金属冷却速度加快,从而影响材料的组织及力学性能,导致焊接应力增大并产生焊接缺陷。风速的大小会直接影响气体的保护效果。因此,施焊时有以下注意事项。

①不允许在雨天及有风的环境下施焊。

②对于地面管道组合,应将管道两端堵死。

③允许施焊的最低温度:低碳钢为 -20 ℃;低合钢为 -10 ℃;合金钢为 0 ℃。

3. 焊接设备及工具检查

不同材料焊接时,对设备的要求不同。焊接电缆构成焊接回路,应检查其连接是否可靠,以保证焊接电弧稳定燃烧。检查流量计读数是否准确,氩气带是否泄漏。

4. 坡口形状及加工方法

(1)坡口选择

材料形式不变时,坡口的选用应依照保证焊接质量、金属填充量少、便于操作及质量检查、可改善劳动条件、减少焊接应力及变形等原则进行。实际生产中,坡口形式主要是根据工件的厚度及材料成分确定。

厚度小于 3 mm 的一般非重要结构及管材不需要开坡口。厚度小于 16 mm 的板、管结构,可采用 V 形坡口,其中可双面施焊的板、管结构宜采用 X 形坡口。当工件变形及应力有严格要求且只能单面施焊时,应采用 V 形或 U 形坡口。

因钨极氩弧焊可获得较大熔深,故根部钝边尺寸可适当增大。

(2)坡口加工

坡口加工最好采用机械加工,因条件不具备而只能使用气割时,应除去表面的氧化皮和污物并修整平齐。选择坡口加工方法时,必须考虑材料的性能,如对奥氏体不锈钢只能选择机械加工或等离子气割进行坡口加工。

5. 保护气体检查

按被焊材料要求,对氩气纯度进行检查。

6. 定位焊检查

应按与正式焊缝完全相同的工艺进行定位焊,定位焊禁止带应力对口。

二、焊接工艺参数及影响因素

1. 焊接电流

随着焊接电流的增大,熔池凹陷深度、背面焊缝余高、熔透深度及焊缝宽度增大。焊接电流过大容易产生咬边、焊漏;焊接电流过小容易产生未焊透。

(1)焊接电流的选择

生产中应结合具体情况合理确定焊接电流,在确保不产生焊接缺陷的前提下,还要综合考虑工件厚度、焊接位置、钨极直径及母材性质。

一般情况下,随着工件厚度、钨极直径的增加,焊接电流增加。当焊接位置发生变化时,焊接电流应调整,平位焊接电流最大。焊接导热能力强的金属时,应增加焊接电流,如铜及铜合金的焊接。而焊接奥氏体不锈钢时,为避免晶间腐蚀,应减小焊接电流,控制在同规格碳钢材料的80%左右。

焊接电流的确定还必须考虑钨极允许的承载电流范围。表1－4－6为不同规格、不同牌号钨极允许的电流参考范围。

表1－4－6　不同规格、不同牌号钨极允许的电流参考范围

钨极直径/mm	焊接电流/A			
	交流		直流正接	直流反接
	W	WTH	W、WTH	W、WTH
0.5	5～15	5～20	5～20	—
1.0	10～60	15～80	15～18	—
1.6	50～100	70～150	70～150	10～20
2.5	100～160	140～235	150～250	15～30
3.2	150～210	225～325	250～400	25～40
4.0	200～275	300～425	400～500	40～55
5.0	250～350	400～525	500～800	55～80

(2)焊接电流大小的判断

焊接时,可以根据电弧的燃烧情况判断所选择的焊接电流值是否合适。

焊接电流正常时,钨极端部呈熔融状的半球形,如图1－4－7(a)所示,此时电弧最稳定,焊缝成形良好。焊接电流过小时,钨极端部电弧单边,如图1－4－7(b)所示,此时电弧飘移不稳。焊接电流过大时,钨极端部形状不规则,如图1－4－7(c)所示,此时电弧不稳定,焊缝质量差。

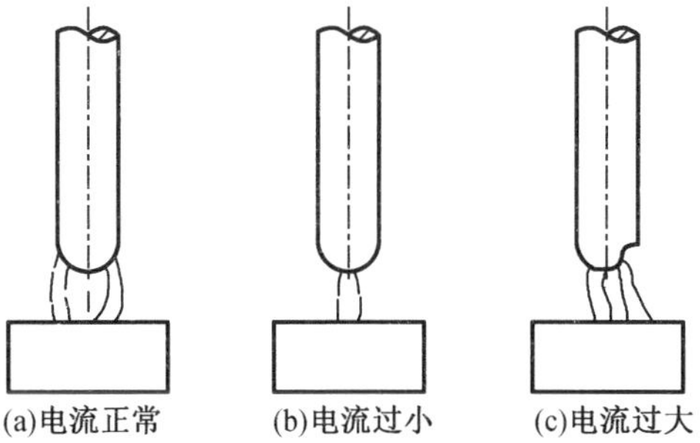

图1－4－7　焊接电流对电弧形态的影响

2. 电弧电压

电弧长度增加,电弧电压增大,焊缝熔宽及加热面积增大。但电弧长度超过一定范围后,电弧热量分散会使热效率下降,不仅使电弧力对熔池的作用减弱,焊缝熔宽和母材熔化面积减小,还会影响气体的保护效果。在一定程度下,喷嘴至工件距离越近,焊接热效率越高,保护效果越理想。但弧长不能太短,弧长过短则难以观察熔池,送丝时容易接触钨极。

不加填充焊丝焊接时,弧长应控制在 1 ~3 mm;加填充焊丝时,弧长应控制在 3 ~6 mm。

3. 焊接速度

(1)焊接速度的影响

焊接速度的快慢直接决定焊缝获得的热输入大小。焊接速度快,焊接热输入减少,焊缝凹陷深度、熔透深度及熔宽下降,还容易产生未焊透、气孔及裂纹等焊接缺陷;焊接速度过慢,焊接时容易形成焊穿和咬边现象。

焊接速度变化还会影响气体保护效果。较低的焊接速度可获得较大范围的气体保护区域。焊接速度增加,从喷嘴喷出的柔性保护气流罩会受到前方静止空气的阻滞作用产生变形和弯曲,使电极末端、部分电弧和熔池暴露在空气中,影响氩气的保护效果。

(2)焊接速度的选择

操作时,可依照图 1 -4 -8 所示氩气气流的形态调整焊接速度。

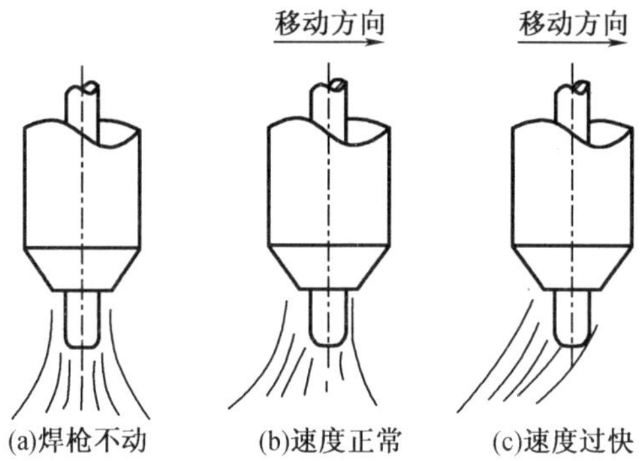

图 1 -4 -8　焊接速度对氩气气流形态的影响

4. 电源极性

钨极氩弧焊的电源极性包括直流正接、直流反接及交流三种形式,极性的选择应根据工件的厚度及材料的性质等因素来确定。

(1)直流正接

工件连接电源正极,钨极连接电源负极。直流正接因钨极熔点高,热发射能力强,所以电弧中的带电粒子主要是由钨极热发射产生的电子。电子撞击工件时释放能量,产生大量热能加热工件,可获得深而窄的焊缝,从而降低焊接应力和变形。另外,钨极接受正离子撞击时放出的能量少,而钨极发射电子时会带走大量的逸出功,所以钨极上总的热量小,不容易过热、烧损。钨极电子发射能力、承载电流能力强,可采用直径较小的钨极进行焊接,并可得到较大的电流密度，利于电弧稳定燃烧。

直流正接法优点较多，是非常理想的一种电源连接形式。在实际生产中，除铝、镁及其合金等特殊材料，均采用直流正接法进行焊接。

(2)直流反接

工件连接电源负极，钨极连接电源正极为直流反接。

①直流反接时具有阴极破碎能力

直流反接时，工件熔点低，电子发射困难，往往只能在工件表面温度较高的阴极斑点处发射电子，而且阴极斑点总是出现在电子逸出功较低的氧化膜处。当阴极斑点受到弧柱正离子强烈撞击时，温度升高，氧化膜很快被汽化破碎，显露出纯金属表面。此时，阴极斑点又会自动移到附近有氧化膜的区域，不断地将工件焊接区表面的氧化膜清除。

②直流反接的应用

直流反接法钨极为正极，大量电子撞击钨极并放出较高热量，容易使钨极过热熔化而烧损。另外，工件产热少，导致焊缝熔深浅、生产率低。

在生产中，直流反接法只在铝、镁及其合金以及较薄工件焊接时使用。

(3)交流

交流焊接同时具备直流正接及反接的优点，既可利用阴极破碎作用清除工件表面的氧化膜，又可使钨极得到一定程度的冷却，焊缝形状也介于直流正接与反接之间。交流焊接会出现电弧过零点复燃困难及在焊接回路中产生直流分量的问题，所以必须采取适当的措施才能保证焊接过程稳定进行。

5. 钨极直径和钨极端部形状

若钨极直径选择不当，则会造成电弧不稳定、钨棒严重烧损及焊缝夹钨。钨极直径过细，同焊接电流过大造成的影响相同；钨极直径过粗则相当于焊接电流过小造成的危害。

钨极直径的选择取决于工件厚度、焊接电流、电源极性及焊接材料的性能，原则上应尽可能选择直径较小的钨极以保证较小的加热面积。

当电流种类、大小变化时，应按图 1-4-9 所示将钨极端头磨成不同形状以保持电弧稳定。

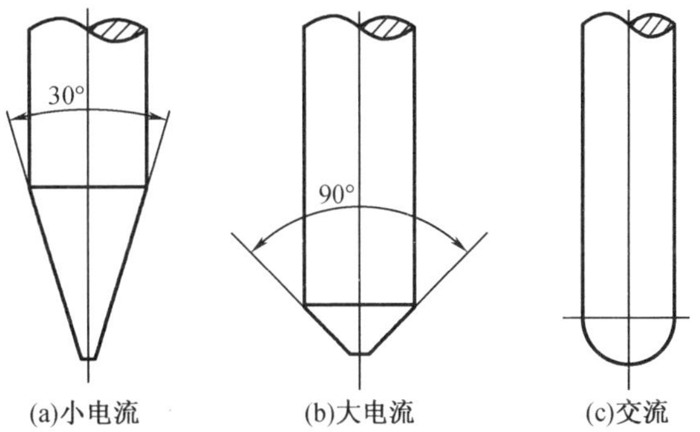

图 1-4-9　钨极端头形状

6. 氩气流量及喷嘴直径

保护气体流量和喷嘴直径的选择是影响气体保护效果的重要因素，二者之间搭配合理时，保护效果最佳。喷嘴直径一定时，会有一个最佳的氩气流量与之匹配，随直径增大，氩气流量也应随之增加。

(1)喷嘴直径

一般控制在钨极的3倍左右。

(2)氩气流量

①氩气流量的影响

氩气流量小则保护效果差，而氩气流量过大会产生紊流，也影响保护效果。当氩气流为层流时，保护效果最好，气体流量适合。

②氩气流量的选择

氩气流量可根据喷嘴直径估算，即 $Q_{氩气流量}=(0.8\sim1.2)D_{喷嘴直径}$。

当焊接电流、焊接速度、电弧长度、钨极伸出长度增加及风速较大时，应适当增大气体流量。

生产中，通常根据试焊选择氩气流量。流量不适合时，熔池表面有渣出现，焊缝表面发黑或有氧化皮；流量合适时，熔池平稳，表面明亮无渣，焊缝外形美观、无氧化痕迹。

③氩气流量选择的应用

如图1-4-10所示，接头形式不同，氩气保护效果不同。对接接头和T形接头内角缝焊接保护效果良好，不需要采用其他辅助措施。但对T形接头外角缝等构件类型焊接时，不仅需要增大氩气流量，还需按图1-4-11所示加设挡板。

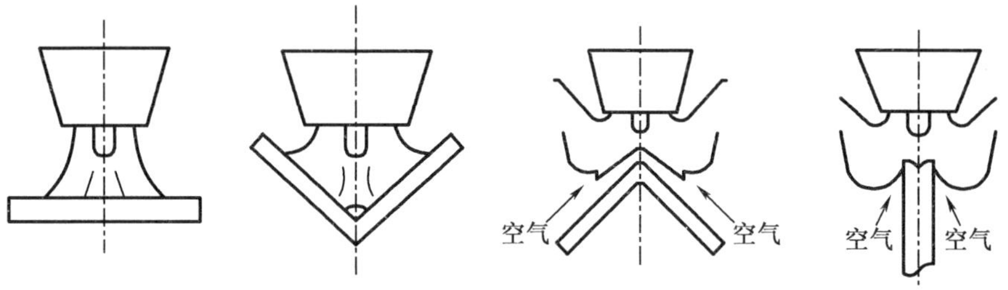

图1-4-10 不同接头形式的氩气保护效果

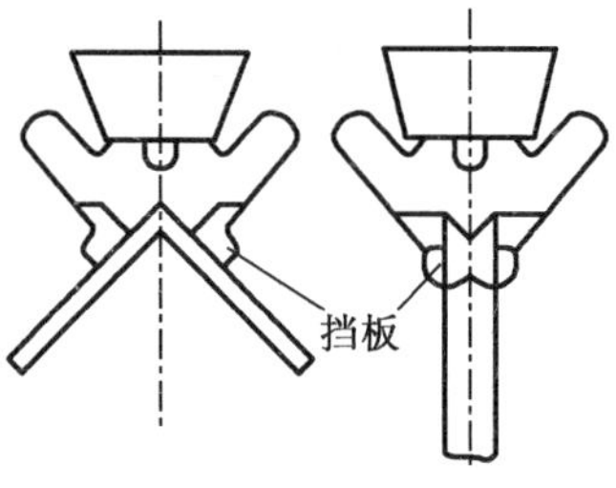

图1-4-11 加挡板

7. 焊丝直径

焊丝直径选择不当，会使焊缝出现未焊透、烧穿、凹陷、余高过大及焊缝成形差等焊接缺陷。

焊丝直径的选择应结合工件厚度和坡口间隙确定，当工件较厚或接头间隙较大时，可选择直径较大的焊丝。

8. 钨极的伸出长度

钨棒端部至喷嘴端面的距离为钨极伸出长度。钨极伸出长度越小，保护效果越好，但过短会妨碍观察熔池，烧损喷嘴。

一般情况下，对接焊缝钨极伸出长度为 3 ~4 mm，角接焊缝钨极伸出长度为 7 ~8 mm。

焊接过程中，任何一项参数都直接影响焊接质量，各参数间又相互影响、相互制约。为获得优质的焊接质量，应注意各焊接参数对焊缝成形和焊接过程的影响，还应考虑参数间的合理匹配。

【任务实施】

一、钨极氩弧焊板对接单面焊双面成形焊前准备

1. 焊机使用前检查

(1)各接线处连接应良好，电源极性选择直流正接。

(2)减压表、气体流量计应完好，读数准确。

(3)送气系统完好，无漏气或出气不稳等情况。

2. 钨极加工、安装

将钨极按图 1 -4 -9(a)所示磨成圆锥形，端部留 0.5 ~1 mm 小圆台，钨极端部伸出焊枪5 ~8 mm。

3. 喷嘴的选用及检查

使用直径 10 mm 喷嘴，喷嘴端部不得有严重损伤及粘连，喷嘴应可靠地旋紧在焊枪上。

4. 焊丝及工件清理

(1)清除坡口内及其正反两侧面 20 mm 范围内的油、锈及其他污物，至露出金属光泽，如有特殊要求可再用丙酮清洗。

(2)用棉纱将焊丝表面的油污等杂质清除干净，并按要求截断。

(3)清理后及时施焊。

5. 试件装配

(1)焊材选择

采用与试件焊接时相同牌号的焊丝进行两点定位点焊。

在试件背面两端部点焊，焊点长度为 10 ~15 mm，质量要求同焊条电弧焊。

(2)装配尺寸

可参照表1 -4 -7 选择。表1 -4 -7 为 300 mm ×100 mm ×6 mm 板状试件各空间位置

的装配尺寸要求。

表 1-4-7　板状试件单面焊双面成形装配尺寸参考数据

焊接位置	坡口间隙/mm	反变形/(°)	钝边/mm	允许错边量/mm
平位	始焊端 2,终焊端 3	3	0.5 ~ 1	≤0.5
立位	始焊端 2,终焊端 3	3	0.5 ~ 1	≤0.5
横位	始焊端 2,终焊端 3	3	0.5 ~ 1	≤0.5

二、平位施焊

钨极氩弧焊对熔池的保护及可见性较好,熔池温度较易控制,所以不易产生缺陷。在操作过程中,应注意打底焊单面焊双面成形,填充层应光滑、饱满、无缺陷,保证盖面层成形美观。

平位施焊时,工件处于俯焊位置,是板状试件其余空间位置和管状试件各位置焊接操作的基础,也是最容易掌握的焊接方法。

平焊操作时,试件置于胎架水平面上,坡口间隙小的一端放置在右侧,焊接时可分三层三道进行。

1. 焊接参数选择

钨极氩弧焊平焊焊接参数参考范围见表 1-4-8。

表 1-4-8　钨极氩弧焊平焊焊接参数参考范围

焊接层次	钨极直径/mm	焊丝直径/mm	焊接电流/A	焊接速度/($cm \cdot min^{-1}$)	气体流量/($L \cdot min^{-1}$)	喷嘴直径/mm	电源极性
打底层	2.5	2.5	90 ~ 100	6 ~ 8	8 ~ 10	10	直流正接
填充层	2.5	2.5	100 ~ 110	8 ~ 10	8 ~ 10	10	直流正接
盖面层	2.5	2.5	100 ~ 110	6 ~ 8	8 ~ 10	10	直流正接

2. 操作技能要点

(1)打底

通常采用左向焊法。

①引弧

在试件右端定位焊点上引弧,引弧前要提前 3 ~ 5 s 送气。

引弧后,焊枪停顿预热引弧处,当定位焊点左端熔化形成熔池并出现熔孔后开始填丝,填丝可采用连续填丝法或断续填丝法。

②焊接

焊枪及焊丝角度参照图 1－4－4 平敷焊。

封底焊时，应减少焊枪倾角，将热量集中在焊丝上，并加快焊接速度和送丝速度。

焊接过程中应时刻注意焊接熔池和熔孔的变化，随时调节相关工艺参数，保证背面焊缝良好成形。

熔池正常状态应为椭圆形明亮的铁水，略宽于坡口，熔孔一般应保持深入坡口每侧 0.5～1 mm。熔孔变大、焊缝熔池变宽并出现下凹，表明熔池温度过高，熔池金属过渡到背面的金属量过大，背面易产生焊瘤缺陷。此时，应减小焊枪与工件的夹角，适当加快焊接速度，至恢复正常熔池和熔孔情况时，再调整为正常操作手法。熔孔变小或消失表明熔池温度较低，熔池金属过渡不到位或过渡量不够，背面易产生未熔合、未焊透等缺陷。此时，应增大焊枪与工件的夹角，适当减慢焊接速度，减少焊丝填入量，直至恢复正常熔池和熔孔。

③接头

更换焊丝或暂停焊接时，松开焊枪上的按钮开关，停止送丝，借焊机的电流衰减熄弧，但注意此时焊枪仍需对准熔池进行保护，以防熔池高温被氧化或由于保护不良产生气孔等缺陷，待熔池完全冷却后方能移开焊枪。

接头前应先检查接头熄弧处的弧坑质量。若存在氧化皮及缺陷，则需将缺陷修磨掉，并使其前端形成斜面，以利于保证接头质量。

接头时，引弧应在弧坑右侧 10 mm 左右位置进行，引弧后缓慢向弧坑处移动，待移动到弧坑处时，停止移动并对弧坑处进行加热。当弧坑处形成新的熔池和熔孔后填丝，进行正常焊接操作。

④收弧

焊至试板末端时，应减小焊枪与工件的夹角，使热量集中在焊丝上，加大焊丝熔化量，以填满弧坑。

弧坑填满后，松开控制开关，焊接电流逐渐减小，熔池也不断缩小，此时回抽焊丝，但焊丝端部不能脱离保护区。停弧后，氩气继续保护延时 10 s 左右，再关闭焊枪，以防熔池金属在高温下氧化和保护不良产生气孔。

(2)填充

操作步骤和注意事项同打底焊。

随着焊缝宽度的增大，焊枪应采用锯齿形或月牙形横向摆动，摆动至坡口两侧稍做停顿，确保坡口两侧熔合，焊道均匀。

填充焊焊道应低于母材 1 mm 左右，不得熔化坡口上边棱，为盖面保留宽度基准线。

(3)盖面

加大焊枪的摆动幅度，保证熔池超过坡口边棱 0.5～1 mm，按焊缝余高要求控制填丝量与焊接速度，其余操作都与打底层焊接相同。

三、立位施焊

钨极氩弧焊立位施焊(立焊)难度较大，熔池金属容易下坠，焊缝成形不易控制，容易出现焊瘤和咬边。施焊时应采用较小的焊接电流,焊枪做上凸月牙形摆动,并随时调整焊枪角度以控制熔池的凝固,避免液态金属下淌。焊接时,应通过焊枪移动与填丝配合,以获得良好的焊缝成形。

立位施焊工件垂直固定于胎架水平面,坡口间隙小的一端朝下。焊接分三层三道进行,采用立向上手法焊接。

1. 焊接参数选择

钨极氩弧焊立焊焊接参数参考范围见表1-4-9。

表1-4-9 钨极氩弧焊立焊焊接参数参考范围

焊接层次	钨极直径/mm	焊丝直径/mm	焊接电流/A	焊接速度/(cm·min^{-1})	气体流量/(L·min^{-1})	喷嘴直径/mm	电源极性
打底层	2.5	2.5	80~90	4~6	8~10	10	直流正接
填充层	2.5	2.5	90~100	6~8	8~10	10	直流正接
盖面层	2.5	2.5	90~100	5~7	8~10	10	直流正接

2. 操作技能要点

(1)焊枪、填丝角度

钨极氩弧焊立焊焊枪、填丝角度如图1-4-12所示。

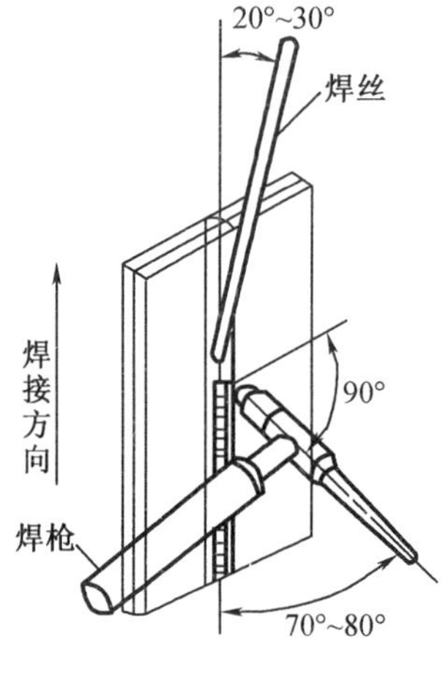

图1-4-12 钨极氩弧焊立焊焊枪、填丝角度示意图

(2)填丝位置

钨极氩弧焊立焊填丝位置如图 1－4－13 所示。

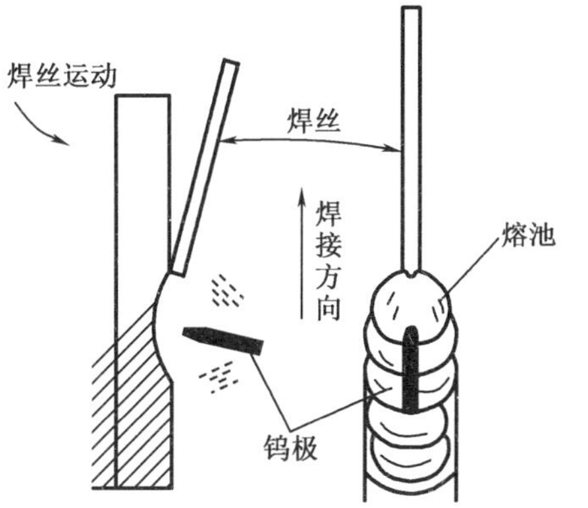

图 1－4－13 钨极氩弧焊立焊填丝位置示意图

3. 打底

(1)引弧

在试板最下端的定位焊点上引弧，引弧前提前 3～5 s 送气。

引弧后先不填充焊丝，待定位焊开始熔化形成熔池和熔孔后，开始以连续送丝或断续送丝法填丝并向上焊接。

(2)焊接

施焊时，焊枪向上移动，速度应适当。

焊枪做上凸月牙形摆动，摆动到坡口两侧稍做停顿，以保证两侧熔合好。

焊接时，应注意控制熔池的形状，保持熔池外沿呈椭圆形，不能凸出来，否则焊道将外凸，导致焊缝成形不良。另外，还应控制熔池不能内凹，否则焊道背后会出现焊瘤缺陷。尽可能让已经焊好的焊道拖住熔池，使熔池表面接近一个水平面匀速上升。

熔孔应时刻保持深入坡口每侧 0.5～1 mm。熔孔变大时，焊缝熔池变宽出现下凹，表明熔池温度过高，熔池金属过渡到背面的金属量过大，背面易产生焊瘤。此时，应减小焊枪与工件的夹角，适当增大焊接速度，直至恢复正常熔池和熔孔情况，再调整为正常操作方法。熔孔变小或消失时，表明熔池温度较低，熔池金属过渡不到位或过渡量不够，背面易产生未熔合、未焊透等缺陷。此时，应增加焊枪与工件的夹角，适当减慢焊接速度和减少焊丝填入量，直至恢复正常熔池和熔孔情况。

(3)接头

停止焊接时，松开焊枪上的按钮开关，停止送丝，借焊机的电流衰减熄弧。此时，焊枪仍需对准熔池进行保护，待熔池完全冷却后再移开焊枪。

接头时，应在弧坑上方 10 mm 处引弧，电弧引燃后缓慢向弧坑处移动。移动到弧坑处时，停止移动并对弧坑处进行预热，待弧坑处形成新的熔池和熔孔后，填丝进行正常焊接操作。

(4)收弧

焊至试板末端时,减小焊枪与工件的夹角,使热量集中在焊丝上,加大焊丝熔化量,以填满弧坑。

弧坑填满后,松开控制开关,使焊接电流逐渐减小。停弧后,氩气继续保护延时 10 s 左右,再关闭焊枪。

4. 填充

操作步骤和注意事项同打底焊。

随着焊缝宽度的增大,焊枪应采用锯齿形或月牙形横向摆动,摆动至坡口两侧稍做停顿,确保坡口两侧熔合,焊道均匀。

5. 盖面

加大焊枪的摆动幅度,保证熔池超过坡口边棱 0.5 ~ 1 mm,按焊缝余高要求控制填丝量与焊接速度,其余操作都与打底层焊接相同。

四、横位施焊

钨极氩弧焊横位施焊(横焊)时,熔池下方有试板依托,较易操作,但焊道表面不易对称,容易上低下高呈水滴状成形。

横位施焊工件垂直固定于胎架水平面,坡口间隙小的一端放在右侧,焊缝平行于水平方向。焊接时可分为三层六道进行,均采用左焊法焊接。

钨极氩弧焊横焊焊道布置如图 1 – 4 – 14 所示。

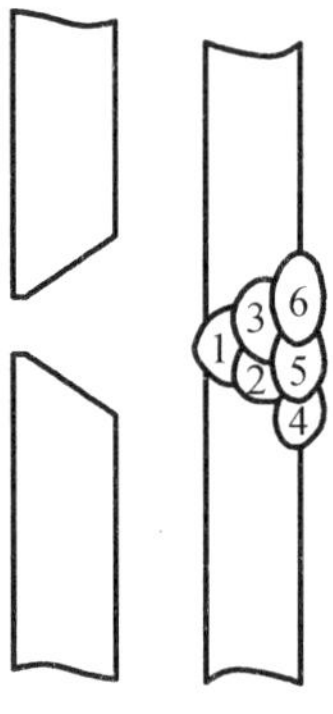

图 1 – 4 – 14　钨极氩弧焊横焊焊道布置示意图

1. 焊接参数选择

钨极氩弧焊横焊焊接参数参考范围见表 1 – 4 – 10。

表 1-4-10　钨极氩弧焊横焊焊接参数参考范围

焊接层次	钨极直径/mm	焊丝直径/mm	焊接电流/A	焊接速度/(cm·min^{-1})	气体流量/(L·min^{-1})	喷嘴直径/mm	电源极性
打底层	2.5	2.5	85～95	5～7	8～10	10	直流正接
填充层	2.5	2.5	90～100	6～8	8～10	10	直流正接
盖面层	2.5	2.5	90～100	6～8	8～10	10	直流正接

2. 操作技能要点

(1)打底

采用自右向左的左向法焊接,工件坡口间隙小的一端放在右侧。焊接时,应保证根部焊透,坡口两侧熔合良好。

①引弧

在试板最右端的定位焊点上引弧,引弧前要提前 3～5 s 送气。

引弧后先不填丝,焊枪在右端定位焊处稍做停顿,待形成熔池和熔孔后,开始用连续送丝法或断续送丝法填丝并向左焊接。

②焊接

施焊时,焊枪移动速度要合适。焊枪摆动到坡口两侧稍做停顿,以保证两侧熔合好。焊枪、填丝角度及填丝位置如图 1-4-15、图 1-4-16 所示。

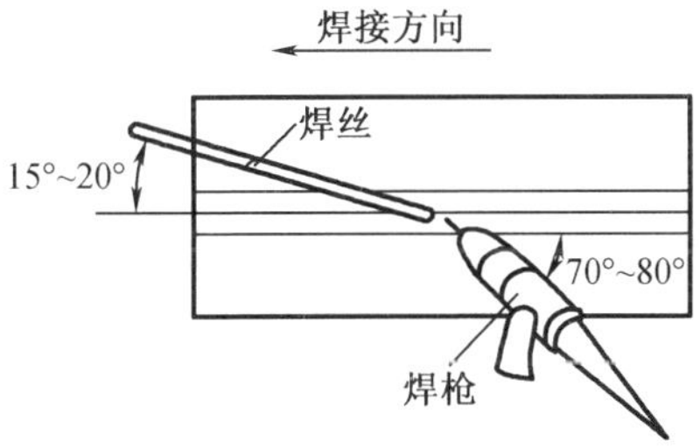

图1-4-15　钨极氩弧焊横焊打底焊焊枪、填丝角度

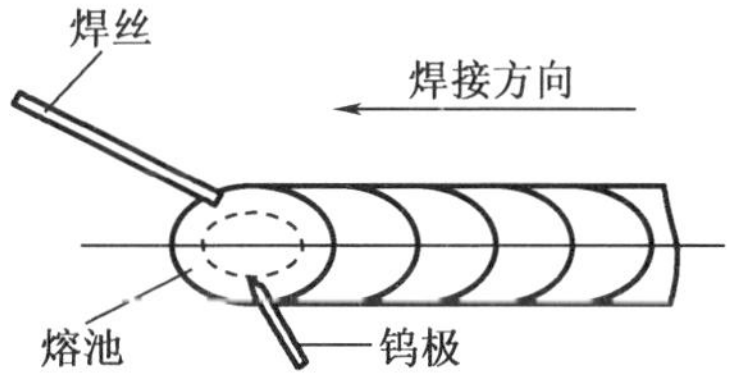

图 1-4-16　钨极氩弧焊横焊打底焊填丝位置

在焊接中要特别注意控制熔池的形状,保持熔池外沿呈椭圆形,不能凸出来,也要控制熔池不能内凹。熔孔应时刻保持深入坡口上熔孔 0.5 mm 左右,深入坡口下熔孔 0.3 mm 左右。

③接头及收弧

接头时,应在弧坑右方 10 mm 左右处引弧,其余同平焊。

(2)填充

①焊道设置

分上、下两道进行,先焊下方焊道,后焊上方焊道,焊枪角度如图 1-4-17 所示。

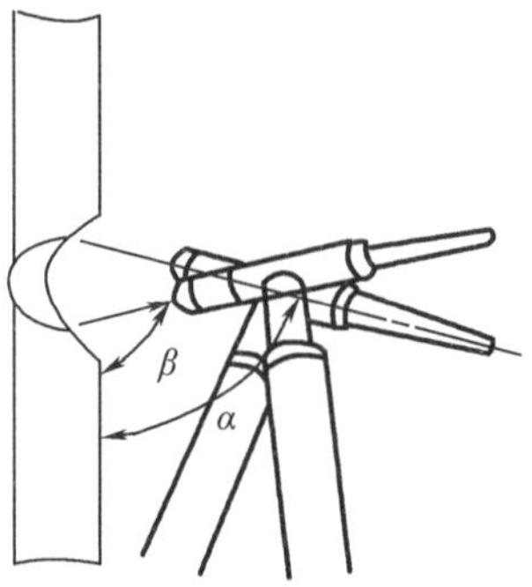

$\alpha = 75° \sim 80°$；$\beta = 100° \sim 105°$。

图 1-4-17　钨极氩弧焊横焊填充层焊枪角度示意

下方焊缝焊接时，电弧对准打底焊和坡口的结合处，焊接速度以控制焊后焊道距母材 1 mm 的高度为宜。上方焊道施焊时，与第一道填充焊缝上沿熔合 1/3 ~ 1/2，并与上坡口熔合平整。

②焊接速度

焊接速度太快会使上沿和母材咬边，下沿和下焊道熔合参差不齐；焊接速度过慢会使焊缝下坠，影响成形质量。

(3) 盖面

盖面焊缝由上、中、下三道组成，先焊下侧焊道，最后焊上侧焊道。

焊接下侧盖面焊道时，电弧对准填充焊和坡口的结合处，使熔池下沿超出试板坡口下边棱 0.5 ~ 1.5 mm，与母材圆滑过渡。中间焊道与下侧焊道上沿熔合 1/3 ~ 1/2，熔合线要平直，成形要圆滑且熔合良好。焊接上侧盖面焊道时，电弧对准填充焊道上沿，使熔池超出管子坡口上边棱 0.5 ~ 1.5 mm，下沿覆盖中间焊道 1/3 左右并圆滑过渡。

其余操作手法同填充层。

任务 4.3　钨极氩弧焊管材对接单面焊双面成形

【任务实施】

一、焊前准备

1. 焊机使用前检查

各接线处连接应良好，电源极性选择直流正接。减压表、气体流量计应完好，读数准确。供气系统完好，无漏气或出气不稳等情况。

2. 钨极加工、安装

将钨极按图 1－4－9(a)所示磨成圆锥形，端部留 0.5～1 mm 小圆台，钨极端部伸出焊枪5～8 mm。

3. 喷嘴的选用及检查

使用直径 8 mm 喷嘴，喷嘴端部不得有严重损伤及粘连，喷嘴应可靠地旋紧在焊枪上。

4. 焊丝及工件清理

清除坡口内及其内外壁 20 mm 范围的油、锈及其他污物，至露出金属光泽，如有特殊要求可再用丙酮清洗。用棉纱将焊丝表面的油污等杂质清除干净，按要求截断。

5. 水平转动工件

检查滚动支承架是否灵活、可靠。

6. 装配

(1)定位焊要求

采用与试件焊接时相同牌号的焊丝进行定位点焊，定位焊以薄、透为宜，焊点长度为10～15 mm。

(2)装配规范

装配规范参见表 1－4－11。

表 1－4－11　管状试件单面焊双面成形装配尺寸参考数据

焊接位置		试件规格/mm	定位焊缝	坡口间隙/mm	钝边/mm	允许错边量/mm
水平转动		ϕ42×5	1 点	“时钟 0 点”处 1.5， “时钟 6 点”处 2	0.5～1	≤0.5
垂直固定		ϕ42×5	1 点	定位焊处 2， 定位焊对称处 1.5	0.5～1	≤0.5
水平固定	外送丝	ϕ42×5	1 点 (“时钟 0 点”)	“时钟 0 点”处 2， “时钟 6 点”处 1.5	0.5～1	≤0.5
	内送丝	ϕ42×5	1 点 (“时钟 0 点”)	“时钟 0 点”处 3， “时钟 6 点”处 2.5	0.5～1	≤0.5
倾斜 45°		ϕ60×5	1 点	起焊点 1.5，终焊点 2	0.5～1	≤0.5

二、管材对接焊接技能

1. 水平转动

焊道可按二层二道布置，焊前将试件定位焊缝安置在时钟“6 点”处。

(1)焊接工艺参数选择

钨极氩弧焊水平转动管状试件焊接参数参考范围见表 1－4－12。

表 1-4-12　钨极氩弧焊水平转动管状试件焊接参数参考范围

焊接层次	钨极直径 /mm	焊丝直径 /mm	焊接电流 /A	焊接速度 /(cm·min^{-1})	气体流量 /(L·min^{-1})	喷嘴直径 /mm	电源极性
打底层	2.5	2.5	85~95	5~7	8~10	8	直流正接
盖面层	2.5	2.5	90~100	6~8	8~10	8	直流正接

(2)打底

①引弧

引弧前要提前 3~5 s 送气。

将焊枪对准坡口中心在"时钟 0 点"处引弧,管子暂不转动,暂不填丝。当管子坡口熔化并形成熔池和熔孔后(熔孔一般应保持深入坡口每侧 0.5~1 mm),开始转动管子,同时填加焊丝。

②焊接

焊接时,焊枪及焊丝角度可参照图 1-4-18 选择。

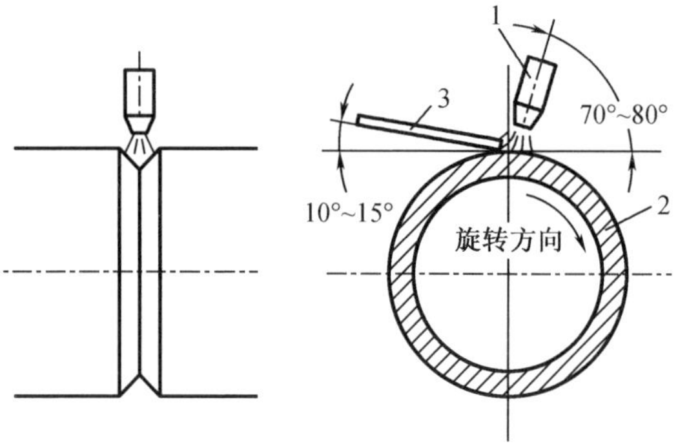

图 1-4-18　钨极氩弧焊水平转动管状试件打底焊焊枪及填丝角度

可采用间断式或连续式送丝,送丝应有规律地送入熔池前方,不得时快时慢,以保证焊缝成形均匀、美观。

焊接过程中,电弧一直保持在"时钟 0 点"处,并始终对准工件间隙,电弧可稍做横向小幅摆动。

注意事项:焊接过程中,管子、焊丝及喷嘴的位置要保持一定的距离,避免焊丝扰乱气流、接触钨极。焊丝末端不得脱离氩气保护区,以免被氧化。焊缝尽量一次性焊完,避免或减少接头数量。焊接时,必须保证管子的转速与焊接速度一致。

③接头

停止焊接时,松开焊枪上的按钮开关,停止送丝,借焊机的电流衰减熄弧,但注意焊枪仍需对准熔池进行保护。

接头时,应在弧坑右侧 10 mm 左右的位置引弧,电弧引燃后缓慢移向弧坑处,到弧坑处时停止移动，对弧坑处进行预热，当弧坑处形成新的熔池、熔孔后，填丝进行正常焊接操作。

④收弧

打底焊道封闭前，先停止送丝和转动，待熔池与原起焊端部熔合为一个熔池时，再填加焊丝，填满弧坑后熄弧。

(3)盖面

盖面操作手法与打底焊相同。

盖面焊摆动宽度较打底焊大，摆动宽度以电弧侧边弧摆到坡口边棱为界限，保证熔池超过坡口边棱0.5～1 mm，盖面层余高要高于母材表面。焊枪摆动到坡口两侧稍做停顿，以保证坡口边缘熔合良好，使盖面层与管壁圆滑过渡。

当盖面层首尾相接时，应减少填丝量，使超过起焊点的焊缝薄而均匀、美观。收弧处要覆盖起焊点10～15 mm，以保证首尾接头处的焊接质量。

(4)无滚动装置

若焊接时没有滚动支承架，则起焊位置应由“时钟3～4点”处起焊，焊至超出“时钟0点”10 mm左右位置时熄灭电弧。然后，转动管子，收弧处转至“时钟3～4点”位置重新引燃电弧开始焊接。

引弧、接头、收弧及盖面操作手法同滚动支架转动焊接。

2. 垂直固定

垂直固定管状试件焊接时，熔池可依托下管壁，但焊道表面不易对称，容易产生上低下高的“水滴状”成形。

管子轴线垂直于胎架水平面固定，坡口间隙小的一侧在右边。焊道可按二层三道布置，盖面层分上、下两道进行。

(1)焊接工艺参数选择

钨极氩弧焊垂直固定管状试件焊接参数参考范围见表1－4－13。

表1－4－13　钨极氩弧焊垂直固定管状试件焊接参数参考范围

焊接层次	钨极直径/mm	焊丝直径/mm	焊接电流/A	焊接速度/(cm·min^{-1})	气体流量/(L·min^{-1})	喷嘴直径/mm	电源极性
打底层	2.5	2.5	85～95	5～7	8～10	8	直流正接
盖面层	2.5	2.5	90～100	6～8	8～10	8	直流正接

(2)打底

①引弧

引弧前要提前3～5 s送气。

在右侧间隙最小处引弧。引弧后先不填丝，待坡口根部开始熔化形成熔孔后，开始以连续送丝法或断续送丝法送丝。焊丝端部熔化形成熔滴后，将焊丝向熔池内轻推并向管内摆动，将金属液送到坡口根部。

②焊接

焊枪及填丝角度参照图 1 -4 -19 选择。

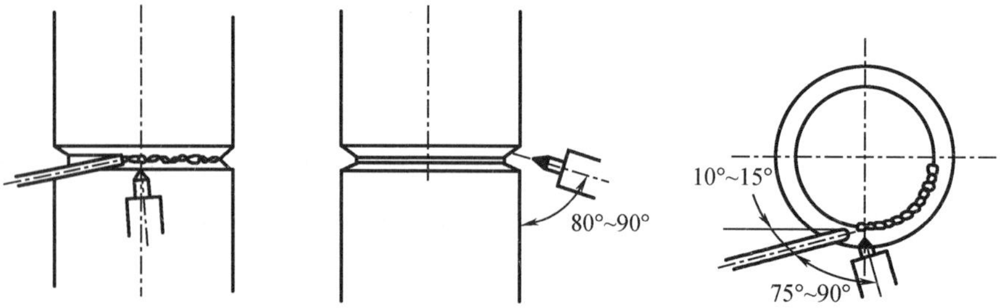

图 1 -4 -19　钨极氩弧焊垂直固定管状试件打底焊焊枪及填丝角度

填丝时,焊枪做小幅横向摆动并向右均匀移动。焊枪移动速度要合适,摆动到坡口两侧稍做停顿,以保证坡口两侧熔合。

焊接时,应注意控制熔池的形状、大小,保持熔池外沿呈椭圆形,不应凸出或内凹。熔孔应始终保持深入坡口,控制熔孔上方超出 0.5 mm、下方超出 0.3 mm 左右。熔孔变大时应减小焊枪与工件的夹角,适当加快焊接速度;熔孔变小或消失时,应增大焊枪与工件的夹角,适当降低焊接速度,减少焊丝填入量。

③接头

暂时停止焊接时,应按收弧要求操作。接头时,应在弧坑右方 10 mm 左右的位置引弧。然后,将电弧缓慢移向弧坑处,至弧坑时停止移动,对弧坑处进行预热,当弧坑处形成新的熔池、熔孔后,填丝进行正常焊接操作。

④收弧

焊至管子首尾相接处时,应减小焊枪与工件的夹角,使热量集中在焊丝上,加大焊丝熔化量填满弧坑,然后熄弧。

(3)盖面

盖面焊缝由上、下两道组成,先焊下侧焊道,后焊上侧焊道。焊接时,焊枪角度的选择可参照图 1 -4 -20。

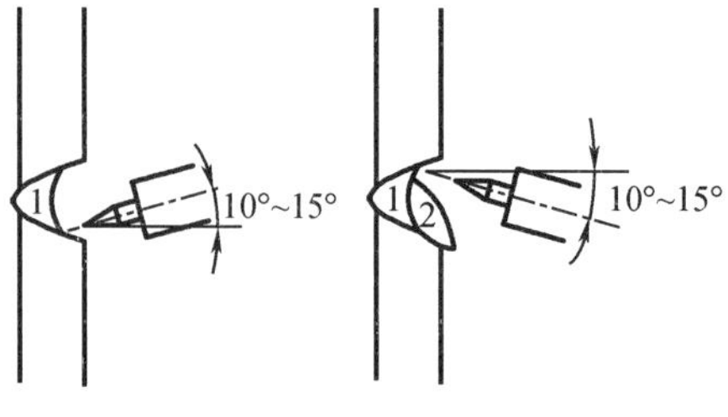

图 1 -4 -20　钨极氩弧焊垂直固定管状试件盖面焊枪角度示意图

焊接下侧焊道时,电弧应对准打底焊和下坡口的结合处,使熔池下沿超出试板坡口下边棱 0.5 ~1.5 mm，并与母材圆滑过渡。焊接上侧焊缝时，电弧对准填充焊道上沿，使熔池超出管子坡口上边棱 0.5 ~1.5 mm，下沿覆盖下侧焊道 1/3 左右并圆滑过渡。

同打底焊相比，焊接速度、送丝频率应加快，并适当减少送丝量。

3. 水平固定

管子轴线平行于胎架水平面固定，坡口间隙小的一端放在“时钟 6 点”处。焊道按二层二道布置。

(1)焊接工艺参数选择

钨极氩弧焊水平固定管状试件焊接参数参考范围见表 1 -4 -14。

表 1 -4 -14　钨极氩弧焊水平固定管状试件焊接参数参考范围

焊接层次	钨极直径/mm	焊丝直径/mm	焊接电流/A	焊接速度/(cm·min^{-1})	气体流量/(L·min^{-1})	喷嘴直径/mm	电源极性
打底层	2.5	2.5	85 ~95	4 ~6	8 ~10	8	直流正接
盖面层	2.5	2.5	90 ~110	5 ~7	8 ~10	8	直流正接

(2)打底

将定位焊缝放在“时钟 0 点”位置处，打底焊操作方法可采用外送丝法和内送丝法。

①外送丝打底焊

引弧前应提前 3 ~5 s 送气。将焊枪置于“时钟 6 点”位置前 8 mm 左右处，然后对准坡口中心引燃电弧。电弧引燃后先不填丝，当起焊点开始熔化形成熔池后，开始用连续送丝法或断续送丝法填丝并按逆时针方向焊接。

焊接时，焊枪及填丝角度可参照图 1 -4 -21。

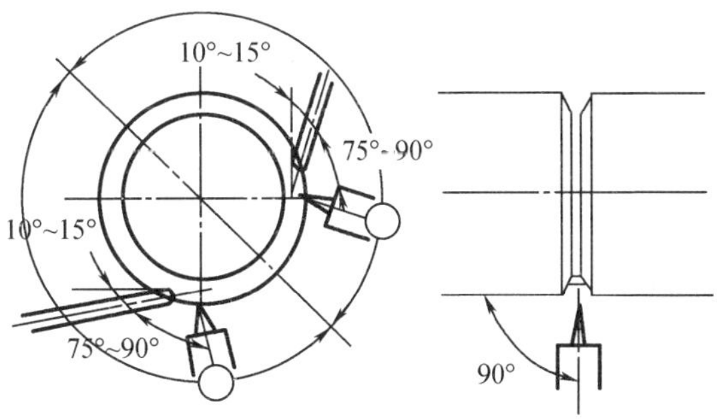

图 1 -4 -21　钨极氩弧焊水平固定管状试件打底焊焊枪及填丝角度示意图

填丝时，焊丝应与通过熔池的切线 15°角送入熔池前方。焊丝沿坡口上方送至熔池后，应将焊丝轻轻向熔池中推一下，并向管内摆动。在填丝的同时，焊枪按逆时针方向匀速转动。

焊接过程中应注意对熔孔的控制,熔孔一般应保持深入坡口每侧 0.5 ~ 1 mm。若熔孔变大,应适当抬高焊丝端部与坡口根部的距离,加快焊接速度;若熔孔变小或消失,应降低速度,减少填丝量或暂停填丝。

焊接仰焊部位的"时钟 6 点"位置时,背面容易产生内凹现象,焊丝应压向坡口根部,使焊丝顺利过渡到焊缝的背面;焊接至"时钟 0 点"位置时,松开焊枪上的按钮开关,停止送丝,借焊机的电流衰减熄弧,但注意此时焊枪仍需对准熔池进行保护,待熔池完全冷却后方能移开焊枪。

管子一侧焊完收弧后,转向另一侧焊接。施焊前将定位焊缝除掉,打磨成正常坡口形状并清理干净。在"时钟 6 点"斜坡处引弧并移至左侧距离接头 8 ~ 10 mm 处,焊枪暂时不动,待形成熔池后填丝,按顺时针方向焊接至"时钟 0 点"处。

焊接过程中,管与焊丝、喷嘴的位置要保持一定的距离,避免焊丝扰乱气流及接触钨极。焊丝末端不得脱离氩气保护区,以免被氧化。

打底焊道封闭时,先停止送丝,待熔池与原起焊头部熔合为一个熔池时,再填加焊丝。填满弧坑后熄弧,熄弧方法与接头收弧方法相同。

②内送丝打底焊

内送丝是将焊丝穿过管子内部,使焊丝直接被送给到坡口根部,焊缝背面成形更容易控制。采用内送丝法焊接时,焊丝与焊接熔池切线成 20°左右,焊枪角度及操作要点与外送丝法基本一致。

(3)盖面

焊接时,摆动宽度以坡口边棱为界,比打底焊稍大,摆动至坡口边缘时稍做停顿,增加填丝量,以保证坡口与管壁熔合良好,成形美观。

当盖面层后半圈与前半圈首尾相接时,在结合处应减少填丝量,使超过起焊面的焊缝薄而均匀。收弧处要覆盖前半圈焊缝 10 ~ 15 mm,以保证首尾接头处的焊接质量。

其余操作要求同打底焊相似。

4. 倾斜 45°固定

倾斜 45°固定焊接,是介于水平固定和垂直固定之间的焊接位置,如图 1 - 4 - 22 所示。焊接时,应分成两个半圈进行,每个半圈都包括斜仰焊、斜立焊和斜平焊等。

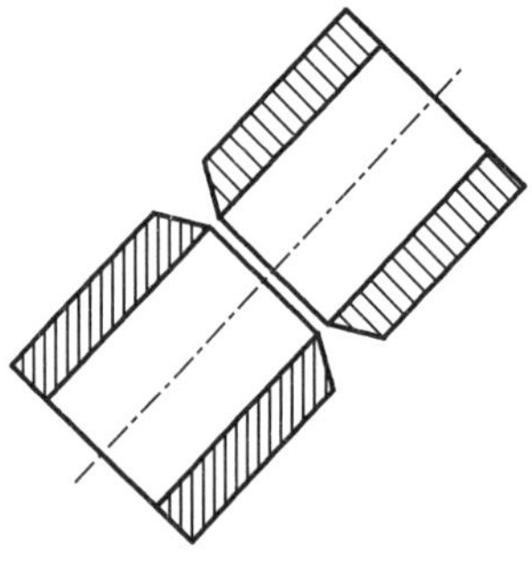

图 1 - 4 - 22　钨极氩弧焊管材倾斜 45°固定焊接示意图

实际应用中，倾斜 45°固定焊接以氩弧焊打底、焊条电弧焊盖面为主，故只介绍氩弧焊打底操作要点。

(1)焊接工艺参数选择

钨极氩弧焊倾斜 45°固定管状试件焊接参数参考范围见表 1－4－15。

表 1－4－15 钨极氩弧焊倾斜 45°固定管状试件焊接参数参考范围

焊接层次	钨极直径/mm	焊丝直径/mm	焊接电流/A	焊接速度/(cm·min^{-1})	气体流量/(L·min^{-1})	喷嘴直径/mm	电源极性
打底层	2.5	2.5	90～100	4～6	8～10	8	直流正接

(2)引弧

引弧前应提前 3～5 s 送气。在"时钟 6 点"位置前 8 mm 左右处引弧，电弧引燃后暂不填丝。

(3)焊接

待坡口根部熔化形成熔池、熔孔后开始填丝，填丝时应配合熔池和熔孔熔化情况。

熔孔应保持深入坡口每侧 0.5～1 mm。若熔孔变大，应适当抬高焊丝端部与坡口根部的距离，增大焊接速度；若熔孔变小或消失，应降低焊接速度，减少填丝或暂停填丝。

焊接中，焊枪做小幅横向摆动，向焊接方向均匀移动。

在"时钟 0 点"位置收弧，然后转至另一侧，以同样的方法完成后半圈打底焊缝，在"时钟 0 点"处与前半圈会合，填满弧坑完成打底焊。

接头和收弧可参照水平固定操作进行。

任务 4.4 管板钨极氩弧焊

【相关知识】

管板接头是焊接结构的基本形式之一，根据接头形式的不同，可分为插入式管板和骑坐式管板两类。根据空间位置，管板可分为垂直固定俯位、垂直固定仰位和水平固定三种类型。

插入式管板焊接时，需要保证根部焊透、焊脚对称、外形美观、尺寸均匀且无缺陷。骑坐式管板焊接难度较大，既要保证单面焊双面成形，又要保证焊缝的均匀美观、焊脚对称。管板焊缝的质量检验项目及标准见表 1－4－16。

表1-4-16　管板焊缝的质量检验项目及标准

<table>
<tr><th colspan="3">检验项目</th><th>标准</th></tr>
<tr><td rowspan="5">外观检验</td><td colspan="2">焊脚尺寸/mm</td><td>6~8</td></tr>
<tr><td rowspan="2">咬边</td><td>深度/mm</td><td>≤0.5</td></tr>
<tr><td>累计长度/mm</td><td>≤15</td></tr>
<tr><td colspan="2">裂纹、未熔合、夹渣、气孔和焊瘤</td><td>无</td></tr>
<tr><td colspan="2">焊缝表面</td><td>焊缝边缘应平顺过渡到母材,焊缝宽度均匀</td></tr>
<tr><td colspan="3">宏观金相检验</td><td>焊透,无裂纹、未熔合缺陷</td></tr>
</table>

【任务实施】

一、焊前准备

1. 焊机使用前检查

各接线处连接应良好,电源极性选择直流正接。减压表、气体流量计应完好,读数准确,供气系统完好,无漏气或出气不稳等情况。

2. 钨极加工、安装

同钨极氩弧焊管材对接。

3. 喷嘴的选用及检查

使用直径8 mm喷嘴,喷嘴端部不得有严重损伤及粘连,喷嘴应可靠地旋紧在焊枪上。

4. 焊丝及工件清理

清除管子焊接端外壁40 mm处、管板孔内壁与孔径四周20 mm范围的油、锈及其他污物,至露出金属光泽,如有特殊要求可再用丙酮清洗。用棉纱将焊丝表面的油污等杂质清除干净,并按要求截断。

5. 装配

(1)装配要求

①焊材选择

试件装配定位焊所用的焊条材应与正式焊接时的焊条材相同。

②插入式试件

可采用一点定位,定位焊缝长度为10~15 mm,焊角不应过高,必须焊透,管子应垂直于孔板。

③骑座式试件

通常采用三点定位焊,但可只焊两点,第三点作为引弧开始焊接的位置。

定位焊长度为10 mm左右,焊缝厚度为2~3 mm,必须保证焊透,不能存在缺陷。定位焊缝两端应预先打磨或铣削成斜坡,以方便接头。

装配定位后，试件管子内壁与板孔应保证同心、无错边。

(2)装配规范

装配规范可参照表 1-4-17 选择。

表 1-4-17　钨极氩弧焊管板试件装配尺寸参考数据

接头形式	焊接位置	定位焊缝	坡口间隙/mm	钝边/mm	允许错边量/mm
插入式	垂直固定俯位	1 点	—	—	—
	垂直固定仰位	1 点	—	—	—
	水平固定	1 点	—	—	—
骑坐式	垂直固定俯位	3 点(均布管子外圆周)	2.5～3	0～0.5	≤0.3
	垂直固定仰位	3 点(均布管子外圆周)	2.5～3	0～0.5	≤0.3
	水平固定	3 点(均布管子外圆周)	2.5～3	0～0.5	≤0.3

二、管板焊接

1. 插入式管板

(1)垂直固定俯位

板材与胎架水平面平行，管子在板试件上方垂直于试板，如图 1-4-23 所示。焊接时采用左向焊法施焊，焊缝设置为单层单道。

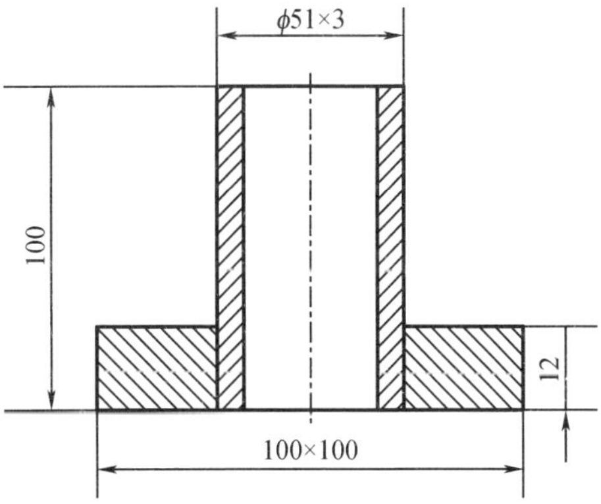

图 1-4-23　插入式垂直固定俯位管板试件(单位:mm)

①焊接参数选择

插入式垂直固定俯位管板焊接参数参考范围见表 1-4-18。

表 1-4-18 插入式垂直固定俯位管板焊接参数参考范围

焊接电流 /A	焊丝直径 /mm	钨极直径 /mm	焊接速度 /(cm · min^{-1})	气体流量 /(L · min^{-1})	喷嘴直径 /mm	电源极性
90~100	2.5	2.5	4~6	8~10	8	直流正接

②操作技能要点

保证根部焊透,焊角对称、尺寸均匀、外形美观,无焊接缺陷。

在试件右侧定位焊缝处引弧,先不填丝。引弧后焊枪稍做摆动,待定位焊缝开始熔化并形成熔池后开始填加焊丝并向左施焊。

焊接过程中,电弧应以焊角根部为中心做横向摆动,摆动幅度应适当,以保持熔池熔化管子和孔板的宽度相等,确保焊角对称。焊接时,焊枪与填丝角度可参照图 1-4-24。

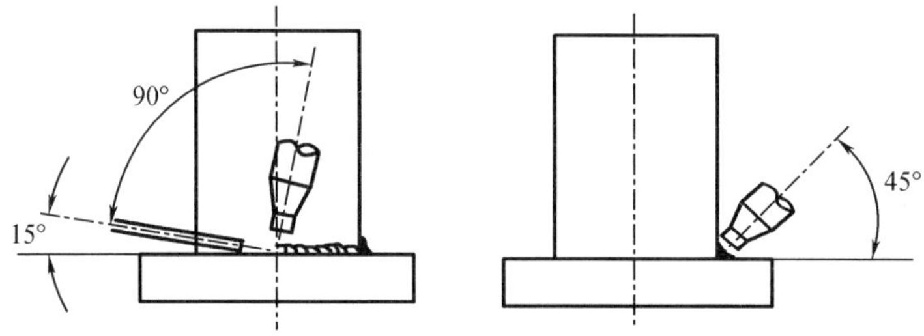

图 1-4-24 插入式垂直固定俯位管板焊枪及填丝角度示意图

为防止管子咬边,电弧应稍微偏离管壁,并从熔池上方填加焊丝,使电弧热量偏向孔板。

在原收弧处右侧 15~20 mm 的焊缝上引弧,然后将电弧迅速左移至原收弧处,先不填加焊丝,待其熔化形成熔池后开始填加焊丝,按正常操作方法进行焊接。

当一圈焊缝快焊完时停止送丝,待起焊处焊缝金属熔化与熔池连成一体后再加焊丝填满弧坑,超过结合处 10 mm 左右距离后断弧。断弧前可少量填加焊丝,以形成薄的焊缝收弧过渡区。

注意事项:封闭焊缝的最后接头处容易产生未焊透,焊接时必须用电弧加热根部,待顶角处熔化后再填丝,也可将原焊缝端部打磨成斜坡状。

(2)垂直固定仰位

板材与胎架水平面平行,管子在板件下方垂直于试板,焊缝处于仰焊位置,如图 1-4-25 所示。

施焊过程中,熔化的母材和焊丝熔滴容易下坠,操作难度较大,应严格控制焊接热输入和冷却速度。施焊时,应选择稍小些的焊接电流,加快焊接速度、送丝频率,减少送丝量,尽量压低电弧,适当加大氩气流量。

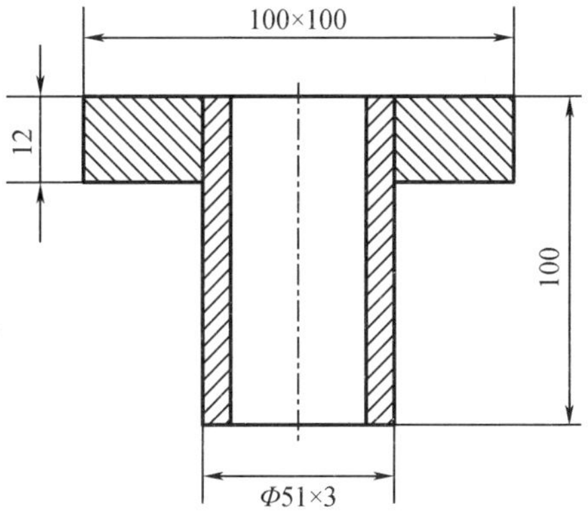

图 1－4－25 插入式垂直固定仰位管板试件(单位:mm)

焊接时采用左向焊法施焊,焊缝设置为二层三道。

①焊接参数选择

插入式垂直固定仰位管板焊接参数参考范围见表 1－4－19。

表 1－4－19 插入式垂直固定仰位管板焊接参数参考范围

焊接电流 /A	焊丝直径 /mm	钨极直径 /mm	焊接速度 /(cm · min^{-1})	气体流量 /(L · min^{-1})	喷嘴直径 /mm	电源极性
80 ~ 90	2.5	2.5	6 ~ 8	8 ~ 10	8	直流正接

②打底

打底焊应保证顶角处的熔深,焊枪及填丝角度可参照图 1－4－26。

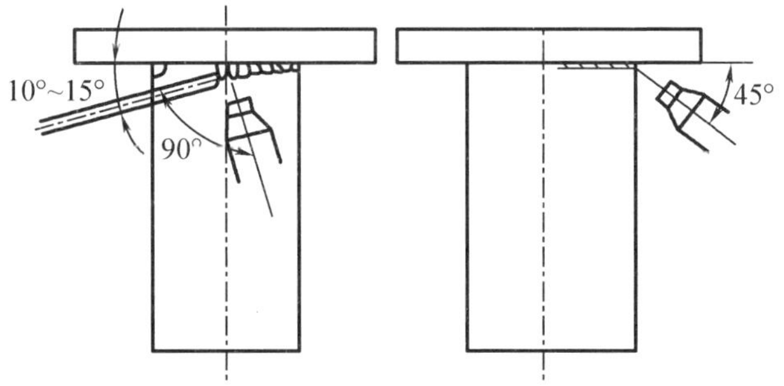

图 1－4－26 插入式垂直固定仰位管板打底焊枪及填丝角度示意图

在右侧定位焊缝上引弧,暂不填丝并向左焊接。焊接时焊枪应对准顶角,尽量压低电弧。

焊丝端部熔化形成较小熔滴时,立即送入熔池,然后退出焊丝,控制熔滴不要太大。若熔池表面出现下凸现象,应提高焊接速度,熔池稍冷却后再填丝。

③盖面

焊前将打底焊道局部凸起打磨平整。盖面焊分两道进行，先焊下侧焊道，焊枪角度参照图1－4－27。

下侧焊道焊接时，电弧应对准打底焊道下沿，焊枪做小幅锯齿形摆动。控制熔池下沿超过打底焊道1 mm左右，熔池上沿位于打底焊道的1/2～2/3处。上侧焊道焊接时，电弧应对准打底焊道上沿，焊枪做小幅摆动，使熔池将孔板和下侧盖面焊道圆滑连接。

(3)水平固定

板材与胎架水平面垂直，管子轴线与胎架水平面平行且垂直于试板，如图1－4－28所示。焊缝设置为两层两道，每层都分为前后两半周，每半周均需要进行仰、立、平三个不同位置的焊接。

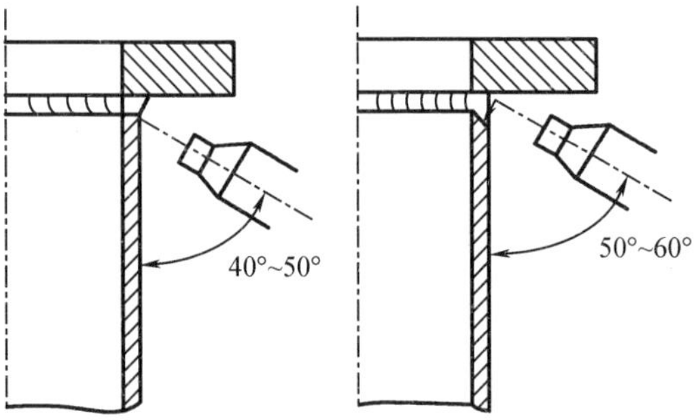

图1－4－27　插入式水平固定管板盖面焊枪角度示意图

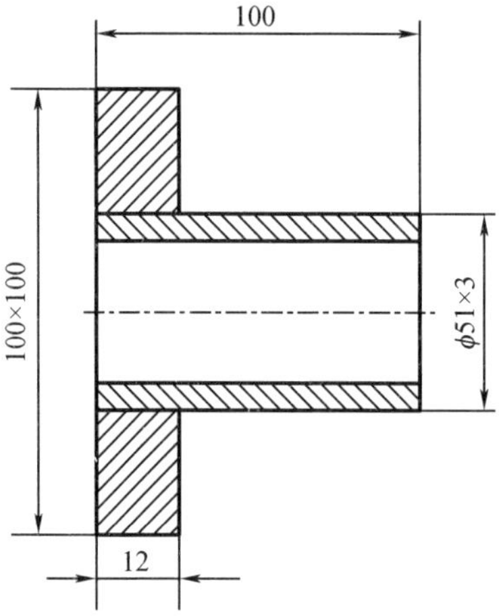

图1－4－28　插入式水平固定管板试件(单位:mm)

①焊接参数选择

插入式水平固定管板焊接参数参考范围见表1－4－20。

表1－4－20　插入式水平固定管板焊接参数参考范围

焊接电流 /A	焊丝直径 /mm	钨极直径 /mm	焊接速度 /(cm·min^{-1})	气体流量 /(L·min^{-1})	喷嘴直径 /mm	电源极性
80～90	2.5	2.5	6～8	8～10	8	直流正接

②打底

将焊枪置于“时钟6点”位置左侧10～20 mm处对准坡口中心引燃电弧，引弧后先不填加焊丝，待顶角处熔化并形成熔池后开始填丝。依照图1－4－29所示焊枪及填丝角度，沿顺时针方向焊至“时钟0点”处左侧10～20 mm处停止。

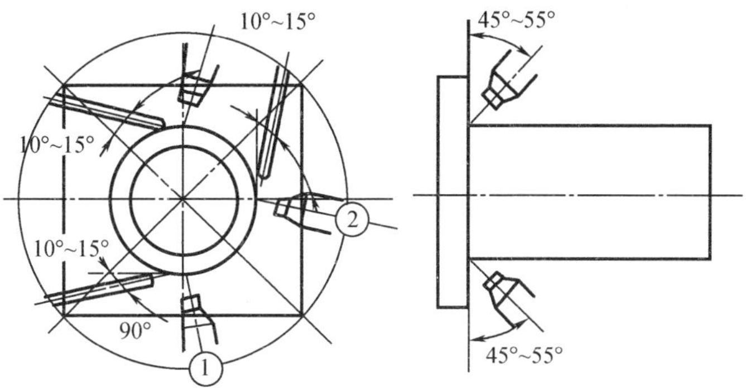

图 1－4－29　插入式水平固定管板焊枪及填丝角度

之后从“时钟 6 点”处引弧，暂不填丝，电弧按顺时针方向移至焊缝端部预热，待焊缝端部熔化形成熔池后填丝，并按逆时针方向焊至“时钟 0 点”处，停止送丝，待焊缝熔化时填丝，焊完封闭接头。

③盖面

和打底焊顺序相同，焊接时摆动幅度稍宽，应保证焊脚尺寸。

2. 骑坐式管板

骑坐式管板焊接难度大，焊接时利用打底焊保证焊缝背面成形，靠填充和盖面焊保证焊脚尺寸与外观质量。

（1）垂直固定俯位

骑坐式垂直固定俯位管板试件如图 1－4－30 所示。

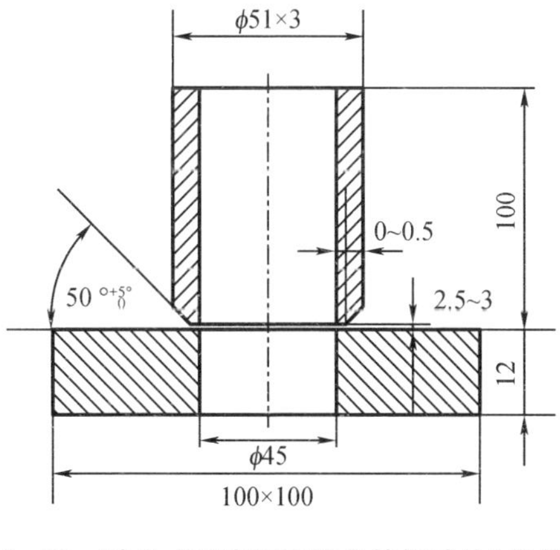

图 1－4－30　骑坐式垂直固定俯位管板试件（单位：mm）

①焊接参数选择

骑坐式垂直固定俯位管板焊接参数参考范围见表 1－4－21。

表 1-4-21　骑坐式垂直固定俯位管板焊接参数参考范围

焊接电流 /A	焊丝直径 /mm	钨极直径 /mm	焊接速度 /(cm·min^{-1})	气体流量 /(L·min^{-1})	喷嘴直径 /mm	电源极性
90~100	2.5	2.5	4~6	8~10	8	直流正接

②打底

应将焊缝根部焊透,保证背面成形。

将试件一定位焊缝设置在右侧,并在此定位焊缝上引弧。电弧引燃后暂不填丝,将电弧在原位处轻微摆动,待定位焊缝熔化形成熔池、熔孔后送丝。焊丝端部熔化形成熔滴后,向熔池内轻推焊丝,将液态金属送至熔池前端。焊至其余定位焊缝处,应停止填丝,利用电弧将定位焊缝熔化和熔池连成一体后,再送丝向左施焊。

焊接过程中应保证熔孔大小一致。若熔孔变大,可适当加大焊枪与孔板的夹角,增加焊接速度,减小电弧在管子坡口侧的停留时间;若熔孔变小,可采取相反的措施处理。

收弧时应先停止送丝,之后断开控制开关。电弧熄灭后,应继续对高温金属保护一定时间后才能移开焊枪。接头时应在弧坑右方 10~20 mm 处引弧,并立即将电弧移至接头处,暂不填丝。待接头处熔化、左端出现熔孔后再填丝焊接。

焊至封闭处应稍停送丝,待原焊缝接头处熔化时再送丝。

③盖面

盖面前,将打底焊道上局部凸起处打磨平整。盖面必须保证熔合良好,无焊接缺陷。

在右侧打底焊道上引弧,暂不填丝。待引弧处局部熔化形成熔池后开始填丝并向左施焊。

盖面时,焊枪摆动幅度应大些,以保证熔池两侧与管子外圆和孔板熔合。

(2)垂直固定仰位

骑坐式垂直固定仰位管板试件如图 1-4-31 所示。焊接时,采用两层三道焊,一层打底,盖面设置为上、下两道焊缝,见图 1-4-32。

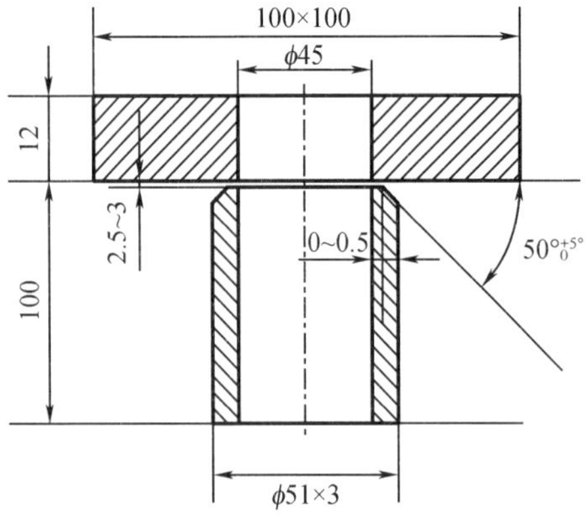

图 1-4-31　骑坐式垂直固定仰位管板试件(单位:mm)

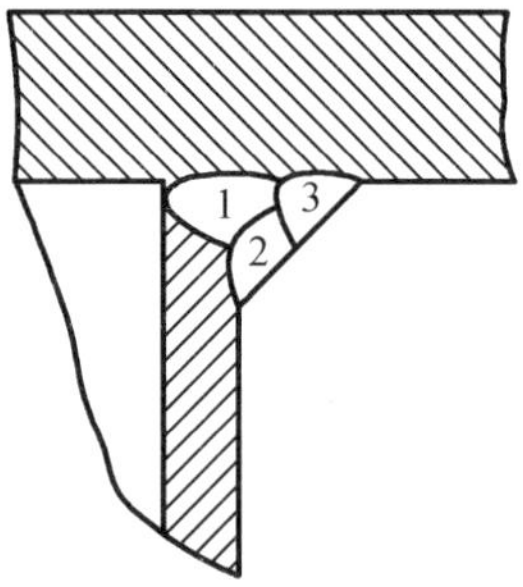

图 1-4-32　焊道分布示意图

①焊接参数选择

骑坐式垂直固定仰位管板焊接参数参考范围见表 1－4－22。

表 1－4－22　骑坐式垂直固定仰位管板焊接参数参考范围

焊接电流 /A	焊丝直径 /mm	钨极直径 /mm	焊接速度 /(cm·min^{-1})	气体流量 /(L·min^{-1})	喷嘴直径 /mm	电源极性
80～90	2.5	2.5	6～8	8～10	8	直流正接

②打底

将试件垂直固定使焊缝处于仰位，定位焊缝位于右侧。

在右侧定位焊缝上引弧，暂不填丝。待坡口根部熔化、形成熔孔后再填加焊丝，并从右向左施焊。

焊接时，焊枪及填丝角度参照图 1－4－26 进行。

操作时尽可能短弧施焊，熔池要小，并根据熔孔和熔池表面情况调整焊枪角度与焊接速度。

管子侧坡口根部的熔孔超过棱边的距离控制在 1 mm 以内。

接头时，在接头右侧 10～20 mm 处引弧，先不填丝，待接头处熔化形成熔孔后再填加焊丝继续焊接。

③盖面

盖面层分两道进行，先焊下侧焊道，后焊上侧焊道。盖面时焊枪及送丝角度参照图 1－4－27 进行。

下侧焊道焊接时，电弧应对准打底焊道下沿，焊枪做小幅锯齿形摆动。熔池下沿超过管子坡口棱边 1～1.5 mm，熔池上沿在打底焊道的 1/2～2/3。上侧焊道焊接时，电弧以打底焊道上沿为中心，焊枪做小幅摆动，使熔池将孔板和下侧盖面焊道圆滑连接。

(3)水平固定

水平固定是管板接头形式中难度最大的项目，焊接过程中涉及平焊、立焊和仰焊三种操作技能，骑坐式水平固定管板试件如图 1－4－33 所示。

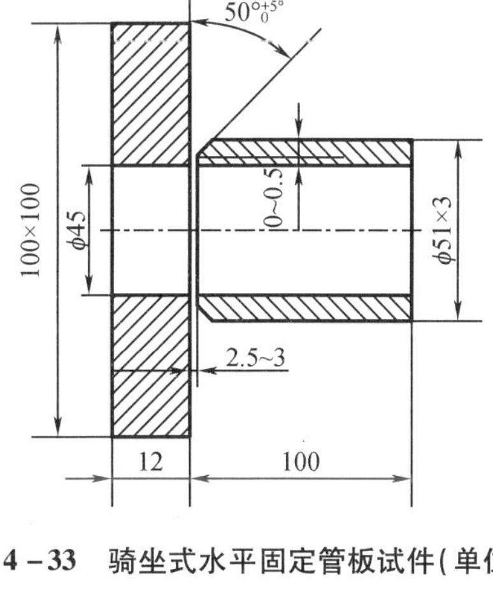

图 1－4－33　骑坐式水平固定管板试件(单位:mm)

焊道设置为两层两道。每层均分为两半，先按顺时针方向焊前半周，然后按逆时针方向焊后半周。

①焊接参数选择

骑坐式水平固定管板焊接参数参考范围见表1－4－23。

表1－4－23　骑坐式水平固定管板焊接参数参考范围

焊接电流/A	焊丝直径/mm	钨极直径/mm	焊接速度/(cm·min^{-1})	气体流量/(L·min^{-1})	喷嘴直径/mm	电源极性
80～90	2.5	2.5	6～8	8～10	8	直流正接

将焊件管子轴线固定在水平位置，焊枪及送丝角度依照插入式水平固定选择。

②打底

在“时钟6点”左侧10～15 mm处引弧，先不填加焊丝，待坡口根部熔化并形成熔孔后开始填加焊丝，并按顺时针方向焊至“时钟0点”左侧10～20 mm处。然后，从“时钟6点”处引弧，先不填加焊丝，待焊缝开始熔化时按逆时针方向移动电弧，焊缝前端出现熔孔后开始填加焊丝，并继续沿逆时针方向焊接。焊至接近“时钟0点”处停止送丝，待原焊缝处开始熔化时，迅速填加焊丝，使焊缝封闭。应防止烧穿和未熔合。

③盖面

焊接顺序和要求同打底焊，但焊枪摆动幅度稍大。

模块二　自动焊接操作技能

项目1 船舶埋弧焊

任务1.1 埋弧焊操作工艺

【学习目标】

一、船舶埋弧焊操作工艺知识目标

1. 了解埋弧焊的特点及应用。
2. 知道埋弧焊设备的基本原理与结构特点。
3. 掌握埋弧焊设备的基本功能。

二、船舶埋弧焊操作工艺能力目标

1. 掌握埋弧焊设备的故障及排除方法。
2. 掌握埋弧焊的基本操作技能。
3. 掌握埋弧焊平敷焊的操作技能。

【任务解析】

埋弧焊的电弧被掩埋于颗粒状焊剂下面,在焊丝和焊件之间的封闭空间内燃烧。埋弧焊的热源也是电弧,电弧的热量使焊丝、焊件和焊剂熔化。被熔化的绝大部分焊丝和焊件金属形成熔池,而部分金属和焊剂被蒸发,形成一个气体空穴,笼罩在电弧周围,气体空穴又被一层熔化了的熔渣所包围,隔离空气,从而实现良好的熔渣保护。熔池在熔渣保护下缓慢冷却形成焊缝,烧渣冷却后形成焊渣壳。焊接时,焊剂由漏斗流出均匀堆敷,焊丝由送丝机经导电嘴自动送往焊接电弧区,整个焊接过程便可以自动进行。

埋弧焊是目前船舶建造中广泛使用的一种高效率的机械化焊接方法。与焊条电弧焊相比,埋弧焊虽然灵活性较差,但具有焊接质量好、效率高及成本较低等有优点。

埋弧焊操作工艺是在熟练运用埋弧焊设备预操作、引弧及熄弧等技能基础上,掌握埋弧焊平敷焊操作技能。埋弧焊平敷焊是操作中较简单、基础的方法,是初学者必须掌握的基本操作技能。

埋弧焊操作工艺应达到的技术标准:正确分析埋弧焊设备故障产生的原因,合理制定故障排除措施;熟练掌握设备预操作、引弧及熄弧技能,焊接过程稳定;熟练掌握埋弧焊平敷焊操作技能,焊道均匀、美观。

【相关知识】

一、埋弧焊原理与特点

1. 埋弧焊的焊接过程及原理

埋弧焊焊接时电弧在焊剂层下燃烧，电弧光不外露，工作时利用焊丝和工件间燃烧的电弧产生热量，熔化焊丝、焊剂及母材形成焊缝。焊丝作为填充金属，焊剂对焊接区进行保护和合金化作用。

埋弧焊焊接过程如图 2－1－1 所示。电源两极分别同导电嘴和工件连接，焊丝通过导电嘴与工件接触。打开焊剂斗在焊丝周围撒上适量焊剂，然后启动电源，此时电流流经导电嘴、焊丝和工件构成导电回路。

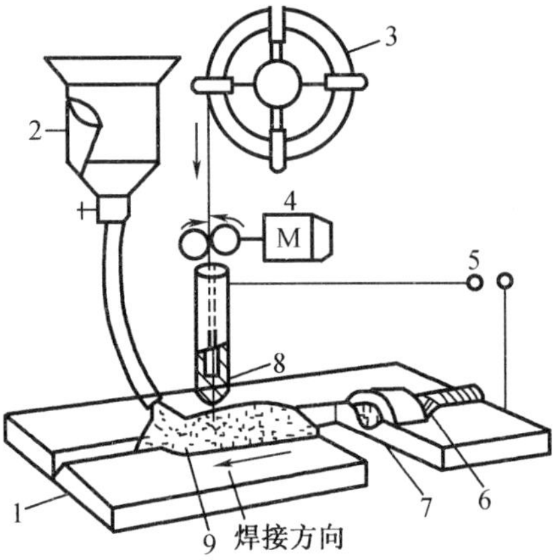

1—工件；2—焊剂漏斗；3—焊丝；4—送丝装置；5—焊接电源；6—熔渣；7—熔敷金属；8—导电嘴；9—焊剂。

图 2－1－1　埋弧焊焊接过程示意图

当焊丝和工件间电弧被引燃后，电弧的热量可使其周围的焊剂熔化并形成熔渣。部分焊剂分解、蒸发形成气体，气体排开熔渣形成气泡，使电弧在气泡中稳定燃烧。连续送入的焊丝在电弧热作用下被加热、熔化，保持电弧稳定燃烧，并与局部熔化的母材共同形成熔池。

熔池被熔渣覆盖，在熔渣外层是未熔化的焊剂，共同对熔池进行保护，使弧光辐射无法散射出来。焊剂熔化形成的熔渣不仅对熔池和焊缝金属起机械保护作用，还会与熔化金属发生冶金反应，影响焊缝金属的化学成分。熔渣的凝固温度低于液态金属的结晶温度，熔渣凝固滞后于液态金属，有利于混入熔池的熔渣、溶解于液态金属的气体及冶金反应产生的气体逸出，减少焊缝产生夹渣、气孔等缺陷。

伴随电弧和工件之间的相对移动，焊丝经送丝轮均匀输送，保证焊接过程连续进行。焊接过程中，焊剂铺撒均匀至终点停止。

焊接时，焊机的启动、引弧、送丝、机头（或工件）的移动等过程全部由焊机控制。

2. 埋弧焊特点

（1）优点

①生产效率高

埋弧焊（埋弧自动焊）的焊接电流，通过特制的、具有良好导电性的导电嘴传导给作为金属电极的焊丝。导电的焊丝长度较短，焊丝表面无药皮包裹，所以能承受比焊条电弧焊大很多的焊接电流（见表 2－1－1），从而使电弧功率、熔深及焊丝的熔化速度相应增大，提高焊接熔敷率。

表 2－1－1　焊条电弧焊与埋弧自动焊焊接电流、电流密度对照

焊丝直径/mm	焊条电弧焊		埋弧自动焊	
	焊接电流/A	电流密度/（$A\cdot mm^{-2}$）	焊接电流/A	电流密度/（$A\cdot mm^{-2}$）
1.6	25～40	12.5～20	150～400	74.6～199
2.0	40～65	12.7～20.7	200～600	64～191
2.5	50～80	10.2～16.3	260～700	53～142.7
3.2	100～130	12.4～16.2	300～900	37.3～112
4.0	160～210	14.4～16.7	400～1 000	31.8～79.6
5.0	200～270	10.2～13.8	520～1 100	26.5～56

在焊剂的覆盖下，埋弧焊的电弧空间被液态的渣膜包围，由电弧辐射、气流和飞溅等造成的热量损失很小。虽然用于熔化焊剂的热量损耗有所增大，但总的热效率仍然很高。

②焊接质量好

埋弧焊电弧受到焊剂良好的保护，其隔离空气的效果远比焊条电弧焊好，焊缝金属的含氧量、含氮量大大降低。另外，熔池存在时间较长，液态金属与熔化的焊剂间有足够的时间进行冶金反应，能够减少焊缝中产生气孔、裂纹等缺陷的可能性。焊缝熔深较大，不易产生未焊透、夹渣等焊接缺陷。

埋弧焊焊接过程稳定，不受人为因素的影响，焊缝表面成形光顺、平直、均匀。

③焊接成本低

埋弧焊可使用的焊接电流较高，可获得较大熔深，所以埋弧焊可开 I 形坡口或开小角度坡口，能够节约加工坡口消耗的金属和加工工时，降低焊接时的焊丝填充量。埋弧焊焊接过程热量集中，热效率较高，消耗的电能大幅度降低。

④改善劳动条件

焊接过程的自动化及较高的焊接功率使焊工劳动强度大幅降低。另外，埋弧焊有害气体和烟尘较少，无弧光辐射危害，使劳动条件大为改善。

（2）缺点

①难以在空间位置施焊

埋弧焊采用颗粒状焊剂，其熔池要比焊条电弧焊大很多，为保证焊剂、熔池金属和熔渣不流失，埋弧焊一般只适用于平焊和倾斜度较小的焊接位置。

②对工件装配质量要求较高

电弧埋在焊剂层下，操作人员无法直接观察电弧与坡口的相对位置，当工件装配质量不好时容易焊偏。因此，工件的装配必须保证接口间隙均匀，工件平整、无错边。

③不适合薄板和短焊缝

埋弧焊电场强度较高，焊接电流太小时电弧稳定性差，所以不适合焊接过薄的工件。埋弧焊工作受焊接小车限制，机动灵活性较差，只适合焊接长直焊缝、大圆弧焊缝，对于弯曲、不规则的焊缝或短焊缝焊接比较困难。

二、埋弧焊应用

作为一种高效、优质的焊接方法，埋弧焊得到了极大的发展，已演变出多种埋弧焊工艺，并在生产中得到实际应用，是目前焊接生产中普遍使用的高效焊接方法之一。

1. 焊缝类型和工件厚度

（1）焊缝类型

焊缝可以保持在水平位置或倾斜度不大的工件，均可以使用埋弧焊焊接。埋弧焊焊接包括对接、角接和搭接接头，如平板拼接焊缝、圆筒形工件的纵缝、环缝及结构中的角缝和搭接缝等。

（2）工件厚度

埋弧焊可焊接的工件厚度范围较大，除厚度在 5 mm 以下的工件埋弧焊应用较少以外，较厚的工件基本都适于埋弧焊焊接。目前，埋弧焊可焊接的最大厚度可达 650 mm。

2. 焊接材料

适合埋弧焊的材料已从碳素结构钢发展到低合金结构钢、不锈钢、耐热钢及某些有色金属。埋弧焊还可在基体金属表面堆焊耐磨层和耐腐蚀的合金层。

三、埋弧焊设备

埋弧焊机由焊接电源、控制系统、焊接小车（送丝机构、行走机构、导电嘴、焊丝盘、焊剂漏斗）及辅助设备（焊接夹具、工件变位机、焊机变位设备、焊剂回收装置）等组成。

1. 埋弧焊机的主要功能

电弧焊焊接过程包括引弧、焊接和熄弧停弧三个阶段，埋弧焊的这三个阶段由机械自动完成。

（1）建立焊接电弧，并向电弧供给电能。

（2）连续不断地向焊接区送进焊丝，自动保持确定的弧长、焊接工艺参数。

（3）确保电弧沿接缝移动，保持确定的行走速度。

(4)在电弧前方不断向焊接区铺撒焊剂。

(5)控制焊机的引弧、焊接和熄弧停机的操作过程。

2. 典型埋弧焊设备构造

目前国内最普通的埋弧焊机为 MZ－1000 型,属于等速送丝,其电气控制线路及焊接小车的结构比较简单,外形尺寸小、使用方便。在船舶建造领域,MZ－1000 型埋弧焊机主要用于焊接水平位置以及倾斜度小于 15° 的对接和角接焊缝,也可用于焊接直径大于 1 200 mm 的内环形焊缝。

MZ－1000 型埋弧焊机主要由焊接小车、控制箱和焊接电源三部分组成,各部件通过焊接电缆和控制电缆连接在一起。

(1)焊接小车

MZ－1000 型埋弧焊机配用的焊接小车为 MZT－1000 型,它由送丝机构、行走小车、机头调整机构、控制盘、导电嘴、焊丝盘和焊剂漏斗等部分组成,其外形结构如图 2－1－2 所示。

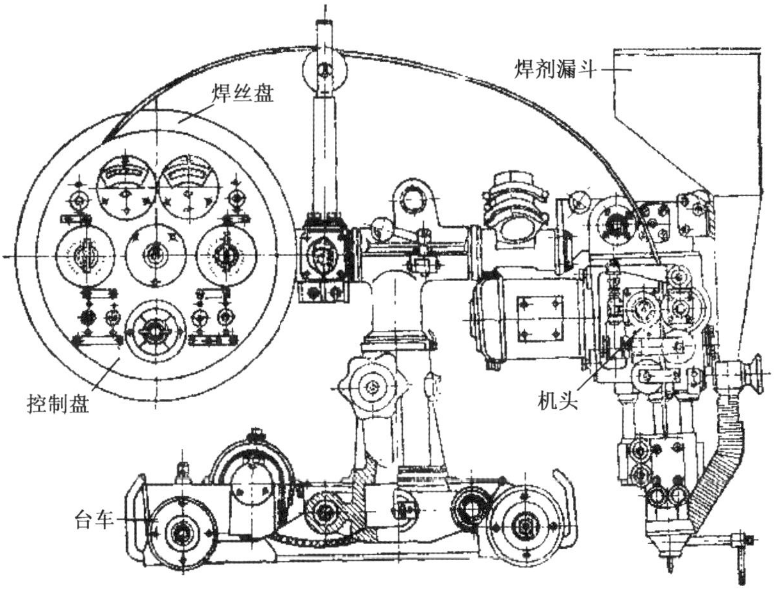

图 2－1－2 MZT－1000 型焊接小车

焊接小车的横臂上悬挂有机头、焊剂漏斗、焊丝盘和控制盘。

机头的功能是给送焊丝,由一台直流电动机、减速机构和送丝轮组成,主要配用直径为 3～6 mm 的焊丝,焊丝给送速度可在 0.5～2 m/min 范围内调节。

焊丝经滚轮和导电嘴伸出,从导电嘴上输入焊接电流,通过电弧形成回路。

控制盘和焊丝盘安装在横臂的另一端,焊剂自焊剂漏斗输送到焊接区。

(2)控制盘

控制盘上配有电流表、电压表、调节小车速度和焊丝给送速度的电位器,以及控制焊丝上下的按钮、增大和减小电流的按钮等。

(3)焊接电源

MZ－1000 型埋弧焊机可配用交流或直流电源。

配用交流电源时,一般用 BX2－1000 型同体式弧焊变压器。配用直流电源时,可配用 ZX5－1000 型或 ZXG－1000R 型弧焊整流器。

根据结构特点,船舶建造还需要配备专用焊机,如埋弧自动角焊机、T 形梁焊接机及门架式拼板焊接机等。

3. 埋弧焊设备常见故障及排除方法

埋弧自动焊机常见故障及排除方法见表 2－1－2。

表 2－1－2　埋弧自动焊机常见故障及排除方法

故障性质	产生原因	防止措施
按焊丝向上或向下按钮时,送丝电动机不运转	1. 焊丝电动机发生故障。 2. 电动机电源线路接点断开或损坏	1. 修理送丝电动机。 2. 检查电源线路接点
按启动按钮后,电弧不引燃,焊丝将机头顶起	焊丝与工件未形成导电接触	清理接触部位
按启动按钮,线路工作正常,但电弧不引燃	1. 焊接电源未接通。 2. 电源接触器故障。 3. 焊丝与工件接触不良	1. 接通焊接电源。 2. 检查修复接触器。 3. 清理焊丝与工件的接触点
启动后,焊丝一直上抽	1. 机头上电弧电压反馈引线未接或断开。 2. 焊接电源未启动	1. 接好引线。 2. 启动焊接电源
启动后焊丝与工件粘连	1. 焊丝与工件接触太紧。 2. 焊接电压过低或焊接电流过小	1. 保证接触可靠但不应过紧。 2. 调整焊接电流、电压
线路工作不正常,焊接工艺参数正确,但焊丝给送不均,电弧不稳定	1. 焊丝给送压紧轮磨损或压靠不紧密。 2. 焊丝被卡住。 3. 焊丝给送机构存在故障。 4. 网路电压波动过大。 5. 导电嘴导电不可靠,焊丝表面有污物	1. 调整或更换焊丝给送滚轮。 2. 清理焊丝,使其顺畅。 3. 检查送丝机构。 4. 焊机应使用专用线路,使网路电压稳定。 5. 更换导电嘴,清除焊丝脏物
启动小车不动或焊接过程中突然停止	1. 离合器未合上。 2. 行车速度旋钮在最小位置。 3. 焊接开关在空载位置	1. 合上离合器。 2. 将行车速度调到需要值。 3. 拨动开关至焊接状态

表 2-1-2(续)

故障性质	产生原因	防止措施
焊丝未与工件接触,焊接回路即带电	焊接小车与工件之间绝缘不良或损坏	1. 检查小车车轮绝缘。 2. 检查小车下方是否与工件短路
焊接过程中机头或导电嘴的位置不时改变	焊接小车有关部位间隙大或机件磨损	1. 调整至适当间隙。 2. 更换磨损件
焊机启动后,焊丝周期性与工件粘连或断弧	1. 粘连原因为电弧太低、焊接电流过小或网路电压过低。 2. 断弧原因为电弧电压过高、焊接电流过大或网路电压过高	1. 调整电弧电压和焊接电流。 2. 网路电压恢复
导电嘴以下焊丝发红	1. 导电嘴导电不良。 2. 焊丝伸出长度过长	1. 更换导电嘴。 2. 调整伸出长度
导电嘴末端熔化	1. 焊丝伸出长度太短。 2. 焊接电流过大或焊接电压过高。 3. 引弧时焊丝与工件接触过紧	1. 增加伸出长度。 2. 调整工艺参数。 3. 调整焊丝与工件间距
停止焊接后焊丝与工件粘连	停止按钮操作不当	按照焊机的规定程序操作停止按钮,先按断送丝电源,后按断焊接电源

【任务实施】

一、埋弧焊基本操作技术

1. 焊前准备

(1)焊前检查

检查焊机控制电缆线接头有无松动,焊接电缆是否连接妥当。检查导电嘴的磨损情况及导电嘴是否夹持可靠。焊机空车调试,检查各按钮、旋钮开关、电流表和电压表等是否工作正常。实测焊接速度,检查离合器能否可靠接合和脱开。

(2)焊丝及工件清理

清除焊丝表面的油、锈等污物,清除工件表面的水分、油污、铁锈及定位焊熔渣等污染物。

(3)烘干焊剂

焊干温度为 250 ℃ ±10 ℃,保温 2 h,随用随取。

2. 基本操作训练

(1)设备预操作

①空车行走

接通控制箱电源,将焊接小车上的按钮扳到“空载”位置。

②电流调节

分别启动按钮中的“增大”或“减小”按钮，通过电流指示器预知电流的大致数值，也可通过变压器外壳侧面的一对按钮以同样的方法进行调节。

③焊丝送进速度调节

分别启动按钮中的“向上”“向下”按钮，焊丝即可向上或向下运动。

④小车行走速度调节

按下离合器，将旋钮转到向左、向右位置，焊车即可前进或后退，调节旋钮时可改变行走速度。

(2)引弧和收弧

①准备

取厚度为 10 mm 的钢板，沿长度方向画一条焊接基准线。

接通控制电源和焊接电源。启动焊接变压器上的焊接电流控制按钮，调整电流指示针移到预定刻度位置，将控制盘上的“电弧电压”和“焊接速度”旋钮调至预定位置。

将焊接小车推至工件的待焊部位，利用焊丝“向上”“向下”按钮调节焊丝，使焊丝末端与工件轻微接触。闭合离合器，将“空载—焊接”开关拨至“焊接”位置，将行车方向开关拨至需要的焊接方向。

将焊接方向指示针按焊丝同样的位置对准待焊部位，指示针端部与工件表面应留出 2 ~ 3 mm间隙，避免焊接过程中与工件碰擦。指示针应比焊丝超前一定距离，避免受焊剂阻挡而影响观察。指针调准之后，不得再碰动。

打开焊剂漏斗阀门，将焊剂堆满预焊部位。

②引弧

按启动按钮，引燃焊接电弧并迅速进入正常焊接过程。如果按启动按钮后电弧不能引燃，焊丝将机头顶起，则表明焊丝与工件接触不良，应重新调整焊丝。

③收弧

按下停止按钮，开始时轻按使焊丝停送，然后按到底部切断电源。

注意事项：焊接结束之前，可将一只手放在停止按钮上，将另一只手放在焊丝向上按钮上。先将停止按钮按到底部，随即按动焊丝向上按钮，使焊丝立即向上抽取，避免焊丝与熔池粘连。

二、平敷焊

1. 焊前准备

(1)清理焊丝、工件。

(2)烘干焊剂。

(3)画线，沿 500 mm 长度方向，间隔 50 mm 画一条线，作为焊接基准线。

(4)将试件置于胎架上，使工件处于架空状态。

2. 焊接

(1)焊接工艺参数

①焊材

焊丝 H08MnA,ϕ4.0 mm,焊剂 431。

②焊接参数

焊接电流为 640 ~ 680 A;焊接电压为 34 ~ 36 V;焊接速度为 36 ~ 40 m/h。

(2)焊接操作

①焊接参数读取

焊接过程中,随时观察控制盘上的电流表和电压表的指针,导电嘴的高低,以及焊接方向指示针的位置和焊道成形。

一般,电压表的指针是很稳定的,容易从表盘上读出电压值,但电流的指针往往在一个小范围内摆动,指针摆动范围的中心位置是实际的焊接电流的指示值。

②调节

焊接时,若出现工艺参数偏差及焊缝成形不良,可根据需要做如下调节。

利用控制盘上的“焊接速度”旋钮调节焊接速度;利用控制盘上的“电弧电压”旋钮调节焊接电压;利用控制盘上的“焊接电流”旋钮调节焊接电流;利用机头上的手轮调节导电嘴高低;利用小车前侧手轮调节焊丝相对于基准线的位置。

③熔透调整

随时观察工件熔透程度,可通过工件背面红热程度判断。8 ~ 14 mm 厚的工件背面出现红亮颜色,表明熔透良好。若红热情况没有达到上述现象,可适当增加焊接电流或适当调节其他参数。若工件出现烧穿现象,应立即停弧,或适当加快焊接速度,也可调小焊接电流。

焊接结束后,及时回收未熔化的焊剂,清除焊道表面的渣壳,检查焊道成形和表面质量。

任务 1.2　板材对接埋弧焊

【学习目标】

一、板材对接埋弧焊知识目标

1. 了解埋弧焊焊接材料的表示方法及组配规律。
2. 了解埋弧焊焊接工艺参数及确定方法。
3. 熟知埋弧焊焊接缺陷的成因及预防措施。

二、板材对接埋弧焊能力目标

1. 熟知埋弧焊操作安全注意事项。

2. 掌握埋弧焊板材对接焊接操作技能。

3. 掌握埋弧焊板材对接焊接质量检验标准。

【任务解析】

板材对接埋弧焊工艺是在熟练操作埋弧焊设备的基础上,掌握埋弧焊板材对接操作技能。板对接埋弧焊是生产中应用最为普遍的焊接方式,也是埋弧焊极为重要的操作技能之一。

板材对接焊接质量检验项目及标准见表 2－1－3。

表 2－1－3　板材对接焊接质量检验项目及标准

检验方法	项目	标准
外观检查	正面焊缝余高/mm	0～4
	背面焊缝余高/mm	0～4
	余高差/mm	0～3
	焊缝每侧增宽/mm	0.5～4
	焊缝宽度差/mm	0～2
	焊缝直线度	≤2
	未焊透	无
	咬边	无
	内凹	无
	裂纹	无
	未熔合	无
	气孔	无
	错边量	—
	角变形/(°)	≤3
探伤	X 射线探伤 GB 3323—2005	Ⅱ级
弯曲试验	面弯	合格
	背弯	合格

【相关知识】

一、埋弧焊所需焊接材料

1. 焊剂

(1)焊剂的作用

焊剂的作用与焊条药皮相似。在埋弧焊过程中,熔化的焊剂产生气体及熔渣,有效地保护电弧和熔池,防止焊缝金属氧化、氮化及合金元素的蒸发和烧损,并可保持电弧过程稳定。

焊剂还可以起到脱氧、脱硫及合金化作用,通过合理地与焊丝配合,可使焊缝金属获得需要的化学成分和力学性能。

(2)焊剂的分类及牌号

①按制造方法

焊剂按制造方法可分为熔炼焊剂和烧结焊剂两大类。

熔炼焊剂是将按配比混合的原材料经火焰或电弧加热熔炼后制成,经湿法水化处理或干法处理,呈玻璃状或浮石状颗粒。

烧结焊剂又称非熔炼焊剂。其制作过程为配料干混、加水玻璃湿混及过滤成形,经低温 400～500 ℃或高温 700～900 ℃烧结。由于未经熔化,烧结焊剂可以加入适量铁合金来改善焊缝组织和性能,但有易吸潮等缺点。

熔炼焊剂和烧结焊剂对比见表 2－1－4。

表 2－1－4　熔炼焊剂和烧结焊剂对比

项目对照		熔炼焊剂	烧结焊剂
焊接工艺性能	高速焊接性能	焊道均匀,不易产生气孔和夹渣	焊道无光泽,易产生气孔和夹渣
	大参数焊接性能	焊道凸凹,易粘渣	焊道均匀,易脱渣
	吸潮性能	比较小,可不必再烘干	比较大,必须烘干
	抗锈性能	比较敏感	不敏感
焊缝力学性能	韧性	受焊丝成分和焊剂碱度影响大	比较容易得到高韧性
	成分波动	焊接工艺参数变化时成分波动小,均匀	成分波动大,不均匀
	多层焊性能	焊缝金属的成分变动小	焊缝成分波动较大
	合金剂的添加	几乎不可能	容易

焊剂的牌号:国产熔炼焊剂的统一牌号格式为“HJ×××”。

“HJ”表示焊剂;“HJ”后第一位数字表示氧化锰的含量,第二位数字表示二氧化硅、氟化钙的含量,第三位数字表示同一焊剂中的不同牌号。

焊剂的具体成分见表 2－1－5 和表 2－1－6。

表 2－1－5　焊剂的牌号与 MnO 含量

牌号	焊剂类型	MnO 含量/%
HJ1××	无锰	<2
HJ2××	低锰	2～5
HJ3××	中锰	15～30
HJ4××	高锰	>30

表 2-1-6　焊剂的牌号与 SiO_2、CaF_2 含量

牌号	焊剂类型	SiO_2、CaF_2 含量/%
HJ×1×	低硅低氟	$SiO_2<10$，$CaF_2<10$
HJ×2×	中硅低氟	SiO_2：10～30，$CaF_2<10$
HJ×3×	高硅低氟	$SiO_2>30$，$CaF_2<10$
HJ×4×	低硅中氟	$SiO_2<10$，CaF_2：10～30
HJ×5×	中硅中氟	$SiO_2<10$～30，CaF_2：10～30
HJ×6×	高硅中氟	$SiO_2<30$，CaF_2：10～30
HJ×7×	低硅高氟	$SiO_2<10$，$CaF_2>30$
HJ×8×	中硅高氟	$SiO_2<10$～30，$CaF_2>30$
HJ×9×	待发展	—

②按熔渣碱度

焊剂按熔渣碱度可分为酸性、中性、碱性三大类。酸性焊剂具有良好的工艺性能，适用于交直流电源，但焊缝韧性较差，特别是低温韧性较差；碱性焊剂则相反；中性焊剂介于两者之间。

2. 焊丝

埋弧焊所用焊丝的要求与焊条焊芯基本相同。

3. 焊剂与焊丝的选配

埋弧焊焊剂、焊丝的选用，应充分考虑母材的成分及性能、结构特点、应用条件，以及焊剂、焊丝的成分和性能等。只有合理地选配，才能获得满足要求的优质焊接接头。

焊剂与焊丝的选配可参照表 2-1-7。

表 2-1-7　国产焊剂用途及配用焊丝

焊剂牌号	焊剂类型	配用焊丝	焊剂用途
HJ130	无锰高硅低氟	H10Mn2	焊接低碳钢、低合金钢
HJ131	无锰高硅低氟	配 Ni 基焊丝	焊接镍基合金薄板结构
HJ230	低锰高硅低氟	H08MnA，H10Mn2	焊接低碳结构钢及低合金结构钢
HJ260	低锰高硅中氟	铬 19 镍 9 型焊丝	焊接不锈钢及轧辊堆焊
HJ330	中锰高硅低氟	H08MnA，H08Mn2，H08MnSi	焊接重要的低碳钢和低合金钢
HJ430	高锰高硅低氟	H08A，H10Mn2A，H08MnSiA	焊接低碳结构钢及低合金钢
HJ431	高锰高硅低氟	H08A，H08MnA，H08MnSiA	焊接低碳结构钢及低合金钢
HJ433	高锰高硅低氟	H08A	焊接低碳结构钢
HJ150	无锰中硅中氟	配 2Cr13 和 3Cr2W8，配铜焊丝	堆焊轧辊、焊接铜及合金
HJ250	低锰中硅中氟	H08MnMoA，H08Mn2Mo，H08Mn2SiVA	焊接 15MnV、14MnMoV、18MnNb 等

二、埋弧自动焊工艺

1. 焊接参数

(1)焊接电流

焊接电流决定焊丝的熔化速度和焊缝的熔深。焊接电流增大,焊接速度增大,焊缝熔深增大。

图 2-1-3 为焊接电流对熔深的影响,焊接电流与焊丝直径的匹配可参照表 2-1-8。

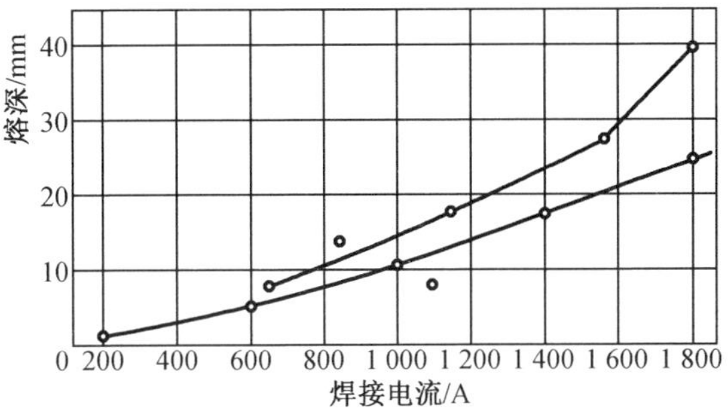

1—Y 形坡口;2—I 形坡口。

图 2-1-3　焊接电流对熔深的影响

表 2-1-8　焊接电流与焊丝直径的匹配

焊丝直径/mm	2	3	4	5	6
电流密度/($A \cdot mm^{-2}$)	63~125	50~85	40~63	35~50	28~42
焊接电流/A	200~400	350~600	500~800	700~1 000	800~1 200

(2)电弧电压

电弧电压增大,焊缝熔宽增大,熔深和余高略有减小,其变化如图 2-1-4 所示。

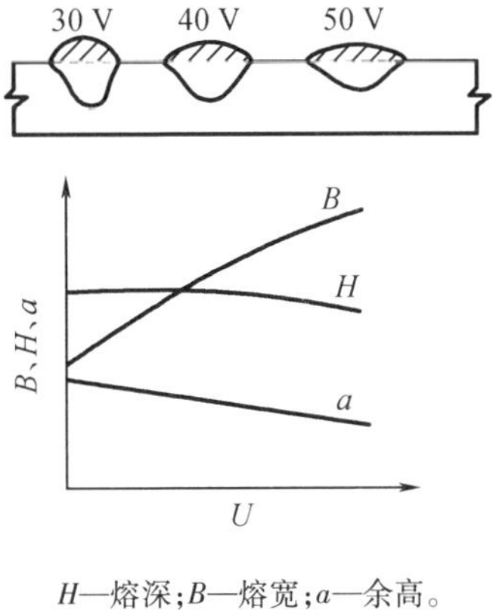

H—熔深;*B*—熔宽;*a*—余高。

图 2-1-4　电弧电压对焊缝的影响

需要注意的是，电弧电压的调节范围不大，电弧电压应随焊接电流的调节而相应地调节。焊接电流增大时，应适当增大电弧电压，以保证焊缝成形系数在合适范围以内。

电弧电压和焊接电流的对应关系可参照表 2－1－9。

表 2－1－9　电弧电压与焊接电流的对应关系

焊接电流/A	600～850	850～1 200
电弧电压/V	34～38	42～44

(3)焊接速度

焊接速度会影响焊缝熔深和熔宽，焊接速度增大，焊缝的熔宽、熔深减小。

(4)焊丝倾斜角度

埋弧焊焊丝在运动的平面内与工件垂直的夹角为焊丝倾斜角，用符号 α 表示。图 2－1－5(a)表示焊丝前倾；图 2－1－5(b)表示焊丝后倾。生产中，焊丝前倾较少采用。

图 2－1－5(c)为焊丝后倾时，倾斜角 α 变化对焊缝成形的影响。

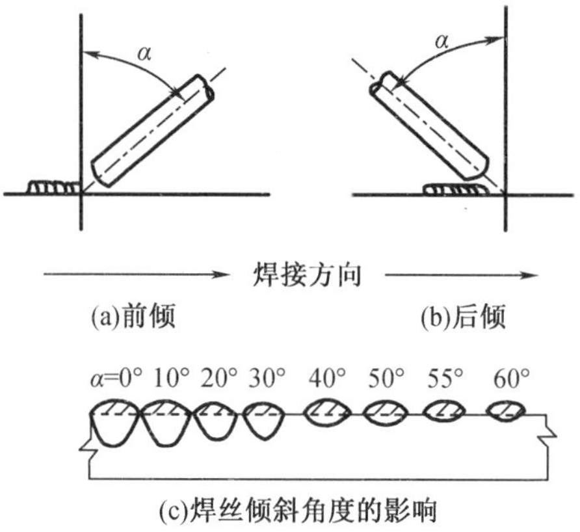

图 2－1－5　焊丝倾角对焊缝成形的影响

(5)工件倾斜角度

工件与水平面的倾斜角度为工件倾斜角，可用符号 β 表示。工件倾斜时，沿焊接方向可分为下坡焊和上坡焊。

合理的工件倾角应控制在 6°～8°，β 角对焊缝成形的影响如图 2－1－6 所示。

(6)坡口形式对焊缝成形的影响

增加坡口深度和宽度，焊缝熔深增加，熔宽减小，余高和熔合比明显减小。

(7)焊丝伸出长度

焊丝伸出长度增加，焊丝速度加快，焊缝余高增加。

(8)焊剂层厚度

焊剂层太薄会使电弧外露，导致保护作用下降，容易产生气孔、裂纹等缺陷，并使熔深变浅;焊剂层太厚容易导致未焊透,焊道变窄、余高增大。

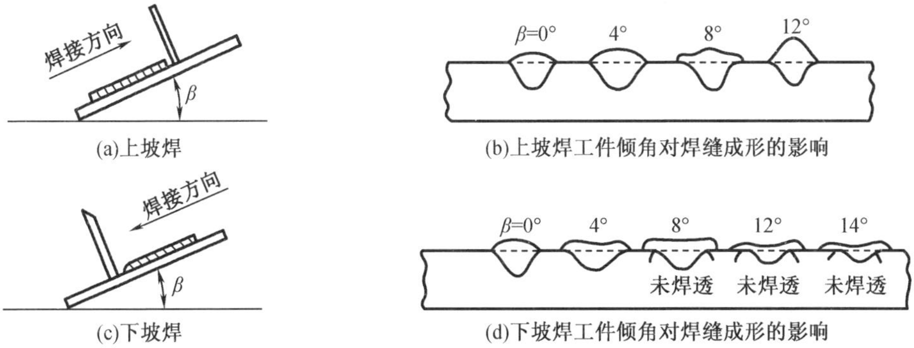

图 2－1－6　工件倾角及其对焊缝成形的影响

焊剂层厚度应控制在 20～30 mm。

2. 埋弧焊焊接工艺参数选择

(1)焊接工艺参数选择原则

焊接工艺参数的选择应结合产品的具体条件,以满足焊接接头的力学性能、焊缝质量、外观成形及生产率等要求综合考虑。

(2)焊接工艺参数选择方法

依据焊接工艺评定指导书、工艺认可或有关工艺文件、资料提供的规范选择参数;根据生产中积累的经验数据拟定规范参数;通过焊接试验拟定规范参数。

不论选择什么方法,都应根据工件的实际焊接情况加以修正。

三、埋弧焊常见的焊接缺陷

埋弧焊常见焊接缺陷的产生原因及预防措施见表 2－1－10。

表 2－1－10　埋弧焊常见焊接缺陷的产生原因及预防措施

缺陷	产生原因	预防措施
气孔	1. 坡口及其附近表面或焊丝表面有油、锈等脏物存在。 2. 焊剂潮湿。 3. 回收零散的焊剂中夹有杂质。 4. 焊剂覆盖效果较差,空气侵入熔池。 5. 焊剂覆盖太深,熔池中气体逸出后无法排出。 6. 焊接电流大。 7. 磁偏吹。 8. 极性连接错误	1. 仔细清理焊丝表面;清理坡口附近表面,用火焰烘烤除油。 2. 烘干焊剂。 3. 用钢丝刷回收焊剂。 4. 改变软管直径,使焊剂输送量适当。 5. 适当减少电流。 6. 调换极性。 7. 采用交流电源

表 2－1－10(续 1)

缺陷	产生原因	预防措施
夹渣	1. 熔池超前。 2. 多层焊时,焊丝偏向一侧。 3. 焊接电流过小,导致焊剂残留在两层焊道之间。 4. 前一层焊缝清渣不彻底。 5. 对接时,接口间隙大于 0.8 mm,使焊剂流入电弧前方间隙。 6. 盖面焊时,电压太高,导致流离的焊剂卷入焊道	1. 放平工件或加大焊速。 2. 焊丝始终对准坡口中心线。 3. 加大电流,使焊剂熔化干净。 4. 彻底清渣。 5. 保证接口间隙均匀并小于 0.8 mm。 6. 盖面时,控制电压不要过高
咬边	1. 焊接速度过快。 2. 电流与电压匹配不当(如焊接电流过大)。 3. 衬垫与工件之间间隙过大。 4. 平角焊时,焊丝偏离焊缝中心。 5. 极性连接错误	1. 调整焊速。 2. 选择合适的焊接电流和电压。 3. 将衬垫与工件表面紧贴。 4. 平角焊时焊丝偏于立板,船形焊时对准中心线。 5. 调整极性
满溢	1. 电流过大。 2. 焊速过慢。 3. 电压过低	相应地调整工艺参数。
烧穿	1. 电流过大。 2. 焊速过慢且焊接电压过低。 3. 局部间隙过大	1. 减小电流。 2. 控制电压焊速适当。 3. 保证接口间隙不要过大
裂纹	1. 工件、焊丝、焊剂等材料配合不当。 2. 焊丝中碳含量、硫含量较高。 3. 焊接区冷却速度快,引起热影响区硬化。 4. 焊缝成形系数过小。 5. 多层焊第一道焊缝界面过小。 6. 焊接顺序不合理。 7. 工件刚度大	1. 合理选配焊接材料。 2. 选用合格焊丝。 3. 焊前预热焊后缓冷,降低焊速。 4. 调整焊接参数,改进坡口形式。 5. 调整焊接参数。 6. 合理安排焊接顺序。 7. 焊前预热及焊后缓冷
未焊透	1. 焊接参数不当(电流过小,电压过高)。 2. 坡口不合理。 3. 焊丝偏离接口中心线	1. 调整参数。 2. 修整坡口符合要求。 3. 使焊丝对准接口中心
余高过大	1. 电流过大或电压过低。 2. 上坡焊时倾角过大。 3. 焊丝位置不当。 4. 衬垫焊时,工件坡口间隙不合适	1. 调整参数。 2. 调整上坡口倾角。 3. 确定正确的焊丝位置。 4. 加大坡口间隙

表 2－1－10(续2)

缺陷	产生原因	预防措施
宽度不均匀	1. 焊接速度不均匀。 2. 送丝速度不均匀。 3. 焊丝导电不良	1. 注意焊速均匀。 2. 消除故障。 3. 更换导电嘴衬套

【任务实施】

一、板材对接埋弧焊焊前准备

焊前准备是保证埋弧自动焊(埋弧焊)质量的基本条件,基于埋弧自动焊的连续性和快速性,必须重视焊前的准备工作。

1. 设备检查

焊机、辅助设备等必须处于良好的运行状态,焊接回路电缆应连接牢固,应定期检测仪表。

2. 试件准备

(1)矫平

(2)清理

清除对接面及焊接部位两侧 20 mm 范围内材料表面的油污、氧化皮、铁锈和水分,清理后应及时施焊。

(3)装配与定位焊

试件装配应保证间隙均匀、高低平整,定位焊缝应无缺陷。定位焊缝长度为 20 mm,间距控制在 50 mm 左右。

①薄板(400 mm×100 mm×6 mm)对接

在工件两端焊接引弧板和熄弧板,在工件背面装焊垫板,并利用定位焊缝固定。

引弧板和熄弧板尺寸为 120 mm×100 mm×6 mm。沿 120 mm 长度方向清理待焊部位,清理干净该侧正、反表面 20 mm 范围内的油污、铁锈及水分等杂物。

薄板装配与定位焊如图 2－1－7 所示,装配规范可参照表 2－1－11 选择。

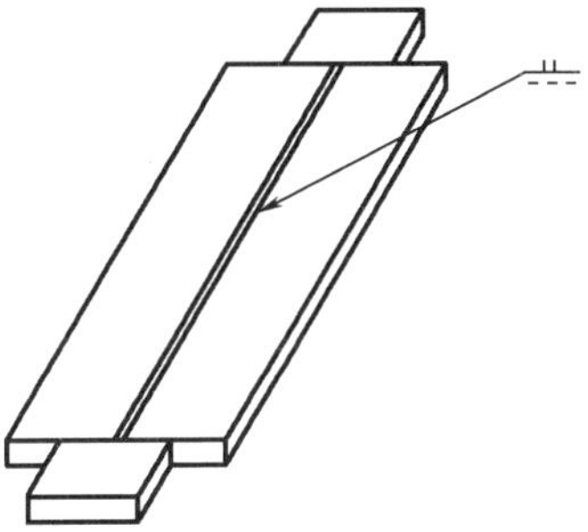

图 2－1－7　薄板、中厚板装配与定位焊示意图

表 2-1-11　薄板(400 mm×100 mm×6 mm)定位焊规范参考

坡口形式	坡口角度	坡口间隙/mm	反变形/(°)	错边量/mm
I形对接	—	0~1	3°	—

②中厚板(400 mm×100 mm×14 mm)带焊剂垫对接

在工件两端焊接引弧板和熄弧板,并利用定位焊缝固定。

引弧板和熄弧板尺寸为 120 mm×100 mm×14 mm。沿 120 mm 长度方向清理待焊侧,清理干净该侧正、反表面 20 mm 范围内的油污、铁锈及水分等杂物。

中厚板装配与定位焊如图 2-1-7 所示,装配规范可参照表 2-1-12。

表 2-1-12　中厚板(400 mm×100 mm×12 mm)定位焊规范参考

坡口形式	坡口角度	坡口间隙/mm	反变形/(°)	错边量/mm
I形对接	—	2~3	3	—

③厚板(800 mm×120 mm×25 mm)对接

在工件两端焊接引弧板和熄弧板,并利用定位焊缝固定,定位焊工艺参数可参照下述要求进行。

a. 焊条型号为 E4303,ϕ4.0 mm,焊接电流控制在 180~210 A。

b. 引弧板和熄弧板尺寸为 100 mm×100 mm×10 mm。

c. 试件坡口形式、装配与定位焊参照图 2-1-8 进行,装配规范可参照表 2-1-13 选择。

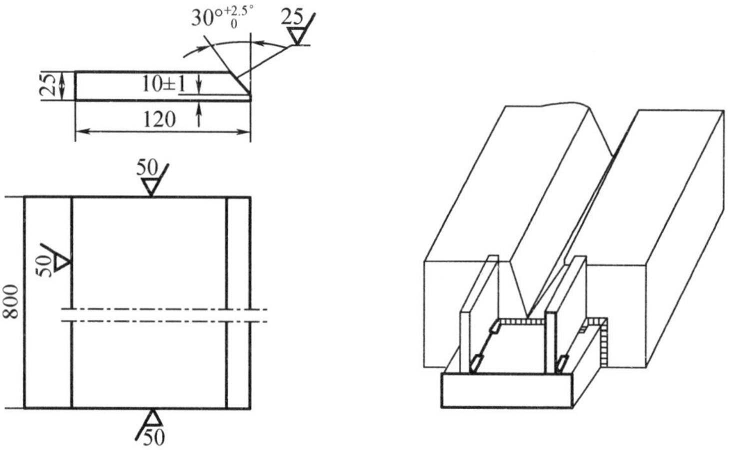

图 2-1-8　厚板试件坡口形式、装配与定位焊示意(单位:mm)

表 2-1-13　厚板(800 mm×120 mm×25 mm)定位焊规范参考

坡口形式	坡口角度/(°)	坡口间隙/mm	反变形/(°)	错边量/mm
V 形对接	60	2~3	3~4	1.5

3. 焊接材料

①保持焊丝表面清洁。

②焊材烘干

焊条、焊剂按规定严格焙烘。E4303 焊条烘干规范:150°,1 h。HJ432 烘干规范:250°,2 h。

二、板材对接埋弧焊技能

1. 注意事项

①在引弧板上起弧、熄弧。对无预设功能的焊机,应在最短时间内将各规范参数调整到规定值施焊。

②密切监视焊接电流、电弧电压读数的变化。

③保证焊接过程和焊缝成形的连续性及一致性,从坡口、间隙、“马脚”的修正,到焊丝、焊剂的输送,都应做好充分的准备。

2. 焊接

(1)薄板(400 mm×100 mm×6 mm)对接

可将焊缝设置为单层焊道。

①焊接参数选择

薄板对接(400 mm×100 mm×6 mm)焊接参数参考范围见表 2-1-14。

表 2-1-14　薄板对接(400 mm×100 mm×6 mm)焊接参数参考范围

工件材质	焊材牌号、规格	焊接电流/A	电弧电压/V	焊接速度/($m \cdot h^{-1}$)	电源极性
Q235	H08MnA,ϕ4.0 mm HJ431	600~650	33~35	30~40	直流反接

②调整

焊接参数调试,装配试件,保证工件间隙与焊接小车轨道平行。调节焊接小车轨道中心线,保证焊丝始终处于整条焊缝中心。

③引弧

将焊接小车推至引弧板端部,锁住焊接小车离合器。按动送丝开头,将焊丝与工件可靠接触。打开焊剂漏斗阀门,当焊剂将焊丝伸出部分完全覆盖后启动按钮。

④焊接

进行正常焊接过程后，焊剂覆盖应均匀。

⑤收弧

当熔池全部达到熄弧板后，开始收弧。

首先，关闭焊剂漏斗；然后，按下一半停止按钮，使焊丝停止送入，小车停止前进，保持电弧燃烧，控制焊丝继续熔化填满弧坑；最后，按下停止按钮后一半，将电弧熄灭，焊接结束。

⑥清渣

松开小车离合，将小车推离工件，回收焊剂，清除渣壳。

(2)中厚板(400 mm×100 mm×14 mm)对接

可将焊缝设置为二层二道，保证双面成形。

①焊接参数选择

中厚板对接(400 mm×100 mm×14 mm)焊接参数参考范围见表2-1-15。

表2-1-15　中厚板对接(400 mm×100 mm×14 mm)焊接参数参考范围

工件材质	焊材牌号、规格	焊接层次	焊接电流/A	电弧电压/V		焊接速度/(m·h^{-1})	电源极性
Q235	H08MnA、φ5.0 mm HJ431	正面	700~750	交流	直流	30	交流或 直流反接
		背面	800~850	36~38	32~34		

②正面焊缝焊接

可参照图2-1-9安装焊剂垫，安装时应与工件贴合，保持压力均匀，防止出现漏渣和液态金属下淌导致焊穿。

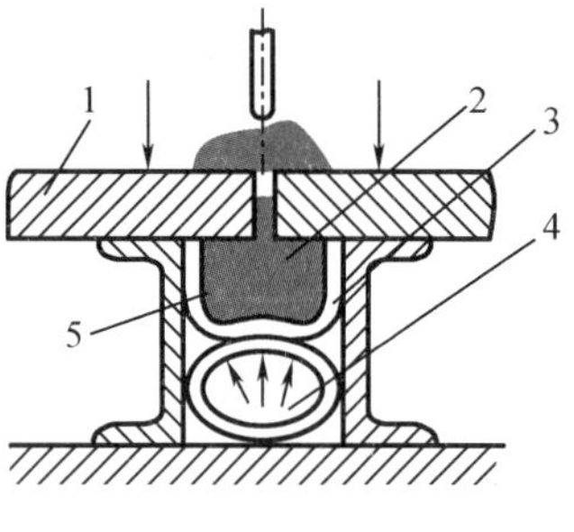

1—工件；2—焊剂；3—帆布；4—充气软管；5—焊剂垫。

图2-1-9　焊剂垫安装示意

调节焊接小车轨道中心线，保证焊丝始终处于整条焊缝中心。

将焊接小车推至引弧板端部，锁住焊接小车离合器。按动送丝开头，将焊丝与工件可靠接触。打开焊剂漏斗阀门，当焊剂将焊丝伸出部分完全覆盖后启动按钮。

进行正常焊接过程后，注意观察焊剂的覆盖情况，焊剂覆盖应均匀。

当熔池全部达到熄弧板后开始收弧。首先，关闭焊剂漏斗；然后，按下一半停止按钮，使焊丝停止送入，小车停止前进，保持电弧燃烧，控制焊丝继续熔化填满弧坑；最后，按下停止按钮后一半，使电弧熄灭，焊接结束。

松开小车离合，将小车推离工件，回收焊剂，清除渣壳。

③背面焊缝焊接

将工件翻转180°。焊接时，不采用焊剂垫，进行悬空焊接，装配过程可参照图2-1-10进行。焊接步骤、方法同正面焊缝焊接。

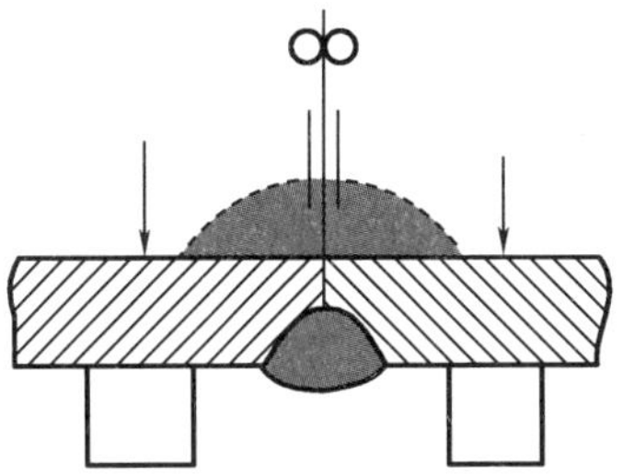

图2-1-10　悬空焊接装配示意

(3)厚板(800 mm×120 mm×25 mm)对接

焊接时，将工件水平置于焊剂垫上，先焊接V形坡口正面焊缝，采用多层、多道焊。正面焊缝完成后，清理焊渣，翻转工件进行反面焊缝焊接。反面焊道为单层、单道焊。

①焊接参数选择

厚板对接(800 mm×120 mm×25 mm)焊接参数参考范围见表2-1-16。

表2-1-16　厚板对接(800 mm×120 mm×25 mm)焊接参数参考范围

工件材质	焊材牌号、规格	焊接电流/A	电弧电压/V	焊接速度/($m \cdot h^{-1}$)	电源极性
Q235	H08MnA、ϕ4.0 mm HJ431	600～700	34～38	25～30	直流反接

②操作要点

前两层或三层可一道完成，将焊丝对准坡口中心线。

后续焊缝坡口宽度增加，每层可分两道进行，将焊丝偏离中心线。坡口宽度过大，每层可继续增加焊道数量，保证填满。

盖面时，先焊坡口边缘焊道，后焊中间焊道，保证焊缝表面圆滑、丰满。

注意事项：多层焊时，每层焊接完毕后清理焊渣，焊道不得存在缺陷。焊道表面应平整,不能上凸。坡口两侧熔合良好,不得有死角,背面焊缝保证焊透。

任务 1.3　角缝埋弧焊

【学习目标】

一、角缝埋弧焊知识目标

1. 了解船形焊、横角焊的特点及应用。
2. 了解船形焊、横角焊的基本要求。

二、角缝埋弧焊能力目标

1. 熟知船形焊、横角焊的定位焊要求。
2. 掌握船形焊、横角焊的基本操作技能。

【任务解析】

角缝埋弧焊工艺是在熟练操作埋弧焊设备的基础上,掌握埋弧焊横角焊和船形焊的操作技能。角缝埋弧焊是生产中 T 形焊缝应用较为普及的焊接方式,也是船体等焊接结构较为重要的操作技能之一。

角缝埋弧焊应达到的技术标准:熟练掌握设备操作技能,焊接过程稳定,焊道均匀、美观。

【相关知识】

钢结构构件有多种角接接头形式,如 T 形接头、搭接接头及十字接头等。根据使用要求,其结构可设计为开坡口或不开坡口形式,同时还有焊透和填角焊的区别。

生产中,角缝埋弧焊多采用船形焊和平角焊两种形式。

一、船形焊

船形焊是指将 T 形、十字形和角接接头调整为平焊位置进行焊接,虽然属于角接焊缝,但仍然如平焊一样可使用较大的焊接线能量,以保证熔深、焊缝表面成形及尺寸符合要求。有时,为满足工件的技术要求,也可将工件以不对称角度放置进行焊接,即不对称船形焊。

船形焊焊接效率大于平角焊法。对一些要求焊透的角接接头,使用船形焊可不开坡口仍然保证焊透,并且可以满足焊缝尺寸和表面成形要求。

使用船形焊时,焊前将工件按图 2－1－11 放置。焊接时,为使焊缝边缘光顺、整齐,应使用比平焊高 2～3 V 的电弧电压,但不宜过高,以防产生焊缝咬边。

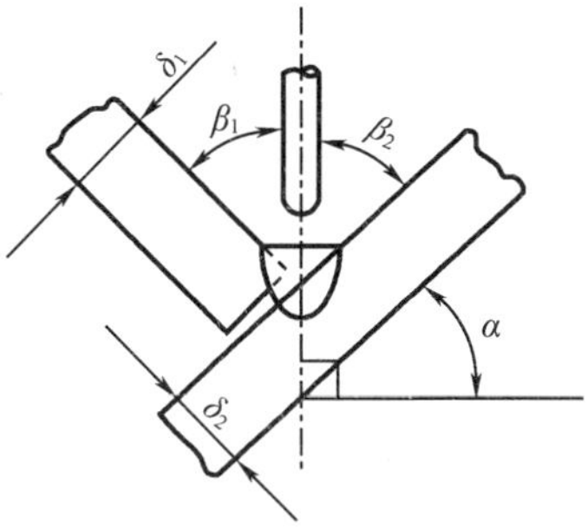

图 2－1－11　船形焊示意图

船形焊对工件装配质量要求较高。坡口间隙超过 1.5 mm 后易产生液态金属流失、焊穿或熔池下陷，导致焊缝成形困难。此时，可在坡口背面将间隙填实，避免铁水下淌，以保证焊接过程顺利进行。

多层、多道焊时应注意焊道合理布置，应先焊接相对低的区域。

埋弧焊船形角焊规范参数可参照表 2－1－17。

表 2－1－17　船形位置埋弧自动焊规范参数

焊接位置	焊角尺寸/mm		焊丝直径/mm	焊接电流/A	电弧电压/V	焊接速度/(m·h^{-1})
船形	8		3	500～550	30～32	28
	8		4	550～600	31～32	28
	10		4	675～725	32～34	25
	10		5	750～800	34～36	20
	12		4	750～800	36～38	18
	12		5	775～825	36～38	18
	14	1	5	650～700	32～34	32
		2	5	675～725	33～35	24

二、横角焊

生产中，对于角焊缝结构，也可采用工件平置而焊丝、电弧倾斜的横角焊法，并配有专用的平角焊埋弧自动角焊机。

影响焊接质量的关键环节在于焊丝的对中以及焊丝与焊缝的倾斜角度，即焊接电弧的方向。电弧偏于腹板（直立板）容易导致焊缝咬边，电弧偏于翼板（水平板）时，容易形成焊缝单边甚至产生未熔现象。单道焊时，焊丝夹角应在 45°以下，并保证焊接电弧的指向。

由于液态金属流动，焊接线能量较小，单道焊的焊角尺寸只能达到 8mm 左右。焊角要求较大时可采用多道焊，此时应合理确定每道焊缝的位置及电弧指向，选择正确的焊接规范,以保证每道焊缝具有合适的截面。

【任务实施】

一、角缝埋弧焊焊前准备

1. 设备检查

焊机、辅助设备等必须处于良好的运行状态,焊接回路电缆连接牢固,仪表应定期检测。

2. 试件准备

(1)清理

清除工件待焊部位表面的油污、氧化皮、铁锈及水分,清理后应及时施焊。

(2)装配与定位焊

角缝埋弧焊试件规格、装配与定位焊可参照图 2-1-12 所示进行,装配规范可参照表 2-1-18 所示选择。

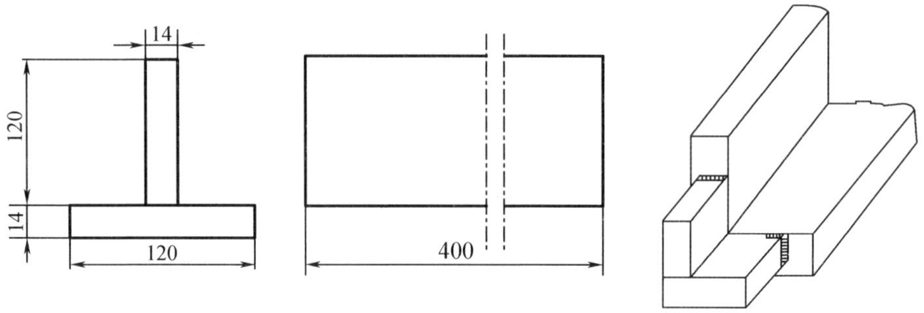

图 2-1-12　角缝埋弧焊试件规格、装配与定位焊示意(单位:mm)

表 2-1-18　船形焊、横角焊定位焊规范参考

坡口式形	坡口角度	坡口间隙/mm	反变形/(°)
T 形对接	—	1~1.5	3~4

在工件两端焊接引弧板和熄弧板,并利用定位焊缝固定。

定位焊工艺参数:焊条型号为 E4315,ϕ4.0 mm,焊接电流控制在 180~210 A。

(3)引弧板和熄弧板尺寸

引弧板和熄弧板尺寸为 100 mm×100 mm×10 mm。

二、角缝埋弧焊操作技能

1. 船形焊

船形焊焊接相当于 90°V 形坡口内对接,由于工件立板和底板厚度相同,应将焊丝对中，如图 2－1－13 所示。

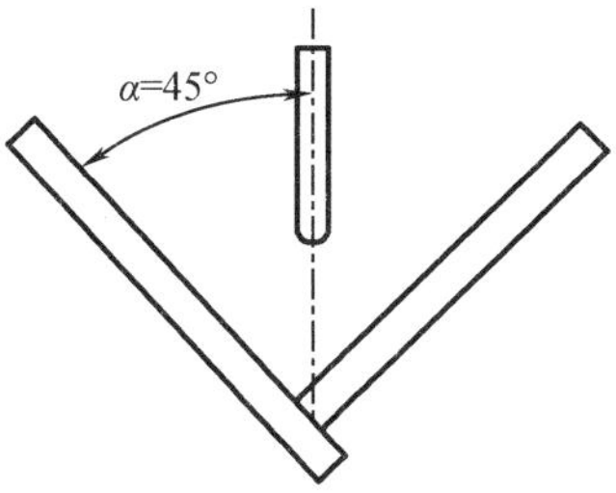

图 2－1－13　船形焊示意图

（1）焊接参数选择

船形焊焊接参数参考范围见表 2－1－19。

表 2－1－19　船形焊焊接参数参考范围

母材材质	焊材牌号及规格	焊材规格/mm	焊接电流/A	电弧电压/V	焊接速度/(cm·min^{-1})
Q235	H08A HJ431	$\phi3$	550～600	34～36	50
		$\phi4$	575～625	34～36	50

（2）操作技能要点

应严格控制装配质量，焊缝间隙不得超过 1.5 mm。电弧电压不能过大，以避免产生咬边。

2. 横角焊

当工件不容易翻转或因其他原因不能在船形位置焊接时，才采用焊丝倾斜的横角焊。

横角焊对装配间隙的敏感性较小，应采用较细的焊丝和密度较小的焊剂。生产中，横角焊多采用直径 3 mm 以下的焊丝。

（1）焊接参数选择

横角焊焊接参数参考范围见表 2－1－20。

表 2－1－20　横角焊焊接参数参考范围

母材材质	焊材牌号	焊材规格/mm	焊接电流/A	电弧电压/V	焊接速度/(cm·min^{-1})
Q235	H08A HJ431	$\phi2$	375～400	30～32	47
		$\phi3$	500	30～32	80
		$\phi4$	675	32～35	83

(2)焊接

横角焊焊丝角度参照图 2－1－14。

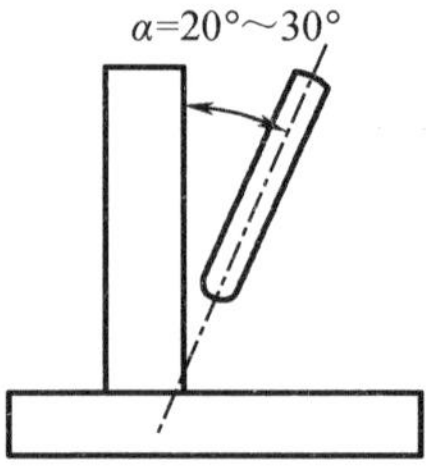

图 2－1－14　横角焊焊丝角度示意

【思考与练习】

1. 简述埋弧焊的工作原理。
2. 埋弧焊有哪些优缺点,其应用有何优势及局限?
3. 埋弧焊设备应具备哪些条件?
4. 简述埋弧焊设备构成。
5. 说明埋弧焊设备常见的故障及排除方法。
6. 试述埋弧焊基本操作技能要点。
7. 试述埋弧焊平敷焊操作技能要点。
8. 埋弧焊焊材包括哪些,组配有什么规律?
9. 埋弧焊焊接参数包括哪些,如何确定?
10. 埋弧焊可能形成哪些焊接缺陷? 试述其成因及预防措施。
11. 板材对接埋弧焊焊前应做哪些准备工作?
12. 分别说明埋弧焊薄板、中厚板及厚板对接操作技能要点。
13. 试述板材对接埋弧焊质量验收标准。
14. 横角焊、船形焊有什么特点?
15. 简述埋弧焊横角焊、船形焊的定位焊规范。
16. 试述埋弧焊横角焊的操作技能要点。
17. 试述埋弧焊船形焊的操作技能要点。

项目2　机器人焊接

任务2.1　焊接机器人的组成原理与分类

【学习目标】

1. 掌握焊接机器人的组成原理及应用范围。
2. 了解焊接机器人的分类。
3. 掌握焊接机器人的坐标系。

【任务解析】

针对焊接实训室的焊接机器人，讲解焊接机器人的结构组成和工作原理，分析焊接机器人的特点，从而认识焊接机器人的应用，了解焊接机器人的类型，并针对焊接机器人现场讲解机器人系统坐标系。

【相关知识】

焊接机器人(welding robot)是应用最广泛的一类工业机器人，在各国的应用比例大约为40%～60%。

焊接机器人是焊接自动化的革命性进步，它突破了传统的焊接刚性自动化方式，开拓了一种柔性自动化新方式。焊接机器人使小批量产品的自动化焊接生产成为可能。以目前的示教再现型焊接机器人为例，焊接机器人完成一项焊接任务只需操作者给它做一次示教，它即可精确地再现示教的每一步操作，若要机器人去做另一项工作，无须改变任何硬件，只要对它再做一次示教即可。因此，在一条焊接机器人生产线上，可同时自动生产若干种焊件。焊接机器人是一种集焊接技术、传感技术、控制技术、编程技术等为一体的典型的机电一体化系统。

一、焊接机器人的组成与工作原理

以弧焊机器人为例，一般的弧焊机器人系统由6部分组成，如图2-2-1所示。下面分别说明各组成部分的基本工作原理。

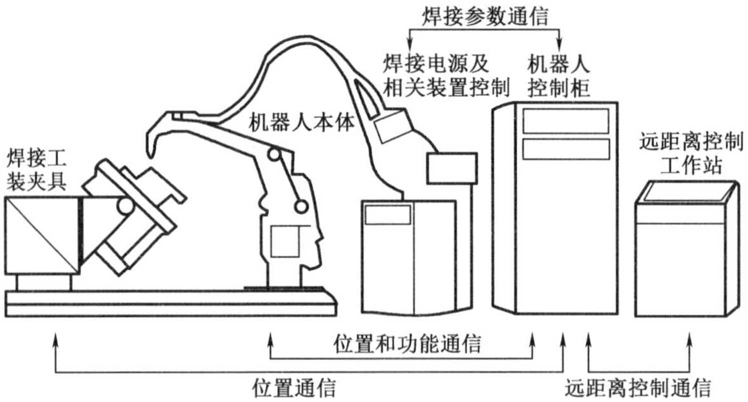

图2-2-1 焊接机器人的组成

(1)机器人本体

机器人本体也称机器人操作机,一般是伺服电机驱动的 6 轴关节式操作机,它由驱动器、传动机构、机械手臂、关节和内部传感器等组成。它的任务是精确地保证机械手末端(焊枪)所要求的位置、姿态和运动轨迹。根据定义,工业机器人操作机从结构上应具有 3 个以上的可自由编程的运动关节,可将其分为主要关节和次要关节两个层次,不同数目和层次关节的组合决定了相应的机器人工作空间。由于具有6个旋转关节的铰接开链式机器人操作机从运动学上已被证明能以最小的结构尺寸获得最大的工作空间,并且能以较高的位置精度和最优的路径到达指定位置,因而这种类型的机器人操作机在焊接领域得到广泛的运用。

(2)机器人控制柜

它是机器人系统的神经中枢,包括计算机硬件、软件和一些专用电路,其软件包括控制器系统软件、机器人专用语言、机器人运动学及动力学软件、机器人控制软件、机器人自诊断及自保护软件等。它负责处理机器人工作过程中的全部信息和控制其全部动作。所有现代机器人的控制器都基于多处理器,服从操作系统的指令,工业控制计算机通过系统总线实现对不同组件的驱动及协调控制。典型的焊接机器人控制器系统结构如图 2-2-2 所示。

(3)焊接系统

焊接系统包括焊接电源、焊机控制器、专用焊枪等。焊接系统是焊接机器人完成作业的核心装备,其主要由焊枪、焊接控制器及水、电、气等辅助部分组成。焊接控制器是由微处理器及部分外围接口芯片组成的控制系统,它可根据预定的焊接监控程序完成焊接参数输入、焊接程序控制及焊接系统故障自诊断,并实现与本地计算机及手控盒的通信联系。基于参数选择的需要,用于弧焊机器人的焊接电源及送丝设备必须由机器人控制器直接控制,电源在其功率和接通时间上必须与自动过程相符。

(4)焊接传感器

由于存在被焊工件几何尺寸和位置误差,以及焊接过程中的热输入能,会引起工件的变形,因此传感器仍是焊接过程中(尤其是焊接大厚工件时)不可缺少的设备。传感器的任务是实现工件坡口的定位、跟踪以及焊缝熔透信息的获取。

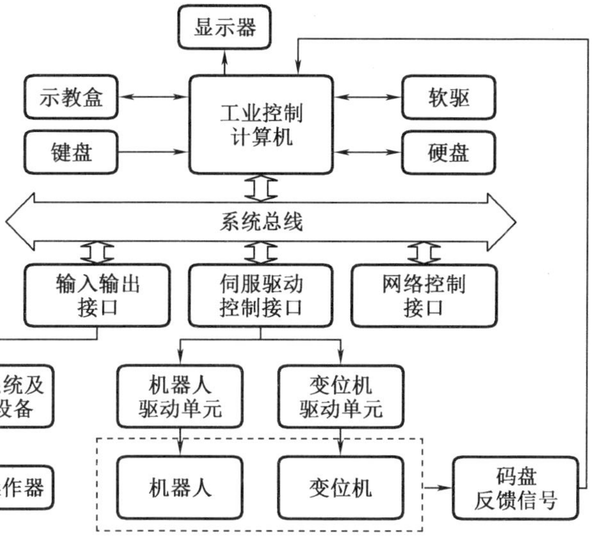

图 2－2－2　焊接机器人控制器系统结构

(5)焊接工装夹具

焊接工装夹具也称焊接工件变位机。变位机作为机器人焊接系统的重要单元,其作用是将被焊工件旋转(平移)到最佳的焊接位置。在焊接作业前和焊接过程中,变位机通过夹具来装卡和定位被焊工件,对工件的不同要求决定了变位机的负载能力及其运动方式。为了使机器人操作机充分发挥效能,焊接机器人系统通常采用两台变位机,在其中一台上进行焊接作业时,在另一台上则完成工件的上装和卸载,从而使整个系统获得最高的费用效能比。

(6)中央控制计算机及系统安全保护设施

中央控制计算机在工业机器人向系统化、PC 化和网络化的发展过程中发挥着重要的作用。中央控制计算机通过串行接口与机器人控制器相连接,主要用于在同一层次或不同层次的计算机形成通信网络,同时与传感系统相配合,实现焊接路径和参数的离线编程、焊接专家系统的应用及生产数据的管理。

安全设备是焊接机器人系统安全运行的重要保障,主要包括驱动系统过热自断电保护、动作超限化自断电保护、超速自断电保护、机器人系统工作空间干涉自断电保护及人工急停断电保护等,它们起到防止机器人伤人或周边设备的作用。在机器人的工作部还装有各类触觉或接近传感器,可以使机器人在过分接近工件或发生碰撞时停止工作。

二、机器人焊接的特点与适用范围

1. 机器人焊接的特点

①易于实现焊接产品质量的稳定和提高,保证其均一性。

②提高生产率,一天可以 24 h 连续生产。

③改善工人劳动条件,可在有害环境下长期工作。

④降低对工人操作技术难度的要求。

⑤缩短产品改型换代的准备周期,减少相应的设备投资。

⑥可实现小批量产品焊接自动化。

⑦为焊接柔性生产线提供技术基础。

2. 机器人焊接的适用范围

①中小批量生产的零件、工件。

②焊缝短而多,形状较为复杂的零件、工件。

③对焊接质量要求高,热影响区和焊接变形小的零件、工件。

④需要精确复制和尺寸一致性要求高的零件、工件。

⑤价值高的零件、工件,这种零件、工件虽然生产量不大,但是如果加工中因出现差错而报废,将产生巨大的经济损失。

三、焊接机器人分类

1. 按焊接方式分类

按照焊接方式的不同,可以把焊接机器人分为点焊机器人和弧焊机器人两大类。

(1)点焊机器人

点焊机器人由机器人本体、计算机控制系统、示教盒和点焊焊接系统等部分组成。为了适应灵活动作的工作要求,通常点焊机器人选用关节式工业机器人的基本设计,一般具有六个自由度:腰转、大臂转、小臂转、腕转、腕摆及腕捻。其驱动方式有液压驱动和电气驱动两种。其中,电气驱动具有保养维修简便、能耗低、速度高、精度高、安全性好等优点,因此应用较为广泛。点焊机器人按照示教程序规定的动作、顺序和参数进行点焊作业,其过程是完全自动化的,并且具有与外点焊机器人专用的点焊钳部设备通信的接口,可以通过这一接口接受上一级主控与管理计算机的控制命令进行工作。典型的点焊机器人外形如图 2-2-3 所示。

(2)弧焊机器人

弧焊机器人的组成和原理与点焊机器人基本相同。一般,弧焊机器人由示教盒、控制盘、机器人本体、自动送丝装置、焊接电源等部分组成。弧焊机器人可以在计算机的控制下实现连续轨迹控制和点位控制,还可以利用直线插补和圆弧插补功能焊接由直线及圆弧组成的空间焊缝。弧焊机器人主要有熔化极焊接作业和非熔化极焊接作业两种类型,具有可长期进行焊接作业以及保证焊接作业的高生产率、高质量和高稳定性等特点。随着技术的发展,弧焊机器人正向着智能化的方向发展。典型的弧焊机器人外形如图 2-2-4 所示。

图 2-2-3　点焊机器人外形

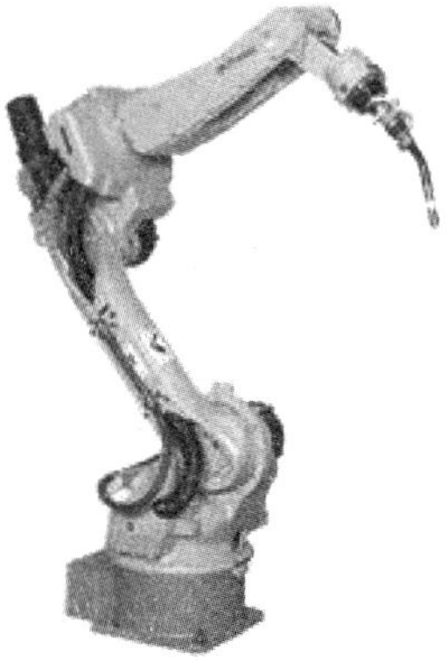

图 2-2-4　弧焊机器人外形

2. 按结构坐标系特点分类

(1)直角坐标型机器人

这类机器人的结构和控制方案与机床类似,其到达空间位置的三个点(x、y、z)由直线运动构成,运动方向互相垂直,其末端操作器的姿态调节由附加的旋转机构实现,如图 2-2-5所示。这种形式的机器人的优点是运动学模型简单,各轴线位移分辨率在操作容积内任一点上均为恒定,控制精度容易提高;缺点是机构较庞大,工作空间小,操作灵活性较差。简易和专用焊接机器人常采用这种形式。

(2)圆柱坐标型机器人

这类机器人在基座水平转台上装有立柱,水平臂可沿立柱做上下运动并可在水平方向伸缩,如图 2-2-6 所示。

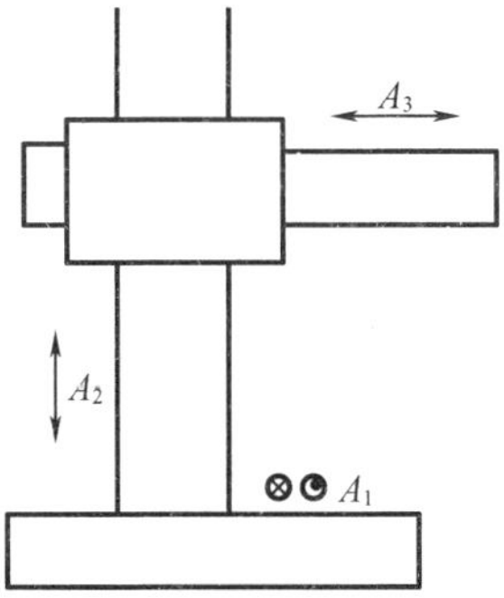

图 2-2-5　直角坐标型机器人

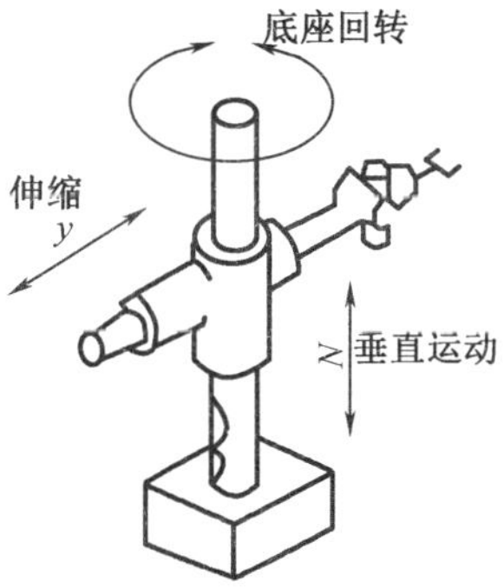

图 2-2-6　圆柱坐标型机器人

这种结构方案的优点是末端操作器可获得较高速度;缺点是末端操作器外伸离开立柱中心柱越远,其线位移分辨度越低。

(3)球坐标型机器人

与圆柱坐标型机器人相比,这种结构形式更为灵活。采用同一分辨率的码盘检测角位移时,伸缩关节的线位移分辨率恒定,但转动关节反映在末端操作器上的线位移分辨率则是个变量,增加了控制系统的复杂性,如图 2-2-7 所示。

(4)全关节型机器人

全关节型机器人的结构类似于人的腰部和手部,其位置和姿态全部由旋转运动实现,如图 2-2-8 所示。其优点是机构紧凑,灵活性好,占地面积小,工作空间大,可获得较高的末端操作器线速度;其缺点是运动学模型复杂,高精度控制难度大,空间线位移分辨率取决于机器人手臂的位姿。目前,焊接机器人大多采用全关节型的结构形式。

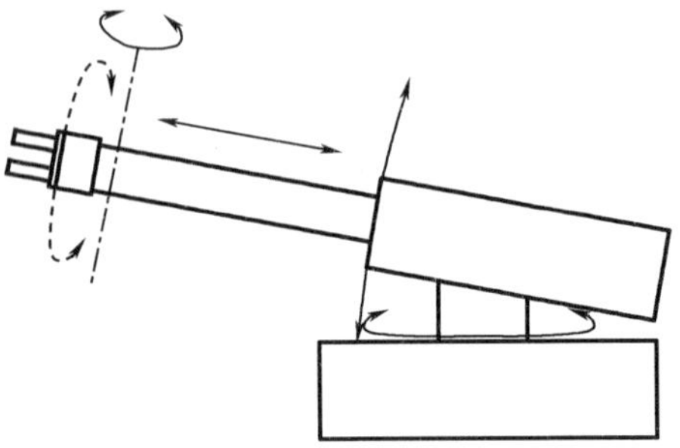

图 2-2-7　球坐标型机器人

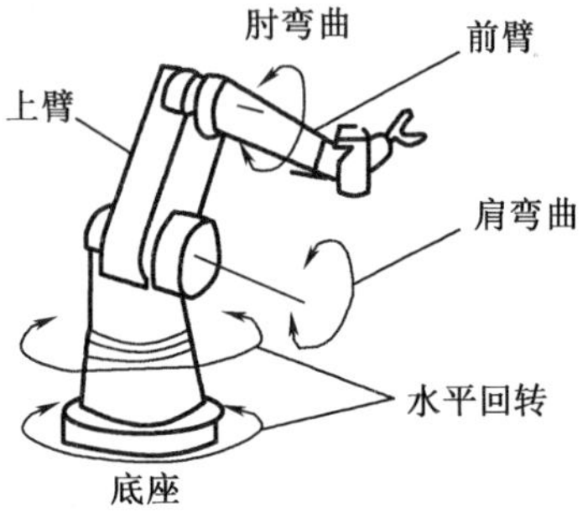

图 2-2-8　全关节型机器人

3. 根据受控运动方式分类

(1)点位控制(PTP)型机器人

点位控制受控运动方式是自一个点位目标移向另一个点位目标,只在目标点上完成操作。该方式要求机器人在目标点上有足够的定位精度,相邻目标点间的运动方式之一是各关节驱动机以最快的速度趋近终点,各关节视其转角大小不同而有先有后地到达终点;另一种运动方式是各关节同时趋近终点,由于各关节运动时间相同,所以角位移大的运动速度较高。点位控制型机器人主要用于点焊作业。

(2)连续轨迹控制(CP)型机器人

各关节同时做受控运动,使机器人终端按预期的轨迹和速度运动,为此各关节控制系统需要实时获取驱动机的角位移和角速度信号。连续控制主要用于弧焊机器人。

4. 按驱动方式分类

(1)气压驱动机器人

使用压力通常为 0.4 ~ 0.6 MPa,最高可达 1 MPa。气压驱动的主要优点是气源方便(一般工厂都由压缩空气站供应压缩空气),驱动系统具有缓冲作用,结构简单,成本低,易于保养;主要缺点是功率质量比小,装置体积大,定位精度不高。气压驱动机器人适用于易燃、易爆和灰尘大的场合。

(2)液压驱动机器人

液压驱动系统的功率质量比大,驱动平稳,且系统的同有效率高、快速性好,同时液压驱动调速比较简单,能在很大范围内实现无级调速;其主要缺点是易漏油,这不仅影响工作稳定性与定位精度,而且污染环境,液压系统需配备压力源及复杂的管路系统,因而成本也较高。液压驱动多用于要求输出力较大、运动速度较低的场合。

(3)电气驱动机器人

电气驱动是利用各种电动机产生的力或转矩,直接或经过减速机构驱动负载,以获得所需的机器人运动。由于具有易于控制、运动精度高、使用方便、成本低廉、驱动效率高、不污染环境等优点,电气驱动是最普遍、应用最多的驱动方式。电气驱动又可细分为步进电机驱动、直流电机驱动、无刷直流电机驱动和交流伺服电机驱动等多种方式。交流伺服电机驱动有最大的转矩质量比,由于没有电刷,其可靠性极高,几乎不需任何维护。20 世纪 90 年代后生产的焊接机器人大多采用这种驱动方式。

【任务实施】

一、了解焊接机器人坐标系

1. 定义

坐标系从一个称为原点的固定点通过轴定义平面或空间。机器人的目标和位置通过沿坐标系轴的测量来定位。焊接机器人使用若干坐标系,每一坐标系都适用于特定类型的微动控制或编程。

2. 分类

以 ABB 公司的焊接机器人为例,焊接机器人坐标根据其作用通常具体分为基坐标系、大地坐标系、工件坐标系、工具坐标系、用户坐标系。

(1)基坐标系

基坐标系如图 2－2－9 所示。基坐标系位于机器人基座。它是最便于机器人从一个位置移动到另一个位置的坐标系。基坐标系在机器人基座中有相应的零点,这使固定安装的机器人的移动具有可预测性,因此它对于将机器人从一个位置移动到另一个位置很有帮助。对机器人编程来说,其他坐标系(如工件坐标系等)通常是最佳选择。在正常配置的机器人系统中,当您站在机器人的前方并在基坐标系中微动控制,将控制杆拉向自己一方时,机器人将沿 X 轴移动;向两侧移动控制杆时,机器人将沿 Y 轴移动;扭动控制杆时,机器人将沿 Z 轴移动。

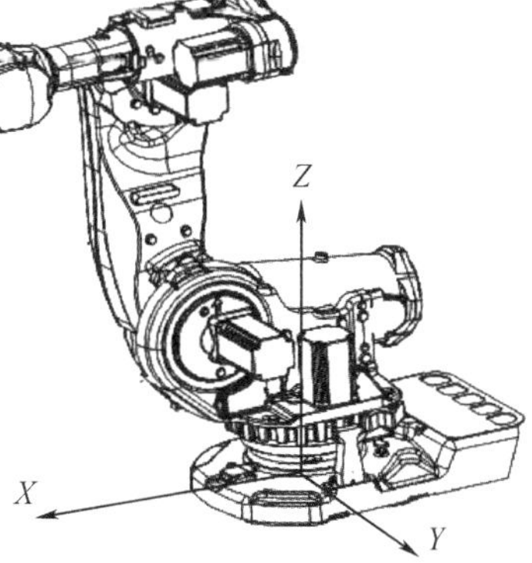

图 2－2－9　基坐标系

(2)大地坐标系

大地坐标系如图 2－2－10 所示。大地坐标系可定义机器人单元,所有其他坐标系均与大地坐标系直接或间接相关。它适用于微动控制、一般移动,以及处理具有若干机器人或外轴移动机器人的工作站和工作单元。

大地坐标系在工作单元或工作站中的固定位置有其相应的零点,这有助于处理若干个机器人或由外轴移动的机器人。在默认情况下,大地坐标系与基坐标系是一致的。

(3)工件坐标系

工件坐标系如图 2－2－11 所示。工件坐标系对应工件:它定义工件相对于大地坐标系(或其他坐标系)的位置。工件坐标系必须定义于两个框架:用户框架(与大地基座相关)和工件框架(与用户框架相关)。机器人可以拥有若干工件坐标系,或者表示不同工件,或者表示同一工件在不同位置的若干副本。

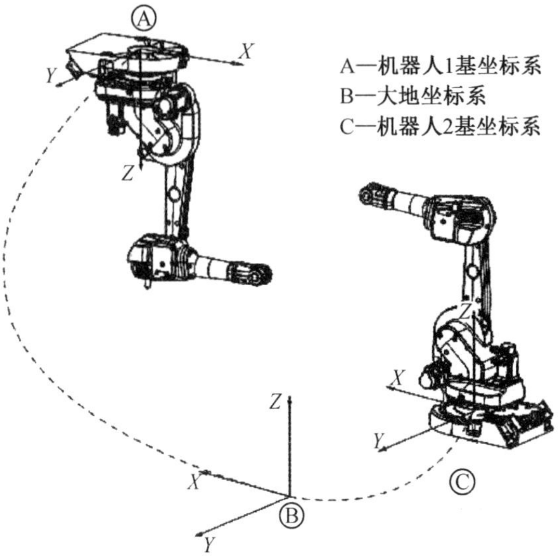

图 2－2－10　大地坐标系

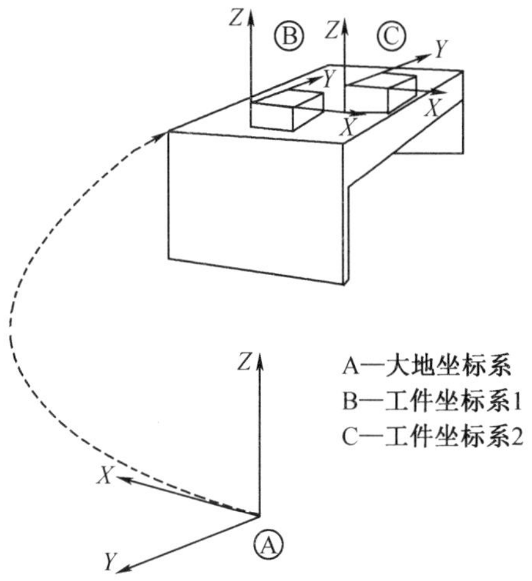

图 2－2－11　工件坐标系

(4)工具坐标系

工具坐标系如图 2－2－12 所示。工具坐标系将工具中心点设为零位。它会由此定义工具的位置和方向。工具坐标系经常被缩写为 TCPF(tool center point frame),而工具坐标系中心的缩写为 TCP(tool center point)。

焊接机器人执行程序时将 TCP 移至编程位置。这意味着,如果要更改工具(以及工具坐标系),机器人的移动将随之更改,以便新的 TCP 到达目标。

(5)用户坐标系

用户坐标系如图 2－2－13 所示。用户坐标系可用于表示固定装置、工作台等设备。这就在相关坐标系链中提供了一个额外级别,有助于处理持有工件或其他坐标系的处理设备。

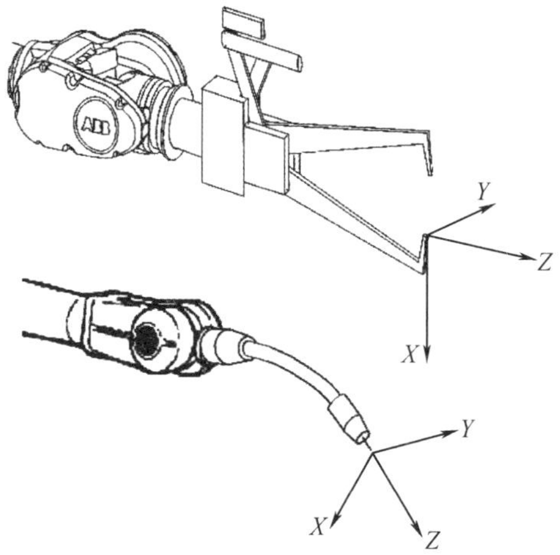

图 2－2－12　工具坐标系

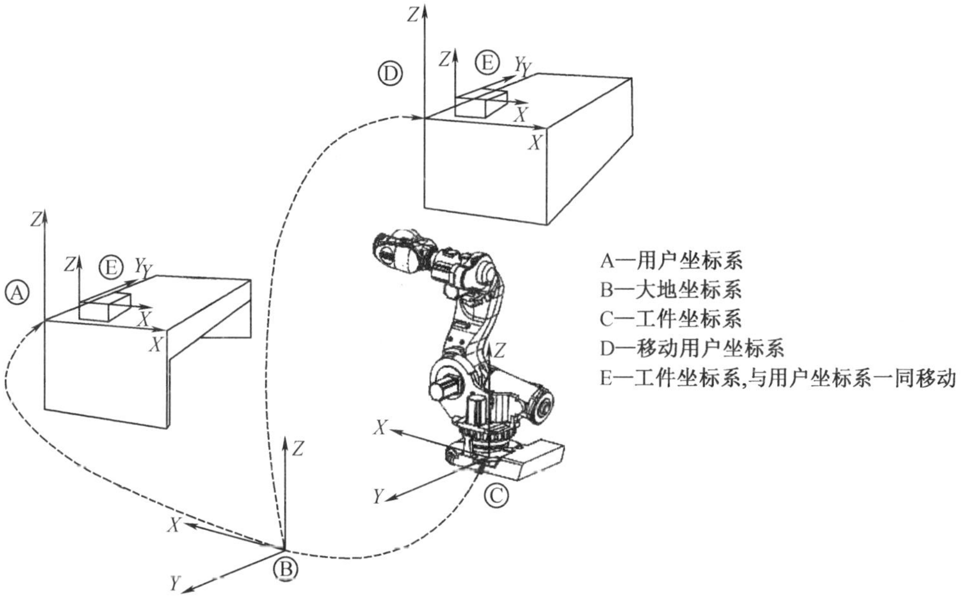

图 2－2－13　用户坐标系

任务 2.2　焊接机器人操纵

【学习目标】

1. 掌握 ABB IRB1410 焊接机器人系统的特点。

2. 掌握 ABB IRB1410 焊接机器人安全知识。
3. 掌握 IRC5 示教器的操纵方法。
4. 掌握 ABB IRB1410 坐标系的定义方法。
5. 掌握 ABB IRB1410 的程序构成及操作方法。

【任务解析】

1. 讲解 ABB IRB1410 焊接机器人系统简介。
2. 讲解 ABB IRB1410 焊接机器人安全知识。
3. 讲解 IRC5 示教器的操纵方法。
4. 讲解 ABB IRB1410 坐标系的定义方法。
5. 讲解 ABB IRB1410 的程序构成及操作方法。

【相关知识】

一、ABB IRB1410 焊接机器人系统简介

ABB IRB1410 焊接机器人是世界著名机器人生产企业 ABB 生产的最新一代的焊接机器人系统。该机器人具有最佳的机械结构,有以下特点。

①平均无故障工作时间超过 80 000 h。

②结构合理,电机功率小,比其他机器人能耗低 30% 以上。

③结构紧凑,回转半径小,节省空间。

④实现模块化结构,维修方便。

该机器人还带有以下最先进的控制软件。

①控制柜附带 USB 接口及网线接口,程序文件可自由存储、加载。

②机器人程序为文本格式,方便在电脑上编辑。

③轨迹转角处运动速度恒定。

④控制系统屏蔽性能优异,不受高频信号干扰。

⑤随机附带 Robot Studio 软件,可实现 3D 运行模拟及联机功能(复制文件、编写程序、设置系统、观察 I/O 状态、备份及恢复系统等多种操作)。

⑥与外部设备连接支持 DeviceNet、ProfiBus、InterBus 等多种通用工业总线接口;也可通过标准输入输出接口实现与各种品牌焊接电源、切割电源、PLC 等的通信。

⑦可自由设定起弧、加热、焊接、收弧段的电流、电压、速度、摆动等参数。可自行设置实现双丝焊接的参数控制。

⑧提供摆焊设置功能,自由设定摆幅、频率、摆高、摆动角度等参数,可实现偏心摆动等各种复杂摆动轨迹。

⑨配合 SmarTAC 及 AWC 功能可实现对复杂焊缝的初始定位,以及焊接过程中的路径自动修正。

IRB 1410 的主要技术参数,以及其外形和主要尺寸如图 2-2-14 所示。

①到达距离 1.44 m。

②重复定位精度 0.05 mm。

③6 轴承重 5 kg。

④1 轴工作范围 ±170°。

⑤1 轴负载 19 kg(如送丝盘等)。

⑥3 轴负载 18 kg(如送丝机等)。

⑦重量 225 kg。

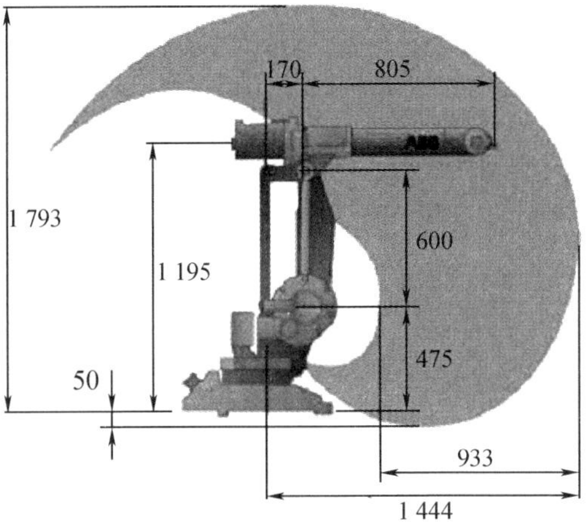

图 2-2-14 IRB 1410 外形和主要尺寸(尺寸单位:mm)

二、ABB IRB1410 焊接机器安全知识

1. 紧急情况

①万一发生火灾,要使用二氧化碳灭火器。

②急停开关不允许被短接。

③机器人在发生意外或运行不正常等情况下,均可使用急停开关,停止运行。

2. 关机及停电

①机器人长时间停机时,夹具上不应置物,必须空机。

②在得到停电通知时,要预先关断机器人的主电源及气源。

③突然停电后,要赶在再次来电之前预先关闭机器人的主电源开关,并及时取下夹具上的工件。

④维修人员必须保管好机器人钥匙,严禁非授权人员在手动模式下进入机器人软件系统随意翻阅或修改程序及参数。

3. 使用注意

①机器人处于自动模式时,任何人员都不得进入其运动所及的区域。

②因为机器人在自动状态下,即使运行速度非常低,其动量仍很大,所以在进行编程、测试及维修等工作时,必须将机器人置于手动模式。

③在手动模式下调试机器人，不需要移动机器人时，必须及时释放使能器。

④调试人员进入机器人工作区域时，必须随身携带示教器，以防他人误操作。

⑤不使用时，示教器必须放置于控制柜上固定座内。

⑥触碰控制柜或驱动柜内电子元件之前，请先戴上静电腕带。

⑦严禁踩踏电缆，并注意避免尖锐物穿刺及高温对电缆造成损伤。

【任务实施】

一、IRC5 示教器的操纵方法

1. IRC5 系统简介

IRC5 作为 ABB IRB1410 的控制系统，主要由控制器和示教器两部分构成。控制器分为控制模块和驱动模块，若系统中含多台机器人，则需要 1 个控制模块及对应数量的驱动模块。(现在单机器人系统一般使用整合型单柜控制器)。

一个系统最多包含 36 个驱动单元(最多 4 台机器人)，一个驱动模块最多包含 9 个驱动单元，可处理 6 个内轴及 2 个普通轴或附加轴(取决于机器人型号)。

IRC5 控制器的内部结构如图 2-2-15 所示。

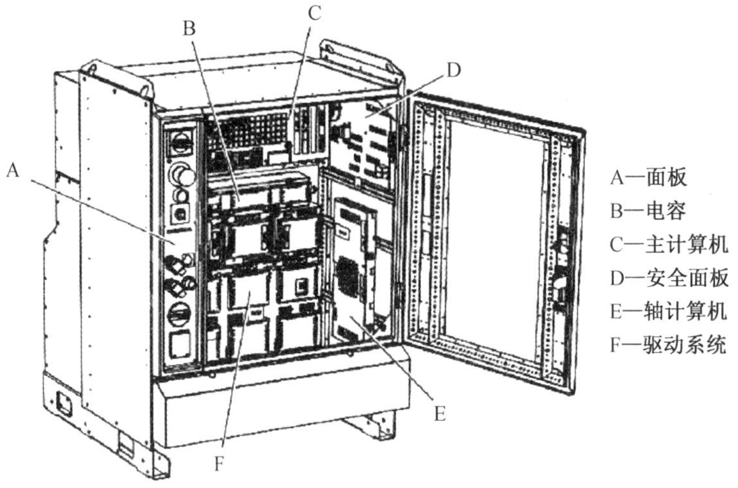

图 2-2-15　IRC5 控制器的内部结构

2. IRC5 示教器简介

与 ABB IRB1410 相配套的示教器采用的是 IRC5 触摸屏全彩色示教器，该示教器还带有三方向操纵摇杆来操控机器人。IRC5 示教器的外形如图 2-2-16 所示。IRC5 示教器的结构如图 2-2-17 所示。IRC5 示教器面板按钮功能如图 2-2-18 所示。IRC5 示教器触摸屏菜单如图 2-2-19 所示。

3. 手动操纵机器人

(1)进入操纵界面

①将机器人操作模式置于手动限速模式。

②点击【ABB】选择【手动操纵】,如图 2－2－20 所示。

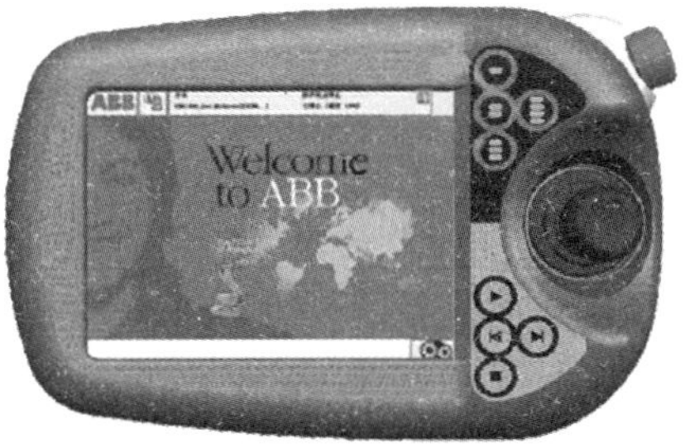

图 2－2－16　IRC5 示教器外形

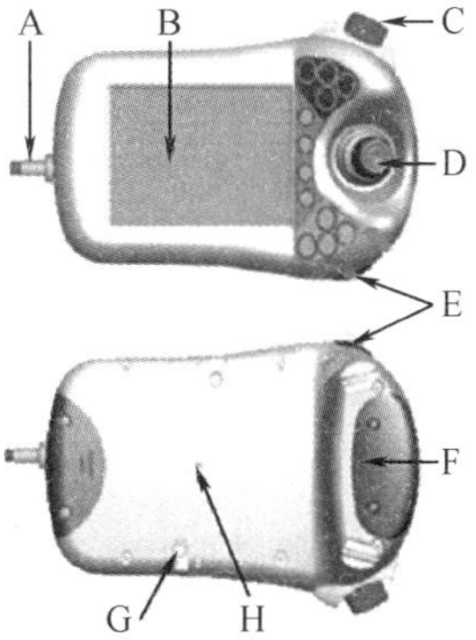

A—连接器
B—触摸屏
C—紧急停止按
D—操纵杆
E—USB端口
F—使动装置
G—触摸笔
H—重置按钮

图 2－2－17　IRC5 示教器结构

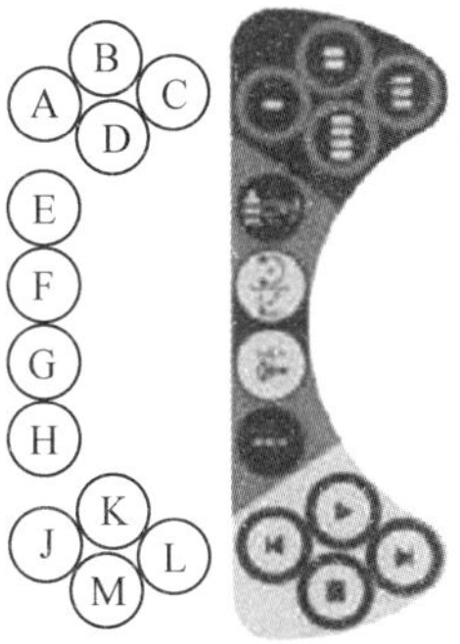

A～D—预设按钮
E—选择机械单元
F—选择操纵模式
G—选择操纵模式
H—切换增量
J—步退执行程序
K—执行程序
L—步进执行程序
M—停止执行程序

图2－2－18　IRC5 示教器面板按钮功能

A—ABB菜单
B—操作员窗口
C—状态栏
D—关闭按钮
E—任务栏
F—快速设置菜单

图 2－2－19　IRC5 示教器触摸屏菜单

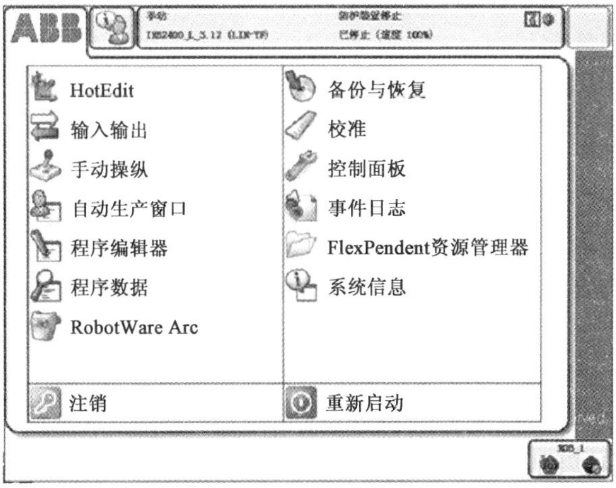

图 2－2－20　进入操纵界面方法

(2)操纵界面

点击【ABB】选择【手动操纵】后进入操纵界面,如图 2 -2 -21 所示。

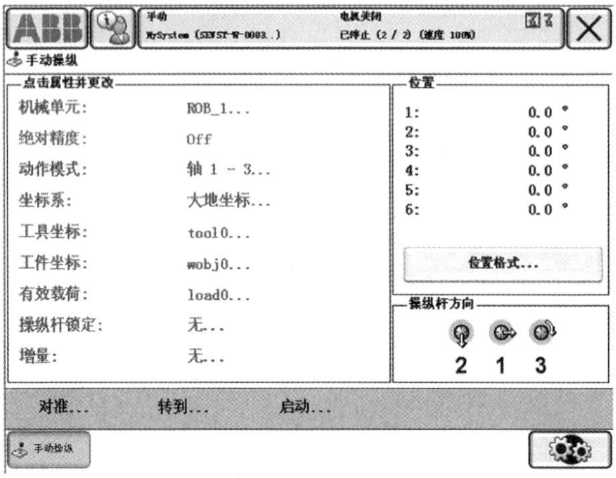

图 2 -2 -21　手动操纵界面

主窗口中各菜单功能如下:

①机械单元:选择手动控制的机械单元。

②绝对精度:Off(关闭)为默认值。如果对机器人采用了 Absolute Accuracy 选项,则会显示 绝对精度:On(开启)。

③动作模式:选择动作模式。

④坐标系:选择坐标系。

⑤工具坐标:选择工具。

⑥工件坐标:选择工件。

⑦有效载荷:选择有效载荷。

⑧操纵杆锁定:选择控制杆方向锁定。注意事项:操纵杆可 45°方向操作,且偏离中心位置越远,机器人运动就越快,另外动作开始时会有滞后和加速延时,不要频繁用力扳动操纵杆。

⑨增量:选择运动增量。

⑩位置:参照选定的坐标系显示每个轴位置,如读取精确位置。

⑪位置格式:选择位置格式。

(3)机械单元

点击图 2 -2 -21 中的【机械单元】后进入机械单元界面,如图 2 -2 -22 所示。在此界面下可以选择要操纵的机械单元,也可在多个机器人和外部轴之间切换控制。

(4)快速设置

①点击 ABB 模式:【微动控制】。

②点击【动作模式】,出现图 2-2-23 所示动作模式界面。

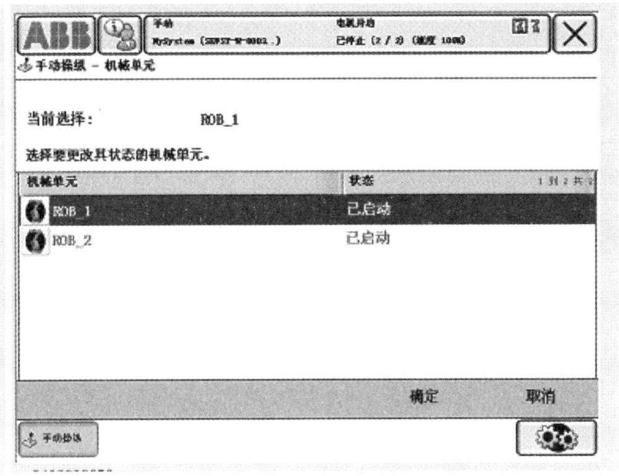

图 2-2-22　机械单元界面

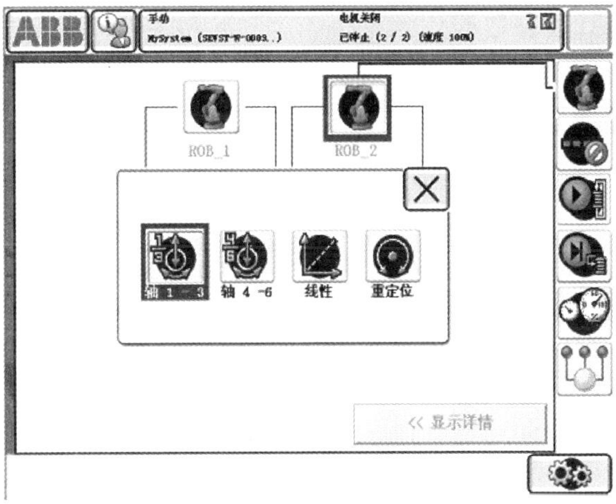

图 2-2-23　动作模式界面

(5)快速设置

“快速设置”菜单采用更加快捷的方式,而不是点击【微动控制】。

该菜单中的每个项目均采用符号来显示当前选中的属性值或设置。点击“快速设置”即可显示可用属性值。“快速设置”菜单界面如图 2-2-24 所示。

在此界面下,可以选择单独操纵 1/2/3 轴或 4/5/6 轴,外部轴运动必须为单轴运动。如果选择线性动作,则工具姿态不变,TCP 沿指定坐标轴直线移动;如果选择重定位动作,则 TCP 位置不变,工具绕指定坐标轴转动。

图 2-2-24　快速设置菜单界面

二、坐标系定义

1. 工具坐标系

(1)新建工具

①点击【ABB】选择【程序数据】。

②在图 2-2-25 中选择【tooldata】,点击【显示数据】。

③如找不到对应的数据类型,点击【视图】选择【全部数据类型】。

程序数据视图如图 2-2-25 所示。

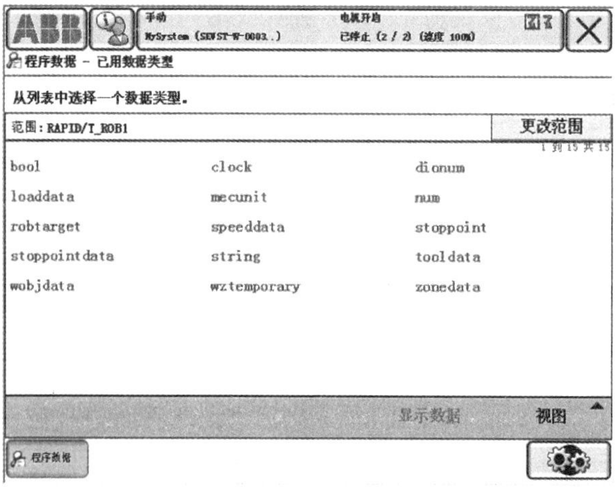

图 2-2-25　程序数据视图

④在 ABB 菜单中,点击【微动控制】。

⑤点击工具,显示可用工具列表。

⑥点击工具【新建】,出现工具界面,如图 2-2-26 所示。

图 2-2-26　工具界面

⑦点击【确定】。

(2)定义工具

①选中新建的工具,点击【编辑】→【定义】,出现图 2-2-27 所示界面。

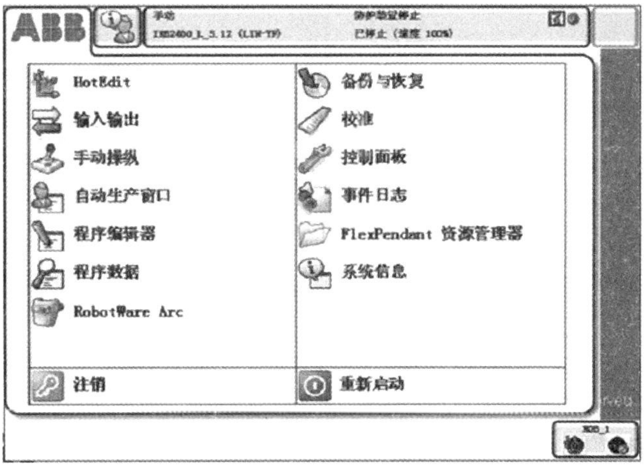

图 2-2-27　定义工具界面

②选择定义方法,如图 2-2-28 所示。

a. $N(N\geq4)$点法——机器人 TCP 通过 N 种不同姿势同某定点相碰,通过计算得出工具与 tool0 的相对位置,坐标系方向同 tool0。

b. TCP 和 Z 法——在 N 点法基础上,Z 点与定点连线为坐标系 Z 方向(摆动焊接必须设置)。

c. TCP 和 Z、X 法——在 TCP 和 Z 法基础上,增加 X 点定义坐标系 X 方向。

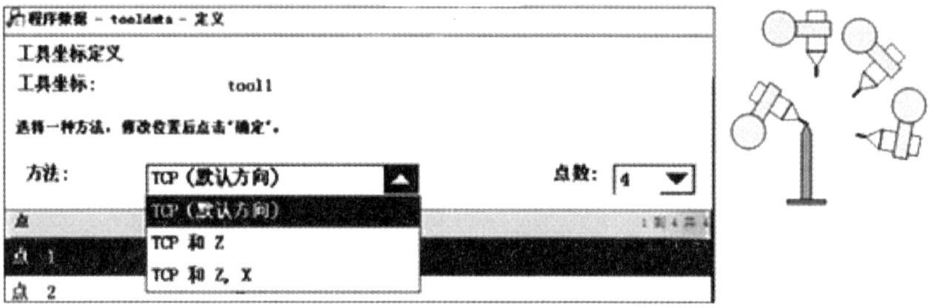

图 2－2－28　选择定义方法界面

③手动操纵机器人至 TCP 与定点刚好接触，点击【修改位置】，如图 2－2－29 所示。

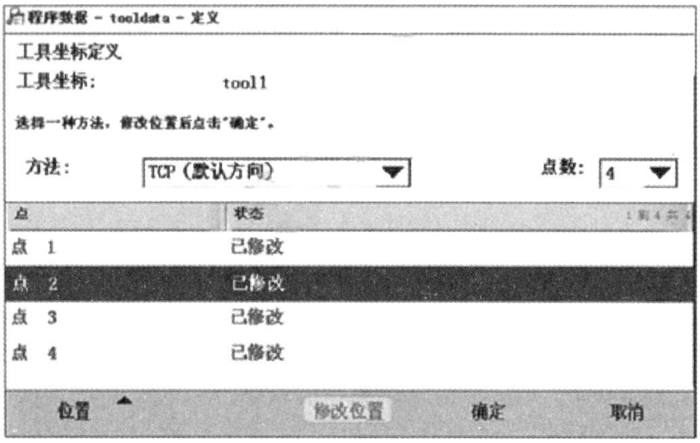

图 2－2－29　修改位置界面

④重复以上步骤，完成所有点位置后点击【确定】。

⑤返回工具选择界面，点击【编辑】→【更改值】。

a. 修改图 2－2－30 中的【mass】值，它是工具质量（单位为 kg，可比实际质量略大）。

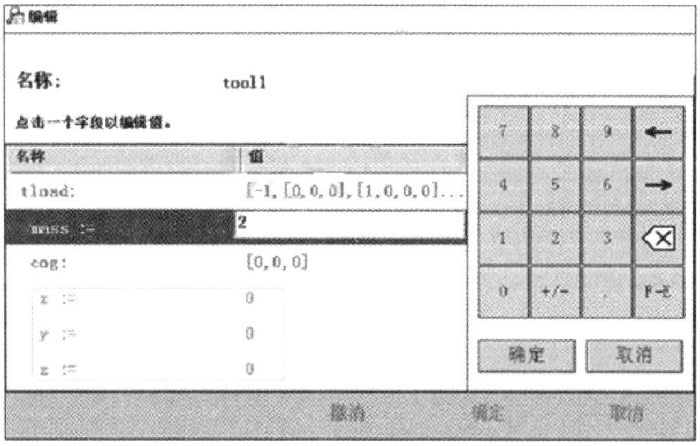

图 2－2－30　更改值界面

b. 修改【cog】中的 *x*/*y*/*z* 值，它是工具重心相对 tool0 的位置。

2. 工件坐标系

(1)新建工件

参考新建工具步骤，新建工件【wobjdata】。

(2)定义工件

①选中新建的工件，点击【编辑】→【定义】，进入定义工件界面，如图 2－2－31 所示。

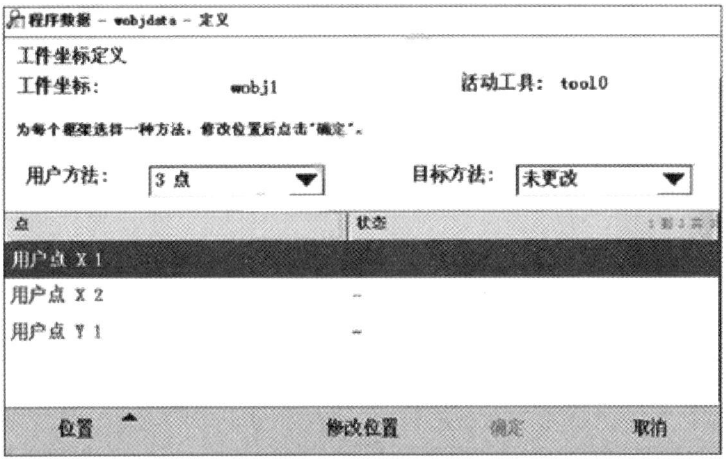

图 2－2－31　定义工件界面

②3 点法——点 *X*1 指向 *X*2 的方向为 *X* 轴正向，通过点 *Y*1 向 *X* 轴作垂线作为 *Y* 轴，交点为坐标系原点。

③目标坐标系中的坐标位置相对用户坐标系存储，仅用于更为复杂的应用。

④可针对工作台定义用户坐标，针对工件定义目标坐标，这样每个工作点都相对工件定义。工件固定位置若发生改变就重定义用户坐标，这样依然可以使用原程序，如图 2－2－32所示。

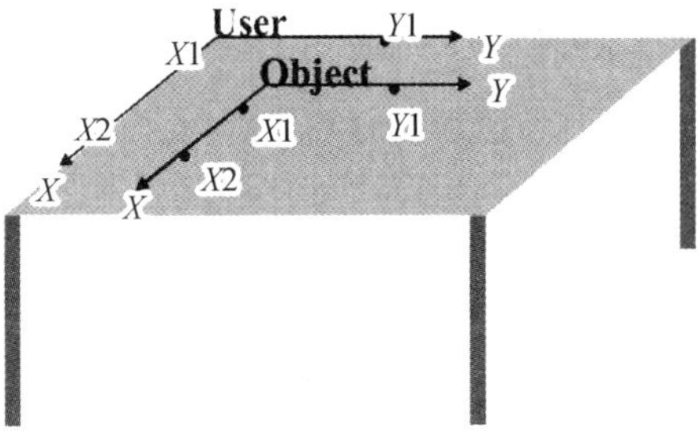

图 2－2－32　针对工作台定义用户坐标

三、程序构成及基本指令

1. RAPID 应用程序结构

IRC5 采用的是 RAPID 应用程序对机器人进行编程操作，其基本结构如图 2－2－33 所示。

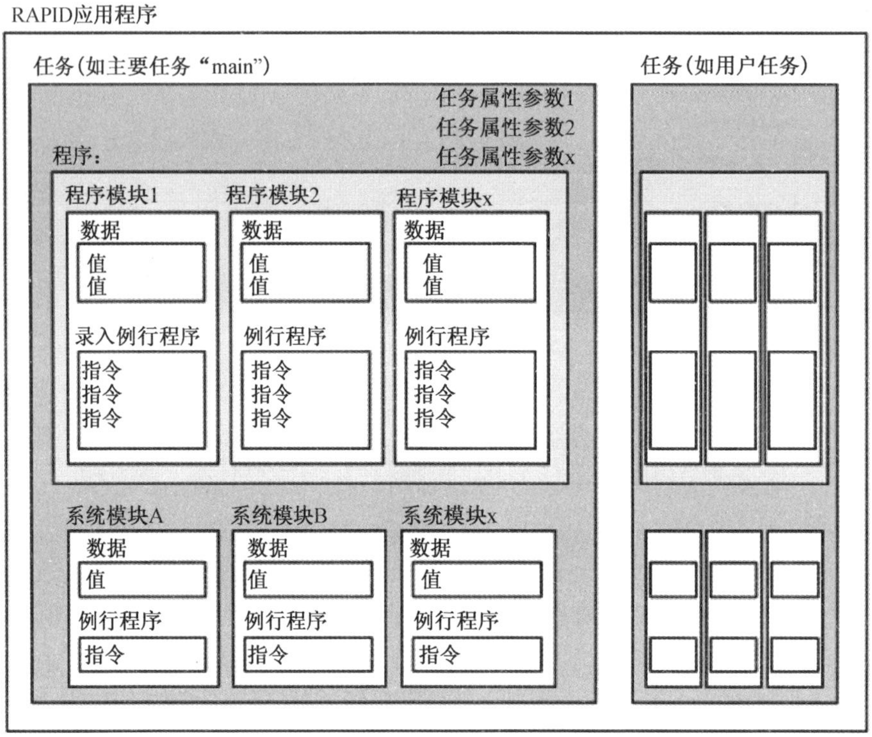

图 2－2－33　RAPID 应用程序结构

RAPID 应用程序各模块的功能如下：

①任务：通常每个任务包含一个 RAPID 程序和系统模块，并实现一种特定的功能（如点焊或操纵器的运动）。

一个 RAPID 应用程序包含一个任务，如果安装了 Multitasking 选项，则可以包含多个任务。

②任务属性参数：将设置所有任务项目的特定属性。存储于某一任务的任何程序将采用为该任务设置的属性。

③程序：每个程序通常都包含具有不同作用的 RAPID 代码的程序模块。所有程序必须定义可执行的录入例行程序。

④程序模块：每个程序模块都包含特定作用的数据和例行程序。

将程序分为不同的模块后，可改进程序的外观，且使其便于处理。每个模块表示一种特定的机器人动作或类似动作。从控制器程序内存中删除程序时，也会删除所有程序模块。程序模块通常由用户编写。

⑤数据：程序或系统模块中设定的值和定义。数据由同一模块或若干模块中的指令引用（其可用性取决于数据类型）。

⑥例行程序：包含一些指令集，它定义机器人系统实际执行的任务。例行程序也包含指令需要的数据。

⑦录入例行程序：在英文中有时称为“main”的特殊例行程序，被定义为程序执行的起点。附注：每个程序必须含有名为“main”的录入例行程序，否则程序将无法执行。main 的默认名可通过系统参数配置 Task 类型进行更改。参阅 Technical reference manual – System parameters。

⑧指令：对特定事件的执行请求，如“运行操纵器 TCP 到特定位置”或“设置特定的数字化输出”。

2. 程序操作

（1）程序界面

点击【ABB】选择【程序编辑器】，如当前无程序，会提示新建，程序编辑器界面如图 2 – 2 – 34 所示。

图 2 – 2 – 34　程序编辑器界面

（2）任务与程序

点击图 2 – 2 – 34 中的【任务与程序】可新建、加载、另存程序等，如图 2 – 2 – 35 所示。

（3）模块、例行程序操作

点击图 2 – 2 – 35 中的【模块】或【例行程序】显示当前模块或例行程序，可进行对应操作(新建、加载、另存、更改声明等)。模块程序界面如图 2 -2 -36 所示。

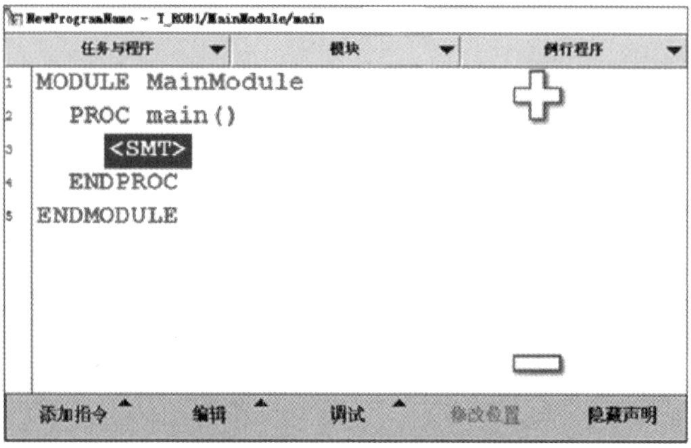

图 2 -2 -35　任务与程序界面

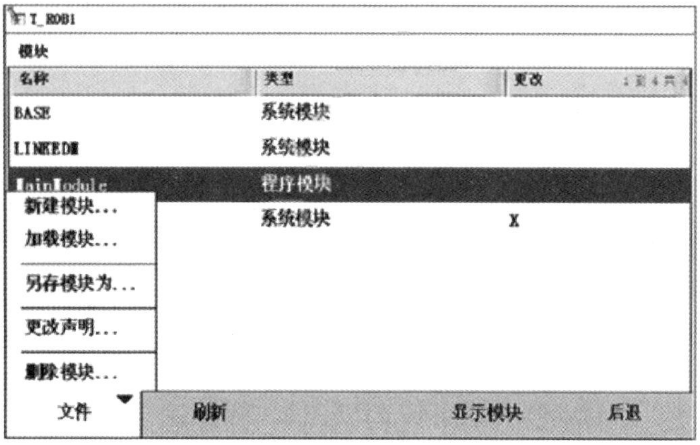

图 2 -2 -36　模块程序界面

(4)例行程序声明

新建例行程序或修改声明时可定义类型、参数、数据类型、包含的程序段等细节,如图 2 -2 -37所示。

(5)程序存储

程序以目录的形式保存,目录名可带工件编号或日期以便识别。

①mod 文件中保存某个模块内所有的例行程序和数据。

②pgf 文件记录这个程序包含的模块文件名称

③如图 2 -2 -38 所示的程序就包含 MainModule 和 Useful_Routine 两个模块。

④加载程序要选择 pgf 文件。

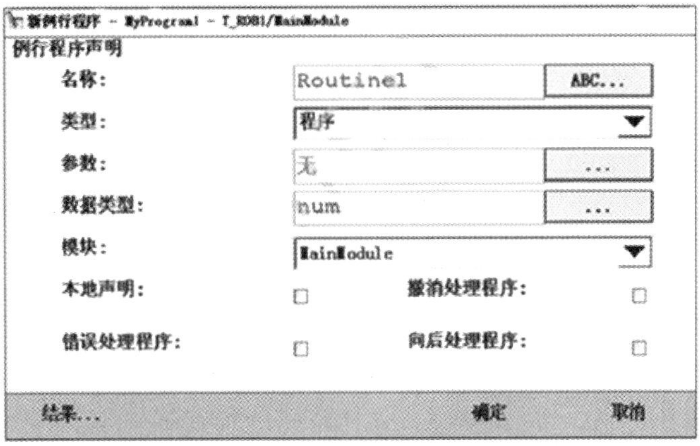

图 2－2－37　例行程序声明界面

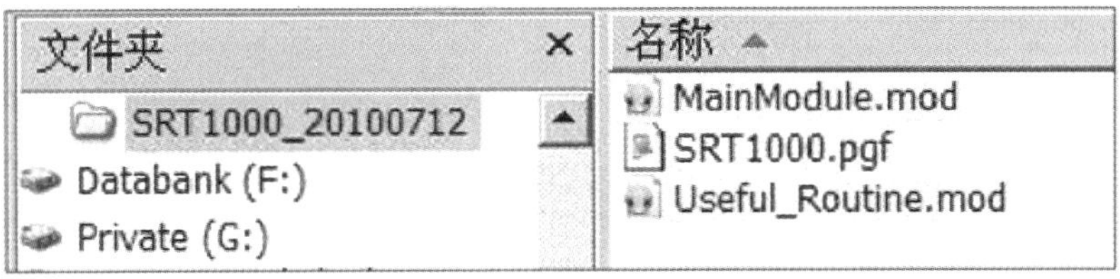

图 2－2－38　程序存储界面

(6)添加指令

点击图 2－2－35 中的【添加指令】出现图 2－2－39 所示界面。【添加指令】将指令分类显示,默认为【common】类(【Motion&Proc】类包含常用的大多数指令),选择指令后会在光标位置的下一行插入指令。

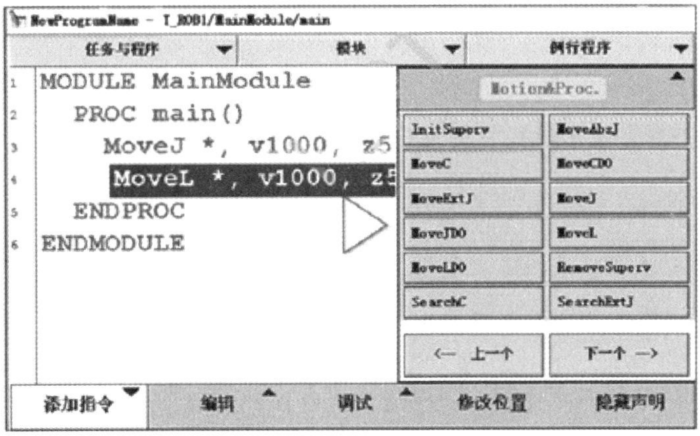

图 2－2－39　添加指令界面

(7)编辑指令

点击图 2-2-35 中的【编辑指令】出现图 2-2-40 所示界面。需要注意:

①【撤销】和【重做】最多 3 个步骤。

②点击【ABC…】可直接文字编辑指令。

③点击【备注行】可将暂时用不到的指令改为备注。

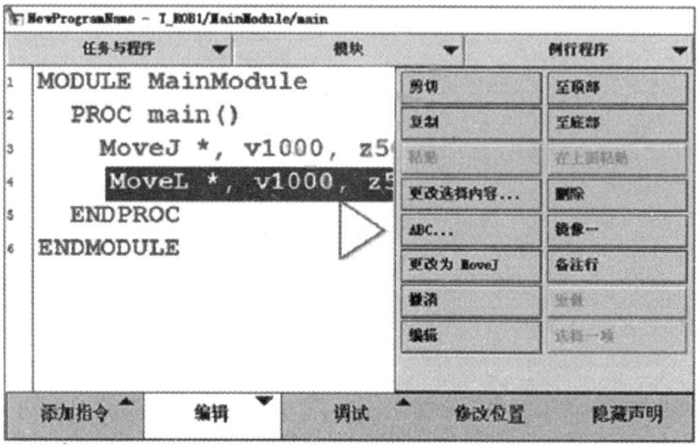

图 2-2-40　编辑指令界面

任务 2.3　焊接机器人指令系统与常用的焊接指令及相关设置

【学习目标】

1. 掌握 RAPID 程序常用指令系统中各指令的含义。
2. 掌握 RAPID 程序指令系统中常用焊接指令的含义。
3. 掌握焊接机器人焊接设置方法及常用焊接参数的含义。

【任务解析】

1. 讲解 RAPID 程序常用的指令系统。
2. 讲解 RAPID 程序常用的焊接指令及相关设置。

【任务实施】

一、RAPID 程序常用指令

(一)MOVE 指令

1. MoveL 指令

(1)指令含义

使机器人沿直线路径走到下一点。

(2)基本范例

MoveL p1,v200, z10, tool1

走直线,目标点 p1,速度 200 mm/s,转弯曲尺寸 10 mm,工具 tool1。

2. MoveJ 指令

(1)指令含义

使机器人沿转轴路径走到下一点。

(2)基本范例

MoveJ p3,v100, fine, tool1

走转轴路径,速度 100 mm/s,TCP 达到目标点,在目标点速度降为 0。

3. MoveAbsJ 指令

(1)含义

把机器人移动到绝对轴位置。

(2)用途

MoveAbsJ(绝对关节移动)用来把机器人或者外部轴移动到一个绝对位置,该位置在轴定位中定义。

①终点是一个单一点。

②对于 IR6400C 中的不明确的位置,可携带例如超过机器人范围的工具运动。

MoveAbsJ 指令中机器人的最终位置既不受工具或者工作对象的影响,也不受激活程序更换的影响,但是机器人要用到这些数据来计算负载、TCP 速度和转角点。相同的工具可以被用在相邻的运动指令中。

机器人和外部轴沿着一个非直线的路径移动到目标位置。所有轴在同一时间运动到目标位置。

该指令只能被用在主任务 T_ROB1 中,或者在多运动系统中的运动任务中。

(3)基本范例

例 1　MoveAbsJ p50, v1000, z50, tool2

机器人将携带工具 tool2 沿着一个非线性路径到绝对轴位置 p50,速度数据为 v1000,zone 数据为 z50。

例 2　MoveAbsJ*, v1000\T:=5, fine, grip3

机器人将携带工具 grip3 沿着一个非线性路径到一个停止点,该停止点在指令中作为一个绝对轴位置存储(用*标示)。整个运动需要 5 s。

4. MoveC 指令

(1)指令含义

让机器人做圆周运动。

(2)用途

该指令用来让机器人 TCP 沿圆周运动到一个给定的目标点。在运动过程中,相对圆的方向通常保持不变。

该指令只能在主任务 T_ROB1 中使用,在多运动系统中的运动任务中使用。

(3)基本范例

例 1　MoveC p1, p2, v500, z30, tool2

tool2 的 TCP 沿圆周运动到 p2,速度数据为 v500, zone 数据为 z30。圆由开始点、中间点 p1 和目标点 p2 确定。

例 2　MoveC *, *, v500 \T: =5, fine, grip3

grip3 的 TCP 沿圆周运动到存储在指令中的 fine 点(第二个 * 标记)。中间点也存储在指令中(第一个 * 标记)。整个运动需要 5 s。

5. MoveCDO

(1)指令含义

圆周移动机器人并且在转角处设置数字输出。

(2)用途

MoveCDO(圆周移动数字输出)用来把 TCP 圆周移动到一个给定的目标点。指定的数字输出在目标点的转角路径的中间被置位/复位。在运动过程中,相对于圆周的方向通常保持不变。

该指令只能用在主任务 T_ROB1 中,或者多运动系统的运动任务中。

(3)基本范例

MoveCDO p1, p2, v500, z30, tool2, do1, 1

tool2 的 TCP 圆周移动到位置 p2,速度数据为 v500,zone 数据为 z30。圆周由开始点、圆周点 p1 和目标点 p2 确定。在转角路径 p2 的中间位置设置输出 do1。

6. MoveCSync

(1)指令含义

圆周移动机器人,并且执行一个 RAPID 程序。

(2)用途

MoveCSync(同步圆周移动)用来圆周移动 TCP 到一个给定的目标位置。在目标点的转角路径的中间位置,指定的 RAPID 程序开始运行。在运动过程中,相对于圆周的方向通常保持不变。

该指令只能用在主任务 T_ROB1 中,或者多运动系统的运动任务中。

(3)基本范例

MoveCSync p1, p2, v500, z30, tool2, "proc1"

tool2 的 TCP 圆周移动到位置 p2,速度数据为 v500,zone 数据为 z30。圆周由开始点、圆周点 p1 和目标点 p2 确定。在转角路径 p2 的中间位置程序 proc1 开始执行。

(二)输入输出指令

1. Set 指令

(1)指令含义

置 1 指令。

(2)范例

Set do1

将 do1 信号置为 1。

2. Reset 指令

(1)指令含义

清零指令。

(2)范例

Reset do1

将 do1 信号置为 0。

3. PulseDo 指令

(1)指令含义

输出脉冲指令。

(2)范例

PulseDo\PLength:=5,doClean

向 doClean 输出一个 5 s 的脉冲信号,常用于清枪信号。

4. WaitDI 指令

(1)指令含义

等待信号指令。

(2)范例

WaitDI diClean,1\MaxTime:=10

等待 diClean 信号为 1,超过 10 s 则报警,常用于清枪检测信号。

5. WaitTime 指令

(1)指令含义

等待一段时间后再继续执行程序指令。

(2)范例

WaitTime 1.5

等待 1.5 s 后再继续执行程序。

(三)Test 指令

(1)指令含义

根据变量的值执行不同的程序段。

(2)范例

TEST reg1

```
CASE 1:
PATH1;
CASE 2:
PATH2;
…
DEFAULT:
ERROR;
ENDTEST
```

如果变量为 1 则执行 PATH1,如果没有找到对应值则执行 ERROR,常用于工位标志信号的检测。

(四)IF 指令

(1)指令含义

根据判断语句的结果执行不同的程序段。

(2)范例

```
VAR num count:=0(此句写在程序数据定义处)
…
IF count=5 THEN
Clean;
count:=0;
ELSE
PATH1;
count:=count+1;
ENDIF
```

如果 count(计数)等于 5 则执行 Clean(清枪)程序,清枪后计数设为 0,否则继续焊接,焊接后计数加 1。

二、常用焊接指令及相关设置

1. 焊接过程控制

焊接过程时序如图 2-2-41 所示。

各个时序段代表的含义如下:

(1)T_1:气管充气。

(2)T_2:预先送气。

(3)T_3:引弧动作延时。

(4)D/T_4:加热距离/时间。

(5)T_5:回烧时间。

(6)T_6:冷却时间。

(7)T_7:填弧坑时间。

(8)T_8:焊道保护送气。

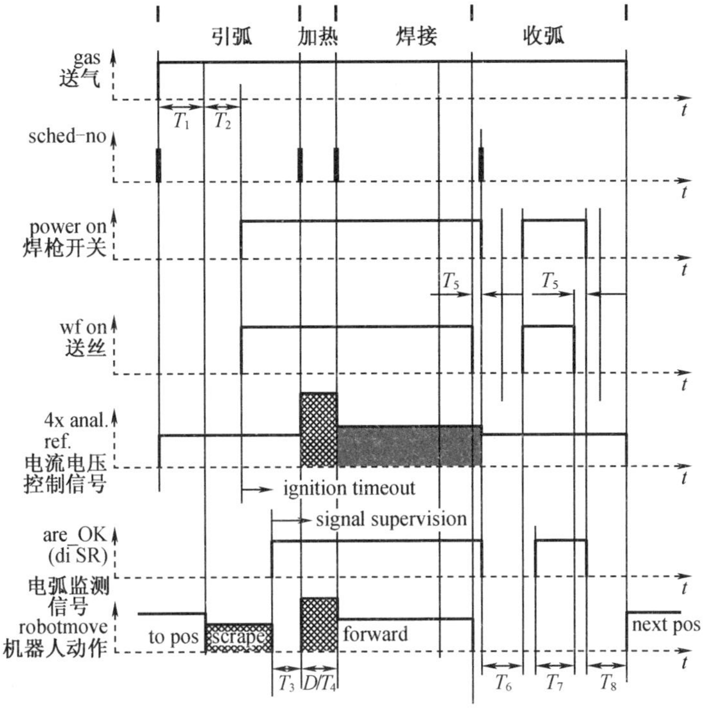

图 2-2-41　焊接过程时序图

2. 焊接设置

常用焊接设置界面如图 2-2-42 所示。

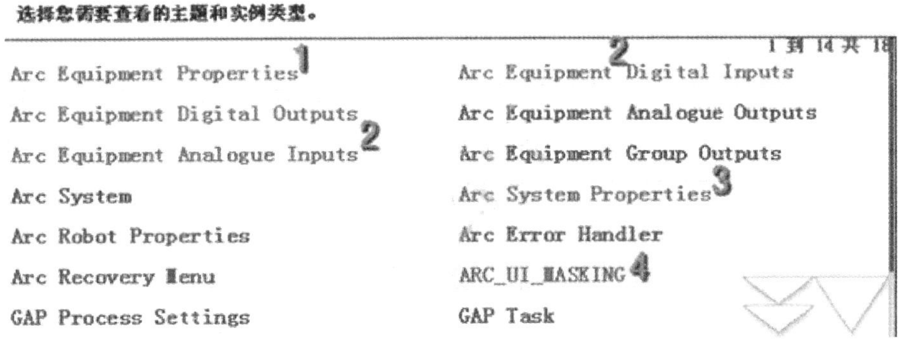

图 2-2-42　焊接设置界面

图中各数字代表的含义如下:

(1)焊接设备属性——定义使用引弧、加热、收弧段等。

(2)焊接设备信号——定义焊枪开关、电弧监测等信号。

(3)焊接系统属性——定义单位、自动断弧重试、刮擦起弧等。

(4)焊接界面设置——定义使用电流或送丝速度。

①焊接设置1

Arc System Properties

a. Units 定义 SI_UNITS 时的焊接速度单位为 mm/s,否则为 m/min 或使用英寸。

b. Restart On 为 true 时开启自动断弧重试功能。

c. Restart Distance:断弧重试的退回距离。

d. Number Of Retries:断弧重试次数。

e. Scrape On 为 true 时开启刮擦起弧功能。

f. Scrape Width:刮擦行走的宽度。

g. Scrape Scycle Time:刮擦行走一个周期的时间。

②焊接设置2

Arc User Interface Masking

a. HeatAsTime 为 true 时使用时间定义加热段,否则为距离。

b. 使用时间时 Seam 参数设置中时间参数可见,否则距离参数可见。

c. Uses Voltage 为 true 时焊接电压参数可见。

d. Uses Current 为 true 时焊接电流参数可见。

e. Uses Wirefeed 为 true 时焊接送丝速度参数可见。

注意:后两者只能有一个为 true,一般使用焊接送丝速度代替电流:在此情况下焊接参数中不显示电流。同样,类似的设置会影响到焊接参数设置中相关参数的显示,比如开启起弧段才可以看到起弧参数的设置。

③焊接设置3

Arc Equipment Properties

a. Preconditions On 为 true 时开启焊接条件检测(水、气等)。

b. Ignition On 为 true 时开启焊接引弧段。

c. Heat On 为 true 时开启焊接加热段。

d. Fill On 为 true 时开启填弧坑功能。

e. Burnback On 为 true 时开启焊丝回烧功能(焊机有此功能)。

f. Autoinhibit On 为 true 则焊接锁定功能在自动模式下也起作用。

g. Arc Preset:在焊接开始前等待模拟信号稳定的时间。

h. Ignition Timeout:引弧过程允许的最长时间。

i. Arc OK Delay:在焊接开始时电弧稳定需要的时间(ms)。

④焊接设置4

a. Arc Equipment Digital Inputs

(a)ArcEst:电弧监测信号。此参数必须定义。

(b) WaterOk:冷却水压监测信号。

(c) GasOk:保护气监测信号。

b. Arc Equipment Digital Outputs

(a) GasOn:手动送气信号。

(b) WeldOn:焊枪开关信号。此参数必须定义。

(c) FeedOn:手动送丝信号。

(d) FeedOnBwd:手动抽丝信号。

c. Arc Equipment Analogue Outputs

(a) VoltReference:电压设定信号。

(b) FeedReference:电流设定信号。

3. 主要焊接指令

(1) ArcLStart、ArcCStart 指令

①指令含义

a. 以直线或圆弧运动行走至焊道开始点,并提前做好焊接准备工作(注意不执行焊接)。

b. 若直接用 ArcL 命令,则焊接在命令的起始点开始执行,但在所有准备工作完成前机器人保持不动。

c. 不管是否使用 Start 指令,焊接开始点都是 fine 点(无圆角过渡),即使设置了 Zone 参数。

(2) ArcL、ArcC 指令

①指令含义

a. 焊接直线或圆弧焊道。

b. 假设 ArcL 指令下一条是 MoveL,焊接会停止,但结果是无法预料的。(如没有填弧坑)

c. 逻辑指令(比如 Set do1)可以插入 2 条焊接指令之间而不停止焊接过程。

②范例

ArcL p1, v100, seam1, weld1, z10, tool1

seam1 表示起弧/收弧参数数据类型为 seamdata;weld1 表示主要焊接参数数据类型为 welddata。

(3) ArcLEnd、ArcCEnd 指令

①指令含义

a. 焊接直线或圆弧至焊道结束点,并完成填弧坑等焊后工作。

b. 不管 Zone 参数指定的圆角是多少,目标点一定是个 fine 点。

注意:焊接中 TCP 的速度由 Weld 参数控制,除非程序单步执行(不焊接)或弧焊软件包设置【使用焊接速度】为全部锁定(图 2-2-43)——由 Speed 参数控制。

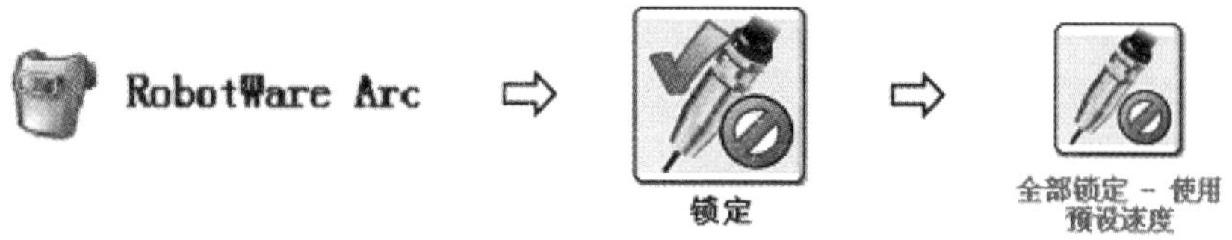

图 2-2-43 【使用焊接速度】为全部锁定

4. 焊接参数

(1)设置主焊接参数

①weld_speed:焊接速度。

②main_arc:定义主电弧参数,数据类型为 Arcdata。

③Voltage:电压值。

④WireFeed:电流值(送丝速度与电流呈正比)。

(2)焊接参数——Seamdata

①用于焊接引弧、加热和收弧段,以及保护气的控制。

②Ignition:引弧段

a. purge - time:气体充满气管和焊枪的时间(s)。

b. preflow_time:预先送气时间,机器人保持不动等待本时间过去。

c. ign_arc:定义引弧电弧参数,数据类型为 Arcdata。

d. ign_move_delay:引弧稳定之后到加热段开始之间的延时。

③End:收弧段

a. cool_time:第一次断弧到填弧坑电弧之间的冷却时间。

b. fill_time:填弧坑时间。

c. fill_arc:定义填弧坑电弧参数,数据类型为 Arcdata。

d. post flow_time:焊道保护送气时间。

(3)焊接参数——Weavedata

用于定义摆动参数(在焊接指令的可选变量中)。

①weave_shape:数值 0 ~ 3,1 为水平摆动。

②weave_type:数值 0 ~ 3,数字越小精度越高但频率越低。

③weave_cycle:摆动周期可用周期长度(图 2-2-44,mm)或摆动频率来定义。

④weave_width:摆动宽度(图 2-2-45,mm)。

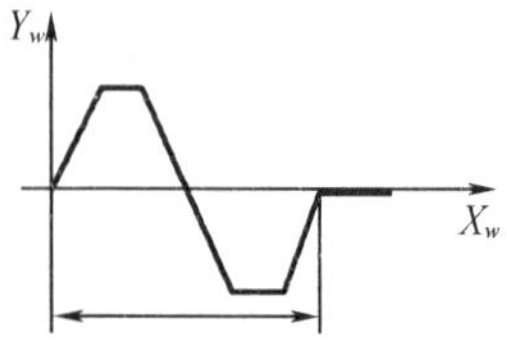

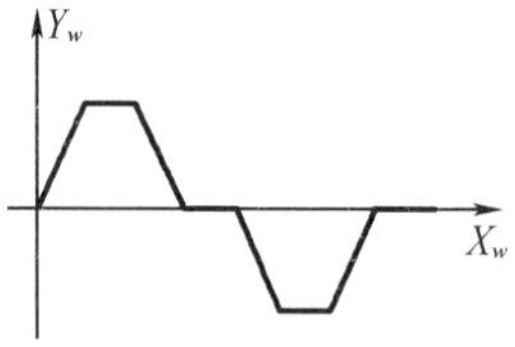

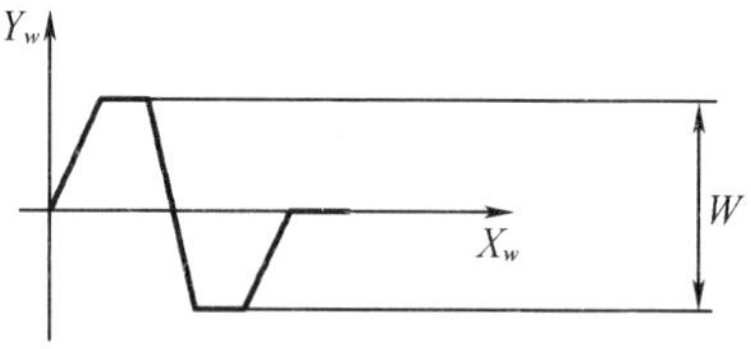

图 2-2-44 摆动周期长度

图 2-2-45 摆动宽度

5. 引弧控制

点击【ABB】,选择 RobotWare Arc,出现图 2 -2 -46 所示界面。

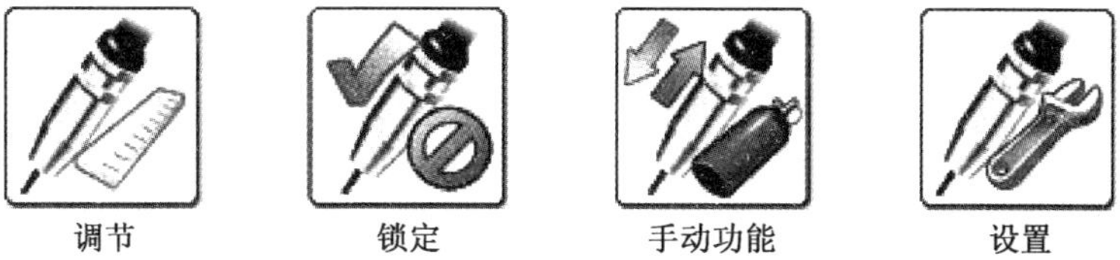

图 2 -2 -46　引弧控制界面

(1)调节

手动或自动焊接过程中焊接参数及摆动参数的调节。

(2)锁定

焊接、摆动、跟踪等功能的锁定,用于程序调试。

①焊接启动

锁定后可在不焊接的情况下执行程序。

②摆动启动

锁定后关闭摆动功能。

③跟踪启动

锁定后关闭跟踪功能。

④使用焊接速度

锁定后不焊接且使用 Speed 参数执行焊接指令。

⑤手动功能

提供送丝、送气等手动功能。

⑥设置

设置送丝长度、焊接参数调节的精度等。

6. 焊接流程

①焊接准备

a. 检查焊机

(a)冷却水、保护气、焊丝/导电嘴/送丝轮规格。

(b)面板设置(保护气、焊丝、收弧、参数分别控制等)。

(c)工件接地良好。

(d)检查信号。

(e)手动送丝、手动送气、焊枪开关及电流监测等信号。

(f)水压开关、保护气检测等传感信号,调节气体流量。

(g)电流、电压控制的模拟信号是否匹配。

b. 编程、焊接参数设置

完成编程后先锁定焊接观察轨迹，然后再开始实际焊接。

c. 完成焊接

关闭电源、保护气，机器人回原点，清理现场。

【思考和练习】

1. 焊接机器人由哪些部分组成，各有什么作用？
2. 焊接机器人适合加工什么样的零件？
3. 焊接机器人有哪些分类？
4. 焊接机器人有哪些坐标系？
5. ABB IRB 1410 具有哪些特点？
6. 如何新建和定义工具坐标系？
7. 如何新建和定义工件坐标系？
8. 如何添加 RAPID 新程序？
9. 如何编辑 RAPID 程序指令？
10. 常用的 IRC5 指令有哪些，它们的含义分别是什么？
11. 常用的焊接指令有哪些，它们的含义分别是什么？
12. 焊接相关参数有哪些，它们的功能分别是什么？

模块三　船舶焊接检验实训

项目 1　船舶焊接检验认识

船舶焊接检验通常采用无损检测方式。无损检测是指以不破坏其将来的使用和使用可靠性的方式,对材料、制件或两者进行宏观缺陷检测,几何特性测量,以及化学成分、组织结构和力学性能变化的评定,进而就材料或制件对特定应用性进行评价的一门学科。无损检测的目的通常是保证船舶产品质量、保障工件的使用性能、改进制造工艺和降低成本。

现在,无损检测的应用几乎涉及科学研究和工程技术的一切领域,而且越是在"高精尖"部门,这项技术发展得越深入。此外,许多科学技术的最新成就又给这项技术的发展提供了新的方法和手段。从这个意义上说,它在一定程度上反映了一个国家的科学技术和工业发展的水平。无损检测近几年发展较快,特别是新技术的开发、数字化的发展,极大地提高了无损检测的可靠性。无损检测的可靠性与被检对象的材料、形状、表面状态,以及需检出缺陷的性质、部位、形状、方向、大小和检测装置的关系很大,而且受人员技能、状态、测量误差、精度要求、数据处理和环境因素等多方面的影响。因此,任何一种方法都不能保证完全检出缺陷,但可以对所需检出的缺陷有所了解,从而确定合理、有效的无损检测方法和技术,保证检测的正确性。不同的方法和技术得出的结果也有差异,必要时可综合几种方法提高无损检测的可靠性。

当今,焊接已是现代造船的关键工艺技术之一,在船体建造中的焊接工时占船体建造工时的30%以上,焊接质量的好坏直接影响船舶的安全和使用寿命。船舶无损检测技术是对焊缝或母材不损坏和不加载荷的条件下进行缺陷检测的方法,是确保船舶及海上设施建造和修理质量、船舶产品品质,监测船舶营运状况的重要手段之一。

任务 1.1　焊接检验

一、焊接检验的作用

焊接接头质量直接影响船舶结构的安全使用,一旦船舶结构焊接接头存在缺陷,很有可能造成断裂,甚至发生沉船事故。

1. 确保焊接结构制造质量,保证船舶安全运行

利用焊接检验,可有效控制缺陷和预防产生废品,以避免不合格品出厂。另外,在使用过程中不断进行监测,可保证焊接产品在规定的使用条件下安全运行并满足预期的使用寿命。

2. 改进焊接技术，提高产品质量

焊接检验可以评定制造工艺正确与否，利用焊接检验技术选择最佳工艺程序，使焊缝达到规定的质量等级要求。

3. 降低产品成本，正确进行安全评定

焊接检验贯穿于焊接生产的全过程，可及时发现缺陷并制定整改措施，大大减少原材料和工时的浪费。

4. 借助焊接检验的可靠保证，可促使焊接技术得到更广泛的应用。

二、焊接检验的分类

焊接检验的本质是利用调查、检查、度量、试验和监测等方法，将产品的焊接质量同其使用要求不断进行比较的过程。

焊接检验可分为破坏性检验和非破坏性检验，在应用中差别较大。根据试验原理不同，每类检验又可分为若干检验手段，见表 3－1－1。

表 3－1－1　破坏性检验和非破坏性检验的分类及特点对照

<table>
<tr><th>检验类别</th><th colspan="2">分类</th><th>性能特征</th></tr>
<tr><td rowspan="11">破坏性检验</td><td rowspan="5">力学性能检验</td><td>拉伸检验</td><td rowspan="11">优点：
1. 能直接而又可靠地测量出使用情况的反应。
2. 测定结果定量。
3. 检验结果与使用情况之间的关系大多直接、一致。
局限性：
1. 只能用于某一抽样，且需要证明该抽样的典型性。
2. 检验过的零件不能再交付使用。
3. 常常不能对同一件产品进行重复性检验，不同形式的检验需要用不同的试样。
4. 报废的损失很大。
5. 对使用中的零件很难应用，往往都要中断其有效寿命。
6. 检验用的试样往往需要大量的机加工或其他制备工作。
7. 投资及人力消耗往往很高</td></tr>
<tr><td>弯曲检验</td></tr>
<tr><td>冲击检验</td></tr>
<tr><td>硬度检验</td></tr>
<tr><td>疲劳检验</td></tr>
<tr><td rowspan="2">化学分析检验</td><td>化学成分分析</td></tr>
<tr><td>焊缝腐蚀检验</td></tr>
<tr><td rowspan="3">金相检验</td><td>宏观金相</td></tr>
<tr><td>微观金相</td></tr>
<tr><td>断口检验</td></tr>
<tr><td colspan="2">焊接性检验</td></tr>
<tr><td rowspan="5">非破坏性检验</td><td rowspan="3">外观检验</td><td>焊缝成形</td><td rowspan="5">优点：
1. 可直接对所生产的产品进行检验，而与零件的成本或可得到的数量无关，除去破损零件外损失较小。
2. 既能对产品进行普检，也能对典型抽样进行检验。
3. 对同一产品既可同时又可依次采用不同的检验方法。
4. 对同一产品可以重复进行同一种检验。</td></tr>
<tr><td>焊缝几何尺寸</td></tr>
<tr><td>表面缺陷</td></tr>
<tr><td rowspan="2">强度检验</td><td>水压检验</td></tr>
<tr><td>气压检验</td></tr>
</table>

表 3-1-1(续)

<table>
<tr><th>检验类别</th><th colspan="2">分类</th><th>性能特征</th></tr>
<tr><td rowspan="10">非破坏性检验</td><td rowspan="6">致密性检验</td><td>气密性检验</td><td rowspan="10">5. 可对使用的零件进行检验。
6. 可直接测量运转使用期内的累计影响。
7. 可查明失效的机理。
8. 试样很少或无须制备。
9. 为了应用于现场,设备往往为携带式。
10. 劳动成本往往很低,尤其对同类零件进行重复性检验时。
局限性:
1. 通常必须借助熟练的实验技术才能对结果做出说明。
2. 不同观测人员可能对检验结果所表明的情况看法不一致。
3. 检验的结果只是定性的或相对的。
4. 有些非破坏性检验所需的原始投资很大</td></tr>
<tr><td>吹气检验</td></tr>
<tr><td>载水检验</td></tr>
<tr><td>水冲检验</td></tr>
<tr><td>煤油检验</td></tr>
<tr><td>真空负压检验</td></tr>
<tr><td rowspan="4">无损检测</td><td>射线探伤</td></tr>
<tr><td>超声波探伤</td></tr>
<tr><td>磁粉探伤</td></tr>
<tr><td>渗透探伤</td></tr>
</table>

破坏性检验可以提供焊接结构的材料性能、组织结构和化学成分的定性、定量数据,由于提取的数据是构件局部或试样的实验结果,所以随机性较强,所获数据必然存在较大的局限性。

对于重要焊接结构的产品验收和在役中的产品,必须采用不破坏其原有形状、不改变或不影响其使用性能的检测方法,以保证产品的安全性和可靠性。

需要注意的是,焊接结构的破坏多数情况下是由微观或宏观缺陷发展成裂纹所致。采用一般的检验方法可以减少这种破坏概率,但不能对构件中的裂纹扩展进行监视。

三、焊接检验方法、标准选择的依据

焊接生产中必须按图样、技术标准和检验文件规定进行检验。

1. 焊接结构设计说明书

根据焊接结构设计说明书,对产品制造过程中焊接接头的各项技术指标(如接头的质量等级要求、力学性能指标、焊接参数等)进行必要的检测。

2. 焊接技术标准

焊接技术标准规定了焊接产品的质量要求和质量评定方法,是从事检验工作的指导性文件。

3. 工艺文件

工艺文件包括焊接工艺规程、焊接检测规程及焊接检测工艺等,具体规定了结构的检测方法、检测程序,可现场指导检测人员工作。

此外,工艺文件还包含质量检验过程中收集的检验单据,如检验报告、不良品处理单及更改通知单(图样更改、工艺更改、材料代用、追加或改变检验要求)等,为焊接检测工作提供了变更依据。

4. 焊接施工图样

图样是生产中使用的最基本的资料,加工制作应依照图样的规定进行。图样中规定了原材料、焊缝位置、坡口形式和尺寸及焊缝的检验要求等。

5. 焊接质量管理制度

企业的管理制度包含质量检测,可直接或间接作为焊接检测的依据。

6. 订货合同

用户对产品焊接质量的要求在合同中有明确标定,它也可作为结构生产、检测的图样和技术文件的补充规定。

任务 1.2　焊接检验过程

把焊接检验工作扩展到整个焊接生产和产品使用过程中,才能更充分、更有效地发挥各种检验方法的积极作用,才能有效预防由缺陷造成的废品的产生和事故。

焊接检验过程基本上由焊前检验、焊接过程检验、焊后检验、安装调试质量检验和产品服役质量检验五个环节组成。

一、焊前检验

焊前检验是针对焊前准备工作的检验,可最大限度地避免或减少焊接缺陷产生,是保证焊接质量的积极、有效的措施。焊前检验的内容及要求见表 3－1－2。

表 3－1－2　焊前检验的内容及要求

检验项目	主要内容	备注
基本金属质量检验	1. 检验投料单据 2. 检验实物标记 3. 检验实物表面质量 4. 检验投料画线、标记移植	注意检验画线的正确性及标记移植的齐全性,及时做好检验记录,然后转入焊前备料、下料等工序
焊接材料质量检验	1. 焊丝质量检验 2. 焊条质量检验 3. 焊剂质量检验 4. 保护气体、压缩空气质量检验	注意核对焊接材料是否符合图样、文件规定,并核对实物标记。焊接材料代换时,应符合等同性能及改善性能及焊接性原则,并履行审批手续
焊接结构设计鉴定	结构的可焊性、可检测性检验	结构的焊接、检测位置必须方便操作
工件备料检验	坡口形式及加工过程的检验	加工方法、工艺符合规定,坡口形式、尺寸、表面粗糙度及表面清理质量符合要求

表3－1－2(续)

检验项目	主要内容	备注
工件装配质量检验	1.装配结构检验 2.装配工艺检验 3.定位焊缝质量检验	装配工艺、装配质量符合规定,定位焊缝质量等同正式焊缝
焊接试板检验	1.焊前试板检验 2.工序试板检验 3.产品试板检验	焊前试板主要用于单批生产的设备工作状态选择,以控制产后焊接质量。工序试板用于复杂工序之间,控制不合格焊缝转入下道工序。产品试板可评定成品焊缝质量
焊接能源检验	1.电源检验 2.气体燃烧检验	电源检验应注意电源波动程序。 气体燃料检验应注意气体纯度、压力
辅助机具检验	1.变位机检验 2.转动胎架检验 3.装配夹具检验 4.焊接夹具检验	检验动作的灵活性、定位精度及夹紧力
工具检验	面罩、手把、电缆等检验	检验面罩遮光性,手把绝缘性、隔热性,以及电缆接线是否合理
焊接环境检验	环境温度、湿度、风速、雨雪等	检验环境条件不利时防护措施的有效性
预热检验	1.预热方式检验 2.预热温度检验	预热方式、温度及加热范围符合规定
焊工资格检验	焊工证书检验	检验焊工证书的有效期限和施焊项目

二、焊接过程检验

焊接过程包括形成焊缝过程、后热及焊后热处理过程。焊接过程检验的内容及要求见表3－1－3。

表3－1－3　焊接过程检验的内容及要求

检验项目	主要内容	备注
焊接规范检验	焊接规范参数检验	严格执行工艺文件规定,如有变化应办理焊接工艺变更手续
焊接材料复核	1.焊接材料特征(颜色、尺寸) 2.焊缝外观特征	发现问题时及时查找原始标记,确保材料牌号、规格符合规定
焊接顺序检验	1.焊接顺序检验 2.施焊方向检验	焊接顺序、施焊方向应符合规定

表 3-1-3(续)

检验项目	主要内容	备注
焊缝表面质量检验	1. 焊缝外观形状、几何尺寸检验及测定 2. 表面缺陷检验	焊缝表面波纹均匀、圆滑过渡。焊缝几何尺寸符合规定。焊缝表面不得存在超标的焊接缺陷
后热检验	1. 后热温度检验 2. 保温时间检验	及时进行
焊后热处理检验	1. 热处理温度检验 2. 保温时间检验	符合规定要求

三、焊后检验

焊后检验的内容与要求见表 3-1-4。

表 3-1-4　焊后检验的内容与要求

检验项目	主要内容	备注
外观检验	1. 焊缝外观形状 2. 几何尺寸检验及测定 3. 表面缺陷检验	重点检验焊接接头的引弧、收弧部位，以及形状、尺寸突变部位及焊趾处。 对几何尺寸应使用焊接检验尺进行检验
无损检验	1. 射线探伤 2. 超声波擦伤 3. 磁力探伤 4. 渗透探伤	按规定选择探伤方法及探伤比例。具体要求结合后续内容掌握
力学性能检验	1. 拉伸试验 2. 弯曲试验 3. 冲击试验	数量、部位、尺寸符合规定
金相检验	1. 宏观金相 2. 微观金相	部位等符合要求
焊缝晶间腐蚀检验	—	—
焊缝铁素体含量检验	—	—
致密性检验	气密性检验、吹气试验、煤油试验、氨渗透试验等	密封容器检验
焊缝强度检验	1. 水压试验 2. 气压试验	用于致密性要求较高的压力容器

四、安装调试质量检验

安装调试质量检验包括对现场组装的焊接质量进行检验和对产品制造的焊接质量进行现场复查。

1. 检验程序和检验项目

检查资料的齐全性，核对质量证明文件，检查实物与质量证明的一致性，依照有关安装规程和技术文件规定进行检验，重点检查产品的重要部位、容易产生质量问题的部位以及运输中容易破损和变形的部位。

2. 检验方法和验收标准

在安装调试过程中，对焊接产品的制造质量应进行复查，复查检验所采用的检验方法、检验项目及验收标准应符合相关标准的规定。

3. 焊接质量问题处理

漏检时，应做补充检查并补齐质量证明文件。对于因检验方法、检验项目或验收标准不同而引发的质量争议，应采用相同的检验方法和评定标准。可修可不修的焊接缺陷，一般可不退修。焊接缺陷明显超标，应进行退修。

五、产品服役质量检验

1. 产品运行期间的质量监控

焊接结构在役运行时，可利用声发射技术或焊接应力检测进行质量监督。

2. 产品检修质量复查

船舶结构在腐蚀介质、交变载荷或低温冲击等条件下工作，运行一定时间后可能产生各种形式的裂纹。为保证结构安全运行，应有计划地对结构焊接质量进行定期复查。

(1)复查工作程序

查阅质量证明文件、原始质量记录，拟定检验方案。

(2)复查检验部位

按相关安全监察规程或技术文件规定进行。

应重点注意对下列部位的复查：修复过的部位，缺陷集中、严重的部位，应力集中的部位，以及运行时容易出现问题的部位。

3. 质量问题处理

重要结构的退修应进行焊接工艺评定，经验证后制定返修工艺措施并编制作业指导书和记录卡。

项目2　外观检验

焊接接头的外观检验是一种手续简便且应用广泛的检验方法，是焊接成品检验必须进行的检验环节。

外观检验是指在熟练掌握焊接缺陷特征的基础上，检查焊接接头表面质量，包括焊缝成形质量及焊缝表面缺陷检查，以及焊缝几何尺寸的测定。

焊接缺陷种类较多，按其在焊缝中的位置可分为内部缺陷和外部缺陷两大类。外部缺陷位于焊缝的外表面，用肉眼或低倍放大镜即可观察到，如焊缝尺寸不符合要求、咬边、表面气孔、表面裂纹、烧穿、焊瘤及弧坑。内部缺陷位于焊缝内部，需要采用无损探伤法或利用破坏性试验才可以发现，如未焊透、内部气孔、内部裂纹及夹渣等。

任务2.1　焊接缺陷种类

一、焊缝尺寸不符合要求

焊缝尺寸不符合要求包括焊缝高低不平、宽度不均匀、波形粗劣、加强高过高或过低等，如图3－2－1所示。

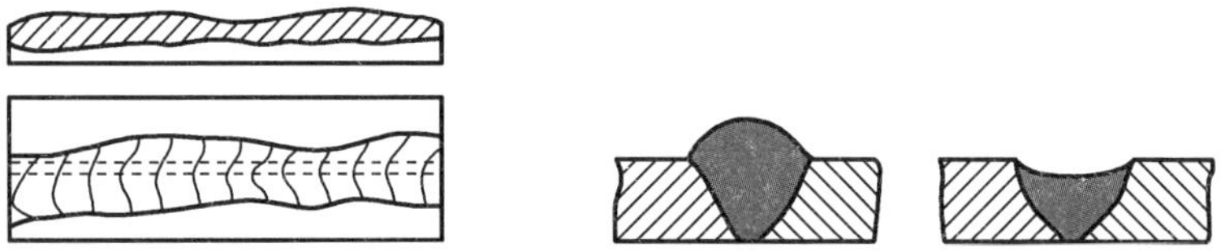

(a)焊缝高低不平、宽度不均匀、波形粗劣　　(b)加强高过高或过低

图3－2－1　焊缝尺寸不符合要求

焊缝尺寸不规范，不符合要求，不仅会造成焊缝成形不美观，而且会影响焊缝与基体金属的结合，造成应力集中，影响结构的安全使用。

焊缝尺寸不符合要求的原因包括工件坡口角度不规范，焊接电流过大或过小，运条速度及手法不当，焊条角度选择不合适，等等。

二、咬边

咬边又称咬肉，是指基本金属和焊缝金属交界处出现凹槽，如图3－2－2所示。

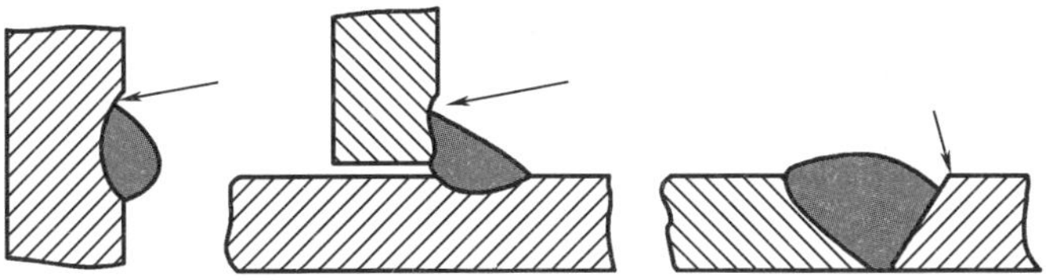

图 3-2-2　咬边示意图

咬边会导致基本金属的有效截面减少，减弱焊接接头强度。另外，咬边部位也容易引发应力集中，承载后可能在此处产生裂纹。

焊接工件产生咬边的原因包括焊接电流过大，电弧过长或运条速度不合适，角焊时焊条角度或电弧长度不适当等。

三、弧坑

在焊缝末端或焊缝接头处，低于基本金属表面的凹坑称为弧坑，如图 3-2-3 所示。

弧坑会影响焊接工件焊缝强度，在弧坑内容易产生气孔、夹渣或微小裂纹。因此，在熄弧时，一定要填满弧坑，保证焊缝高于基本金屑。

焊接时弧坑形成的主要原因是熄弧过快或薄板焊接时电流过大。

四、烧穿

在焊缝中形成的穿孔称为烧穿，如图 3-2-4 所示。

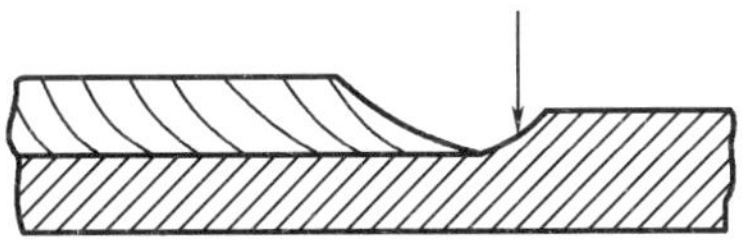

图 3-2-3　弧坑示意图

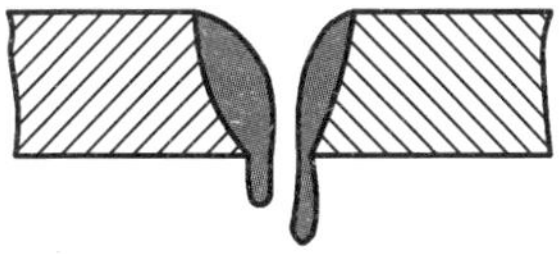

图 3-2-4　烧穿示意图

烧穿不仅影响焊缝的外观，而且会导致该处焊缝的强度急剧减弱。烧穿产生的原因在于焊接电流过大、焊接速度过慢和工件间隙太大。

五、焊瘤

焊接过程中，熔化金属流敷在未熔化的基本金属上或凝固在焊缝上所形成的金属瘤称为焊瘤，如图 3-2-5 所示。

焊瘤的产生不仅影响焊缝外表的美观，而且焊瘤下面容易产生未焊透缺陷，易造成应力集中。管道内的焊瘤还会影响管内的有效面积，甚至会造成堵塞现象。

焊瘤产生的原因主要是焊接过程中焊接电流过大、电弧过长，焊接速度过慢，工件装配间隙太大，操作不熟练，以及运条不当等。

六、夹渣

存在于焊缝或熔合区内部的非金屑夹杂物称为夹渣，如图 3 –2 –6 所示。

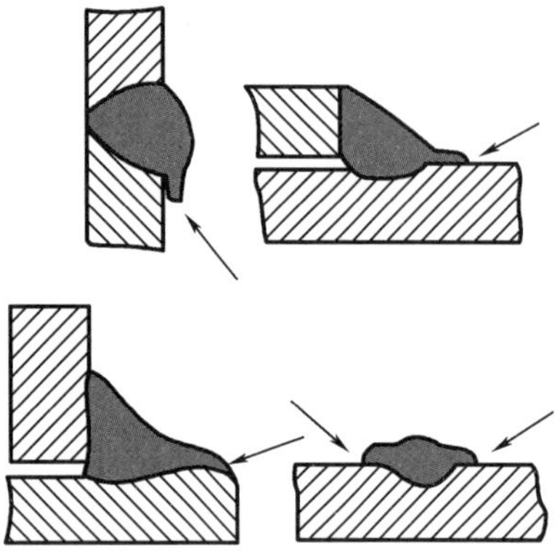

图 3 –2 –5　焊瘤示意图

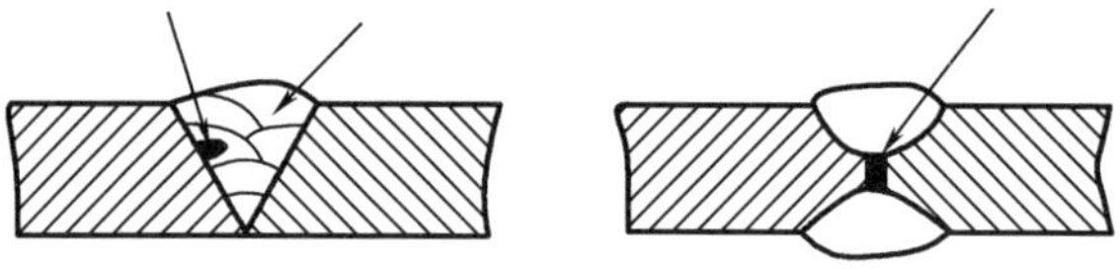

图 3 –2 –6　夹渣示意图

夹渣多数呈不规则的多边形，对接头的性能影响较大。夹渣尖角会引起很大的应力集中，容易导致裂纹的产生。焊缝中的针形氮化物和磷化物夹渣会使金属变脆，影响其力学性能。氧化铁及硫化铁夹渣容易导致焊缝产生热脆性。

夹渣产生的原因主要是工件边缘及焊层之间清理不干净；焊接电流过小，使熔化金属凝固速度加快，熔渣不能及时浮出；运条不当；等等。

七、未焊透

基本金属和焊缝金属之间，局部未熔合而留下的空隙称为未焊透，如图 3 –2 –7 所示。

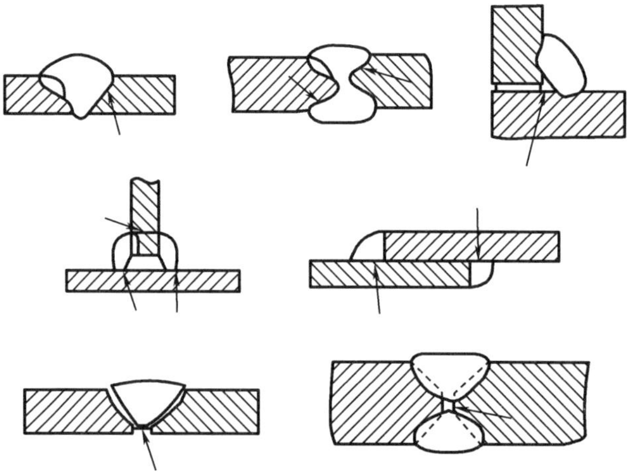

图 3 –2 –7　未焊透示意图

未焊透缺陷不仅会降低焊接接头的机械性能，而且会在未焊透处的缺口和端部形成应力集中点，承载后容易引起裂纹。在对接焊缝中，不允许存在未焊透缺陷。

未焊透产生的主要原因是焊接电流过小，焊接速度过快，焊条角度和运条方法不当，以及电弧过长，出现电弧偏吹时也容易造成未焊透缺陷。

八、气孔

焊接时由于气体未能及时从液态金属中逸出，从而残留在焊缝中形成的空穴称为气孔。气孔可呈密集型，也可呈疏散型，大小也可能不一致。

气孔的位置可能在焊缝表面，也可能在焊缝内部。位于焊缝表面的气孔称为表面气孔，处于焊缝内部的气孔称为内部气孔，如图 3－2－8 所示。

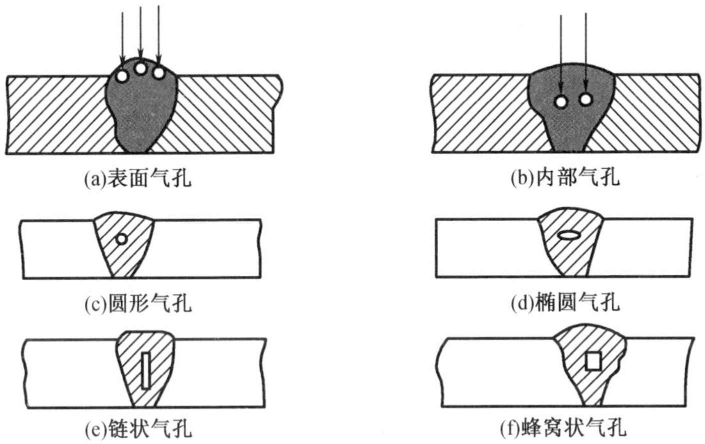

图 3－2－8　气孔形态及分布示意图

气孔的存在对焊缝强度影响较大，原因是气孔降低了焊缝的有效工作断面。另外，气孔破坏了焊缝的致密性，容易造成泄漏。

气孔产生的主要原因是焊接材料、焊接工艺不符合工艺要求。另外，工件表面有水、油、锈等污物存在或焊条药皮受潮，以及操作时电弧过长、焊接电流过大时也容易产生气孔。

九、裂纹

存在于焊缝或热影响区内，因开裂而形成的缝隙称为焊接裂纹。

焊接裂纹的形式多种多样，有的分布在焊缝表面，有的分布在焊缝内部，有的则分布在热影响区内。通常把平行于焊缝的裂纹称为纵向裂纹，把垂直于焊缝的裂纹称为横向裂纹，把弧坑中的裂纹称为火口裂纹或弧坑裂纹，如图 3－2－9 所示。

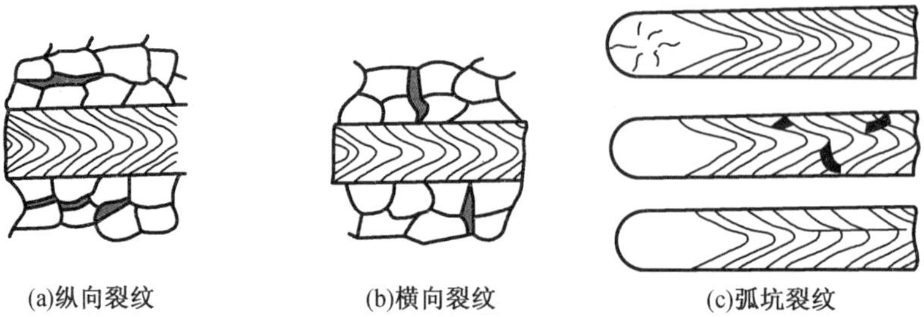

图 3-2-9　裂纹的分布形式示意图

裂纹是焊缝中最危险的缺陷,不仅会降低焊接接头的强度,还会因裂纹末端的尖锐缺口效应引起应力集中,工件承载后成为结构断裂的根源。

裂纹产生的原因很多,当焊接含碳量较高或硫、磷含量较高的工件时,如不采取相应的工艺措施,极容易产生裂纹。另外,不遵守焊接规范、不采用合理的焊接顺序,也容易在焊接时形成裂纹。

任务 2.2　焊缝外观及焊缝尺寸检测

一、焊缝外观检测

焊缝的外观检测可利用肉眼或放大镜,主要检测焊接接头的形状和尺寸。

1. 目视检测方法

目视检测应在焊接工作结束,并将工件表面的焊渣和飞溅清理干净后进行。目视检测工作容易进行,操作时较直观、方便,效率较高。

对于焊接结构的所有可见焊缝,均应进行目视检测。对于结构庞大、焊缝形式较多的焊接结构,可按焊缝种类或形式分为区、块、段逐次检查。对于焊接结构的隐蔽焊缝,应在其组装前或焊缝尚处于敞开状态时进行目视检测。

(1)直接目视检测

直接目视检测用于眼睛能充分接近被检测物体,可直接观察并分辨缺陷形态的场合。

直接目视检测的距离约为 600 mm,眼睛与被检工件表面所成视角不小于 30°。在检测过程中,可采用适当照明,利用反光镜调节照射和观察角度,或借助低倍放大镜观察,以提高发现缺陷和分辨缺陷的能力。

(2)远距离目视检测

远距离目视检测用于眼睛不能接近被检测物体,必须借助望远镜、内孔管道镜或照相机等进行观察的场合。借助的设备至少应具有与目视检测相同的效果。

2. 目视检测的项目

目视检测的项目包括焊后清理质量、焊接缺陷、焊缝几何形状检查及焊接伤痕补焊。

二、焊缝尺寸检测

焊缝尺寸检测主要是测量实物焊缝外观尺寸是否符合图样标准尺寸或技术标准规定的尺寸。

1. 对接焊缝尺寸的检测

对于对接接头焊缝尺寸，应按相关标准或技术要求测量检查。

测量对接接头焊缝尺寸时，操作方法比较简单，可直接用直尺或焊接检测尺测量出焊缝的余高和焊缝宽度，图 3－2－10 为对接焊缝余高和焊缝熔宽测量方法示意。

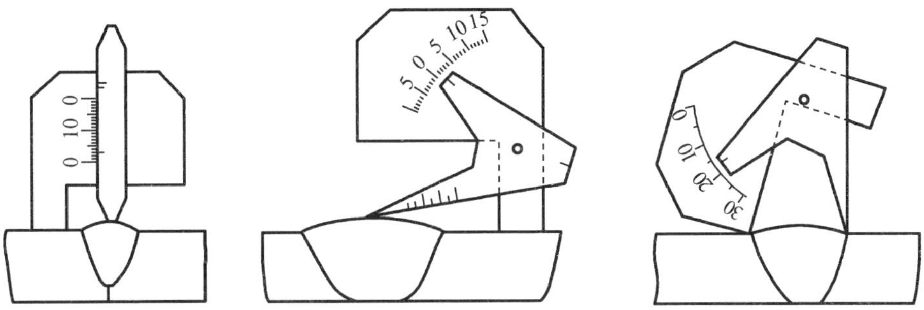
(a)细小焊缝余高测量　(b)较宽焊缝余高测量　(c)焊缝熔宽测量

图 3－2－10　对接焊缝余高和熔宽测量方法示意图（单位：mm）

当组焊工件存在错边时，焊缝余高应以表面较高一侧母材为基准进行计算。若组装工件厚度不同，则测量余高也应以表面较高一侧母材为基准进行计算，或保证两侧母材间焊缝呈圆滑过渡。

2. 角焊缝尺寸检测

检测角焊缝尺寸主要是检测焊缝的厚度、焊角尺寸，然后可通过计算，获得焊缝的凸度和凹度。图 3－2－11 为角焊缝尺寸示意。

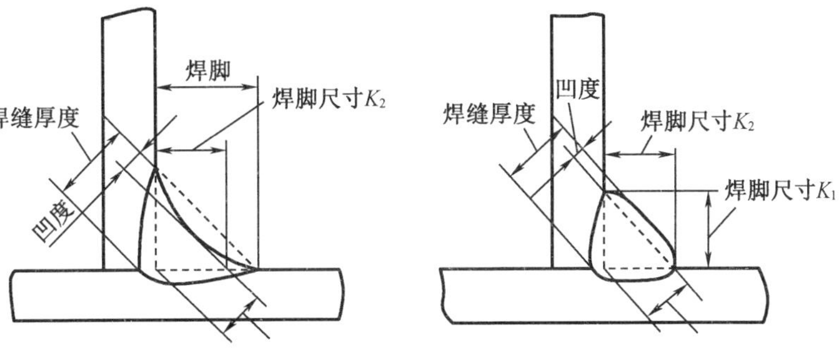

(a)凹形角焊缝　(b)凸形角焊缝

图 3－2－11　角焊缝尺寸示意图

测量角焊缝相应尺寸时，可以使用焊接检验尺或借助样板。图 3 - 2 - 12、图 3 - 2 - 13 为焊脚尺寸测量方法。测量角焊缝厚度可参照图 3 - 2 - 14 进行。

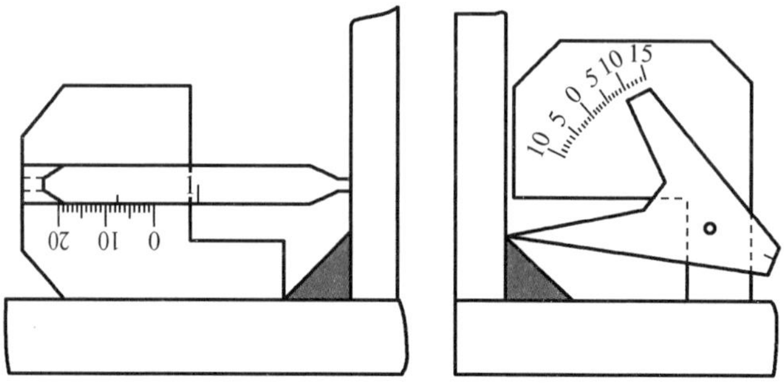

图 3 - 2 - 12　利用焊接检验尺测量焊脚尺寸（单位：mm）

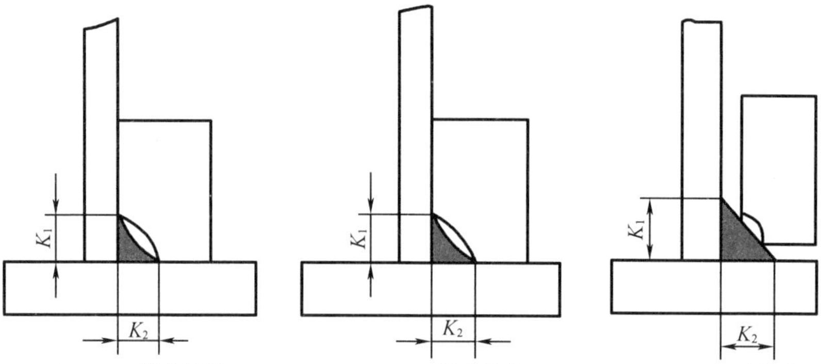

(a)K_1、K_2符合要求　(b)K_1、K_2尺寸偏小　(c)K_1、K_2尺寸偏大

图 3 - 2 - 13　利用样板测量焊脚尺寸

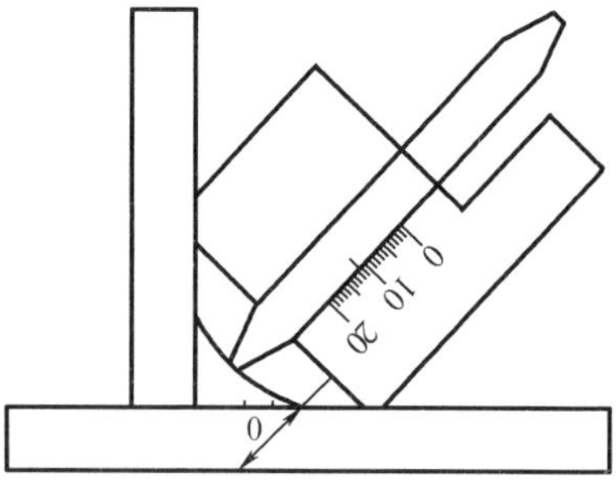

图 3 - 2 - 14　角焊缝厚度 α 测量（单位：mm）

多数情况下，只需测量焊脚 K_1、K_2。如图样标准中要求角焊缝厚度时，不但要求实际角焊缝厚度符合尺寸 α，还要求焊脚 $K_1 = K_2$。

项目3 射线探伤

射线探伤是利用射线可穿透物质及在物质中衰减的特性发现缺陷的一种探伤方法。

工业上常用的射线探伤方法为X射线探伤和γ射线探伤,指使用电磁波对金属工件进行检测,同X线透视类似。射线穿过材料到达底片,会使底片均匀感光;如果遇到裂缝、洞孔、夹渣等缺陷,一般会在底片上显示出暗影区。射线探伤能检测出缺陷的大小和形状,还能测定材料的厚度。

射线探伤在工业上有着非常广泛的应用,它既用于金属检查,也用于非金属检查。对金属内部可能产生的缺陷,如气孔、针孔、夹杂、疏松、裂纹、偏析、未焊透和熔合不足等,都可以用射线检查。应用该方法的行业有特种设备、航空航天、船舶、兵器、水工成套设备和桥梁钢结构。

射线探伤工艺是指在熟悉射线探伤工作原理及设备结构组成的基础上,掌握射线探伤的操作要点,分析焊接缺陷的底片特征,并可结合质量验收标准评定焊缝质量等级。

任务3.1 射线探伤原理及设备

一、射线探伤基本原理

1.射线的性质

①不可见,以光速直线传播。

②不带电,不受电场和磁场的影响。

③具有可穿透物质和在物质中衰减的特性。

④可使物质电离,能使胶片感光,亦能使某些物质产生荧光。

⑤可对生物细胞起作用(生物效应)。

2.射线与物质的相互作用

当射线穿透物质时,由于射线与物质的相互作用,将产生一系列极为复杂的物理过程,其中包括光电效应、汤姆孙散射、康普顿效应和电子对(电子偶)效应等。

上述物理过程的结果必然导致射线因吸收和散射而失去一部分能量,其强度相应减弱。这种现象称为射线衰减,并可用衰减定律表达,即

$$I_x = I_0 e^{-\mu x} \tag{3-1}$$

式中 I_x——射线透过厚度为 x 的物质后的射线强度;

I_0——射线的初始强度;

e——自然对数的底；

μ——线衰减系数，为上述各物理效应分别引起的衰减系数之和。

可见，射线强度的衰减是呈负指数规律的，并且随着透过物质厚度的增加，射线强度的衰减增大。随着线衰减系数的增大，射线强度的衰减增大。

线衰减系数 μ 与射线本身的能量（波长 λ）及物质本身的性质（原子序数 Z、密度 ρ）有关。对同样的物质，其射线的波长越长，μ 越大；对相同波长或能量的射线，物质的原子序数越大，密度越大，则 μ 越大。

3. 射线探伤的工作原理

射线探伤的实质是，根据被检工件与其内部缺陷介质对射线能量衰减程度不同，造成射线透过工件后的强度差异，使缺陷能在射线底片或 X 光电视屏幕上显示出来。

射线在工件及缺陷中的线衰减系数分别为 μ 和 μ'。

①$\mu' < \mu$ 时，$I > I_x$，即缺陷部位透过射线强度大于周围完好部位。例如，钢焊缝中的气孔、夹渣等缺陷属于这种情况，缺陷在射线底片上呈黑色影像，在 X 光电视屏幕上呈灰白色影像。

②$\mu' > \mu$ 时，$I < I_x$，即缺陷部位透过射线强度小于周围完好部位。例如，钢焊缝中的夹钨属于这种情况，缺陷在射线底片上呈白色块状影像，在 X 光电视屏幕上呈黑色块状影像。

③$\mu' \approx \mu$ 或 Δx 很小且趋近于零时，$I' \approx I_x$，缺陷部位与周围完好部位透过的射线强度无差异，在射线底片上或 X 光电视屏幕上缺陷将得不到显示。

二、射线探伤设备

1. X 射线机

（1）X 射线机的分类和结构

①分类

X 射线机又称射线探伤机，按其结构形式可分为携带式、移动式和固定式三种。

携带式 X 射线机多采用组合式 X 射线发生器，体积小、重量轻，可用于施工现场探伤作业，特别适合野外作业的探伤工作。移动式 X 射线机可在车间或实验室内移动，适用于中、厚工件的探伤。固定式 X 射线机固定在确定的工作环境中，靠移动工件完成探伤工作。

按射线束的辐射方向，可将 X 射线机分为定向辐射和周向辐射两种。其中，周向 X 射线机特别适用于管道、锅炉和压力容器的环形焊缝探伤，利用一次曝光可以完成整条焊缝的检查，能显著提高工作效率。

此外，还有一些特殊用途的 X 射线机。例如，软 X 射线机（管电压 60 kV 以下）可用于检验金属薄件、非金属材料等低原子序数物质的内部缺陷。微焦点 X 射线机（通常焦点尺寸为 ϕ0.01 ~ 0.1 mm，最小可达 ϕ0.05 mm），适于近焦距摄片，可用于检测半导体器件、集成电路等内部结构及焊接质量。

②构成

X 射线机通常由 X 射线管、高压发生器、控制装置、冷却器、机械装置和高压电缆等部件组成。

携带式 X 射线机是将 X 射线管和高压发生器直接相连，构成组合式 X 射线发生器，省去了高压电缆，并和冷却器等一起组装成射线柜。为携带方便，携带式 X 射线机一般没有为支撑机器而设计的机械装置。

(2)X 射线管

X 射线管又称 X 光管，是 X 射线机的核心部件，是由管套阴极和阳极等组成的真空电子器件，如图 3－3－1 所示。

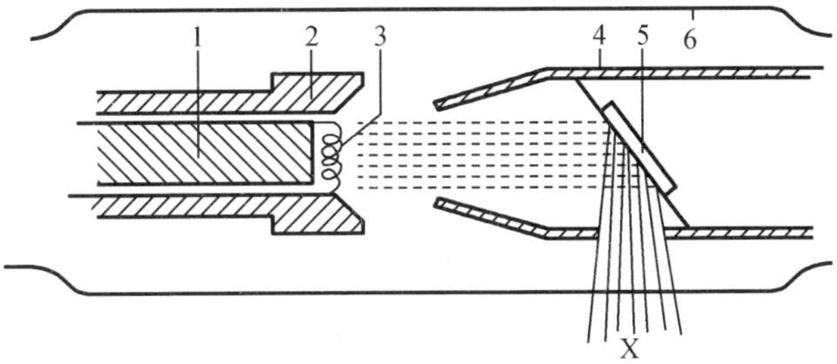

1—阴极；2—聚焦罩；3—灯丝；4—阳极(壳)；5—靶；6—管套。

图 3－3－1　X 射线管结构示意图

①结构特点

X 射线管由阴极构件、阳极构件和管套构成。

X 射线管有玻璃壳管和金属陶瓷管两种。金属陶瓷管机、电、热性能优良，体积小、质量轻、寿命长，已逐渐取代玻璃壳管而获得广泛的应用，其主要缺点是价格较贵，约为玻璃壳 X 光管的 3～5 倍。

a. 阴极　阴极的作用是发射电子和聚集电子，由发射电子的钨丝和聚集罩(纯铁或纯镍制成的凹面)构成。X 射线管内，阳极焦点的形成取决于阴极形状。

b. 套管　套管是 X 射线管的外壳，管内要求有较高的真空度(1.33×10^{-4} Pa 以上)，以降低高速电子在管内运动的阻力。

c. 阳极　X 射线由射线管阳极发出。阳极由阳极靶块(钨等)、阳极体和阳极罩(铜，导电和散热)三部分构成。

②工作原理

当灯丝接通低压交流电源(约 2～10 V)通电(各种射线机管电流为 2～30 mA 不等)加热至白炽时，在阴极周围形成电子云，借助聚焦罩的凹面形状使其聚焦。

当在阳极与阴极间施以高压(各种射线机管电压为 50～500 kV 不等)时，电子被阴极排斥，受阳极吸引，并加速穿过真空空间。高速运动的电子成束集中轰击靶子较小面积(实际焦点)。

电子被阻挡、减速和吸收，其部分动能(约 1%)转换为 X 射线。由于 X 射线管能量转换效率很低，靶块接受电子轰击的动能绝大部分转换为热能，所以阳极的冷却至关重要。

目前采用的冷却方式主要有辐射散热及冲油(或水)冷却。

③焦点

X 射线管的焦点大小是其重要的技术指标之一,直接影响探伤灵敏度。焦点尺寸主要取决于灯丝形状和大小,管电压和管电流也对焦点尺寸有一定影响。

靶块被电子轰击的部分叫实际焦点,又称几何焦点。实际焦点在垂直于射线束轴线的投影,或其在 X 射线传播方向经光学投影后的尺寸(面积)称有效(光学)焦点。由于靶块与射线束轴线一般成20°倾斜角度,所以有效焦点大约为实际焦点的 1/3 左右,如图 3－3－2 所示。

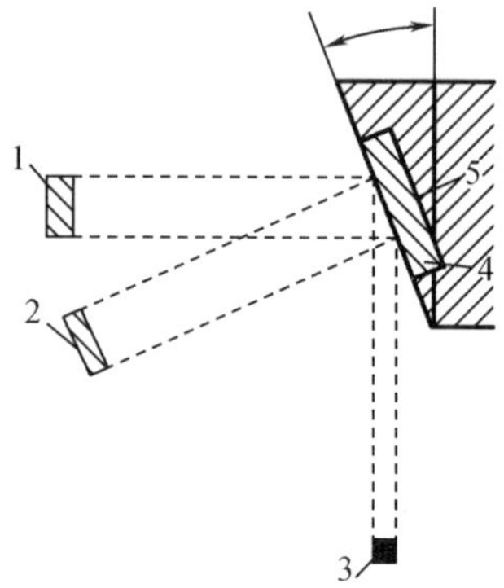

1—电子束尺寸;2—实际焦点;3—有效焦点;4—靶块;5—轰击区。

图 3－3－2　焦点示意图

2. γ 射线机

(1)优点

穿透力强,最大可透照 300 mm 钢材。透照过程中不用水和电,可在野外、带电(高压电器设备)、高空、高温及水下等多种场合工作。设备轻巧、简单、操作方便,可在 X 射线机和加速器无法达到的狭小空间工作。

(2)缺点

半衰期短的 γ 源更换频繁,要求严格的射线防护。发现缺陷的灵敏度略低于 X 射线机。

3. 加速器

加速器是指带电粒子加速器,其原理是利用电磁场使带电粒子(如电子、质子、氦核及其他重离子)获得能量。用于产生高能 X 射线的加速器主要有电子感应式、电子直线式和电子回旋式三种,目前应用最广泛的是电子直线加速器。

加速器具有射线束能量,强度与方向均可精确控制,能量可高达 35 MeV,所以探伤厚度可达 500 mm(钢铁)。射线焦点尺寸小, 探伤灵敏度较高。

4. 射线探伤设备的初步选择

射线探伤设备的初步选择主要应考虑以下因素,即射线能穿透的材料厚度、显像质量、曝光时间、装置对位及移动的难易程度等。

任务 3.2　射线照相法探伤

射线照相法探伤是指根据被检工件与内部缺陷介质对射线能量衰减程度的不同，而形成透照后射线强度分布差异，并在感光材料（胶片）上获得缺陷投影所产生的潜影。经过暗室处理后获得缺陷影像，并依照相关标准评定工件内部质量。

一、探伤系统基本构成

射线照相法探伤系统的基本构成如图 3－3－3 所示。

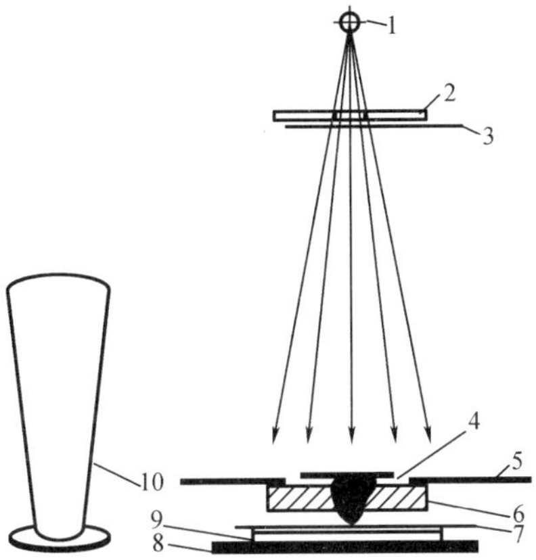

1—射线源；2—铅光缆；3—滤板；4—像质计、标记带；5—铅滤板；6—工件；7—滤板；8—底部铅板；9—暗盒、胶片、增感屏；10—铅罩。

图 3－3－3　射线照相法探伤系统的基本组成示意图

1. 射线源

射线源可以根据实际情况选择 X 射线机、γ 射线机或加速器。

2. 射线胶片

射线胶片由保护层、乳剂层、结合层和片基组成。射线胶片不同于普通照相胶卷之处在于，其片基两面均涂有乳剂，以增加对射线敏感的卤化银含量。

3. 增感屏

金属增感屏由金属箔黏合在纸基或胶片片基上制成，探伤时与射线胶片紧密接触，有前屏和后屏之分。

增感屏被射线透射后可产生二次电子和二次射线，增加对胶片的感光作用。另外，增感屏对波长较长的散射线有吸收作用，可减小散射线引起的灰雾度。所以，金属增感屏的使用能够提高胶片的感光速度和底片的成像质量。

尽管增感屏具有很大的增感系数，但由于产生荧光扩散、屏斑效应等会引起成像质量显著降低，易造成细小裂纹等危险缺陷的漏检，故在透照焊缝时一般并不选用。

4. 像质计

像质计是用来定量评价射线底片影像质量的工具，应与被检工件材质相同。

像质计有线型、孔型和槽型三种，GB 3323 中规定采用线型像质计，其放置方式应符合图 3－3－4 所示要求。

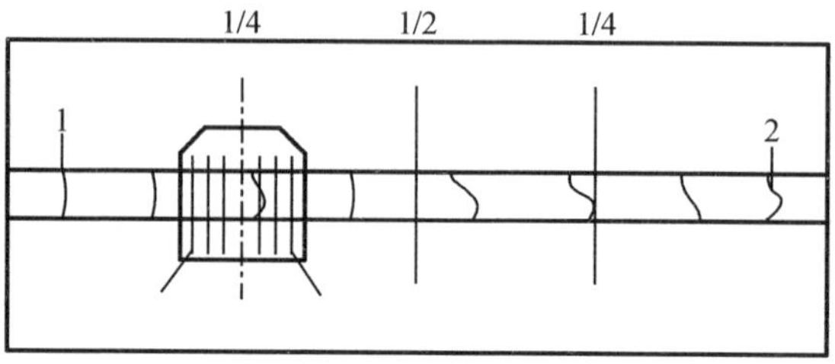

图 3－3－4　像质计的正确安放(1～2 为被检区)

5. 铅罩、铅光阑

附加在 X 射线机窗口的铅罩或铅光阑，可以限制射线照射区域大小并获得合适的照射量，从而减少来自其他物体的散射作用，以避免和减少散射线所造成的底片灰 0 雾度的增大。

6. 铅遮板

工件表面和周围的铅遮板，可以有效屏蔽前方散射线和工件外缘因散射引起的“边蚀”效应，对不规则的工件也可采用钡泥、金属粉末(铜粉、钢粉和铅粉)等。

7. 底部铅板

底部铅板又称后防护铅板，用以屏蔽后方散射线。

8. 滤板

滤板通常同铜、黄铜和铅制成，作用是吸收 X 射线中波长较大的谱线。

使用滤板时，应适当选择厚度。例如，透照钢时所用铜滤板的厚度不得大于工件最大厚度的 20%，而铅滤板则不得大于 3%。

9. 暗盒

暗盒由对射线吸收不明显且对影像无影响的柔软塑料带制成，使用时可进行大幅弯曲并贴紧工件。

10. 标记带

标记带可保证射线底片与工件被检部位准确对照。标记带的铅质标记包括定位标记(中心标记、搭接标记)、识别标记(工件编号、焊缝编号、部位编号、返修标记)、B 标记等。

铅质标记与被检区域可同时透照在底片上，其安放位置可参照图 3－3－5。

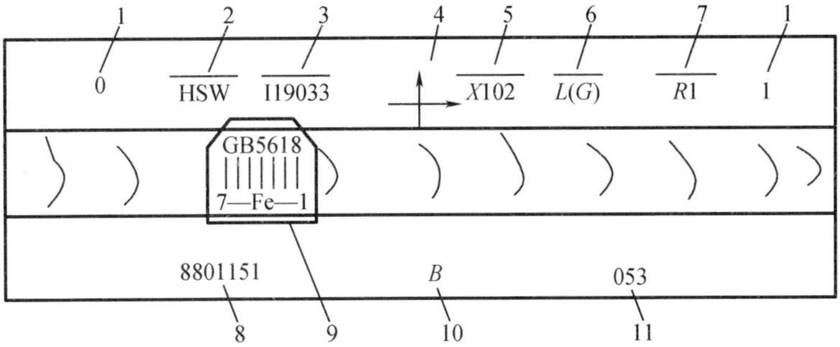

1—定位及分编号(搭接标记);2—制造厂代号;3—合同号;4—工件编号;5—焊缝类别。

图 3-3-5　各种标记的相互位置(标记带)

二、探伤条件的选择

1. 选择原则

(1)像质等级

对给定工件进行射线照相法探伤时,应根据有关规程和标准要求选择适当的探伤条件。其中,对射线探伤技术本身的质量要求以所规定的照相质量等级体现。

A 级——成像质量一般,适用于承受负载较小的产品及部件。

AB 级——成像质量较高,适用于锅炉和压力容器产品及部件。

B 级——成像质量最高,适用于航天和核设备等极为重要的产品及部件。

不同的像质等级对射线底片的黑度、灵敏度均有不同的规定。

(2)黑度

底片黑度(D)是指曝光并经暗室处理后的底片黑化程度,其大小与该部分含银量的多少有关。由于含银量多的部位比含银量少的部位更难透光,故其黑度较大。

(3)灵敏度

灵敏度是评价射线照相质量的最重要的指标,经常以在工件中能发现的最小缺陷尺寸或其在工件厚度上所占百分比来表示。前者称为绝对灵敏度,后者称为相对灵敏度。

由于预先无法了解沿射线穿透方向上的最小缺陷尺寸,因此必须采用已知尺寸的人工“缺陷”(像质计)度量。

射线照相灵敏度是射线照相对比度和清晰度两大因素的综合效果。

2. 射线源的选择

(1)射线能量

射线能量是指射线源的 KV、MeV 值或 γ 源的种类。射线能量越大,其穿透力越强,可透照的工件厚度越大,但同时也会因线质硬而导致成像质量下降。

所以,在满足照射工件厚度的条件下,应根据材质和成像质量要求,尽量选择较低的射线能量。尤其是对线衰减系数较小的轻金属薄件,最好选用软 X 射线机。

(2)射线强度

管电压相同时,管电流越大,X 射线源的射线强度越大,可缩短曝光时间,显著提高探伤生产率。

(3)焦点尺寸

焦点越小,照相灵敏度越高。因此,在可能的条件下应选择焦点小的射线源,同时还需按焦点尺寸核算最短透照距离。

(4)辐射角

射线束所构成的角度称为辐射角。X 射线的辐射角分为定向和周向,分别适用于定向分段曝光和环焊缝整圈一次周向曝光。γ 射线的辐射角分为定向、周向和 4π 立体角,分别适用于分段曝光、周向曝光和全景曝光技术。

此外,射线探伤设备的选型还应考虑其质量、体积和易于对位等条件。

3. 几何参数的选择

(1)焦点尺寸

焦点不属于点源而具有一定的几何尺寸,在探伤中必然会产生几何不清晰度 u_g,会使缺陷的边缘线影像变得模糊,降低射线照相清晰度。同时,当焦点尺寸 $d_1 > d_2$ 时,可明显看到 $u_{g1} > u_{g2}$,如图 3-3-6 所示。

(2)透照距离

透照距离即焦点至胶片的距离 F(又称焦距)。图 3-3-7 表明,当焦距 $F_1 > F_2$ 时,则有 $u_{g2} > u_{g1}$。

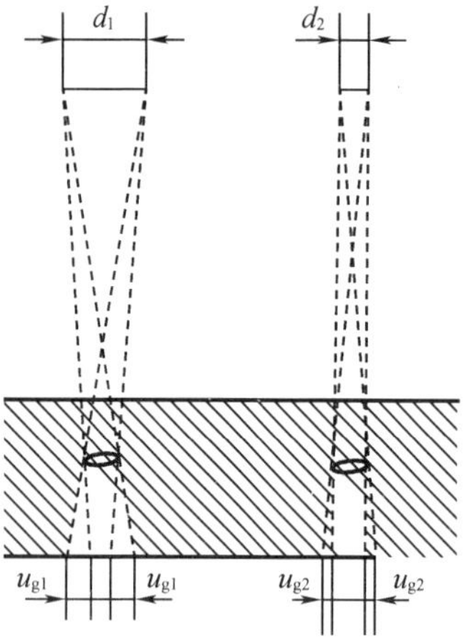

图 3-3-6 焦点尺寸对几何不清晰度的影响

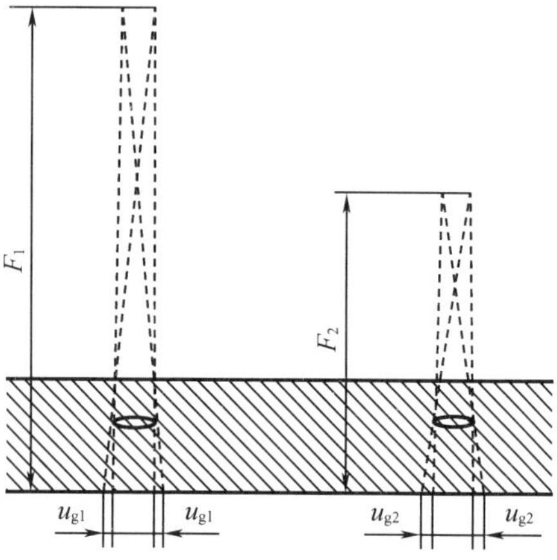

图 3-3-7 透照距离对几何不清晰度的影响

(3)缺陷至胶片距离

当缺陷至胶片距离 $h_1 < h_2$ 时,则有 $u_{g1} < u_{g2}$,如图 3-3-8 所示。显然,当缺陷位于工件表面时,几何不清晰度最大,即

$$u_{gmax} = \frac{\delta d}{F - \delta} \qquad (3-2)$$

式中　u_{gmax}——最大几何不清晰度,mm;

δ——工件厚度,mm;

d——焦点尺寸,mm;

F——焦距,mm。

目前,在射线探伤的国内外标准中,均遵循几何不清晰度原理。

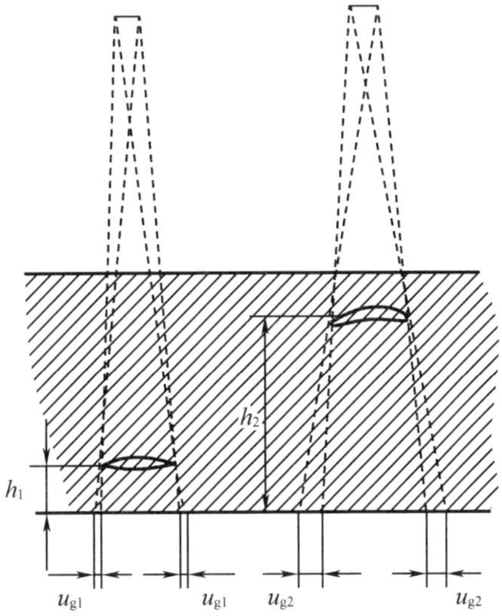

图 3－3－8　缺陷至胶片距离对几何不清晰度的影响

4. 曝光条件的选择

在一定的探伤器材、几何条件和暗室处理等条件下,欲获得规定黑度值的底片,对某一厚度工件应选用的透照参数称为曝光条件,又称曝光规范。

X 射线探伤时,曝光条件主要是指管电压、管电流、焦距和曝光时间四个参数。γ 射线探伤时,曝光条件主要是指焦距和曝光时间两个参数。高能 X 射线探伤时,曝光条件主要是指焦距和拉德数两个参数。

5. 散射线的控制

射线探伤时,凡是受到射线照射的物体,如工件、暗盒、墙壁、地面甚至空气等,都会成为散射源。散射线会使射线底片灰雾度增大,降低对比度和清晰度。

为了减少散射线,在探伤系统中可设置增感屏、铅罩、铅光缆、底部铅板和滤板等,其中增感屏至关重要。

6. 透照方式的选择

进行射线探伤时,为反映工件接头内部缺陷的存在情况,应根据焊接接头形式和工件的几何形状合理选择透照方式。

射线源、被检工件以及装有胶片和增感屏的暗袋,在透照时通常按照图 3－3－9 至图 3－3－16 所示方式布置。

(1)纵缝单壁透照法

射线源位于工件前侧,胶片位于另一侧,如图 3-3-9 所示。

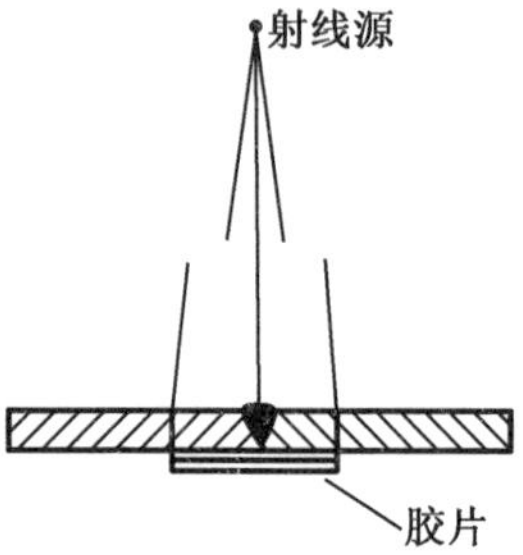

图 3-3-9 纵缝单壁透照法

(2)单壁外透法

射线源位于被检工件外侧,胶片位于内侧,如图 3-3-10 所示。

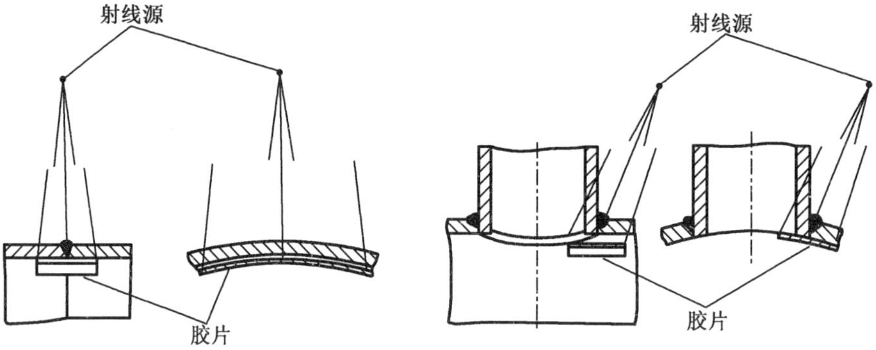

图 3-3-10 单壁外透法

(3)射线源中心法

射线位于工件内侧中心处,胶片位于外侧,如图 3-3-11 所示。

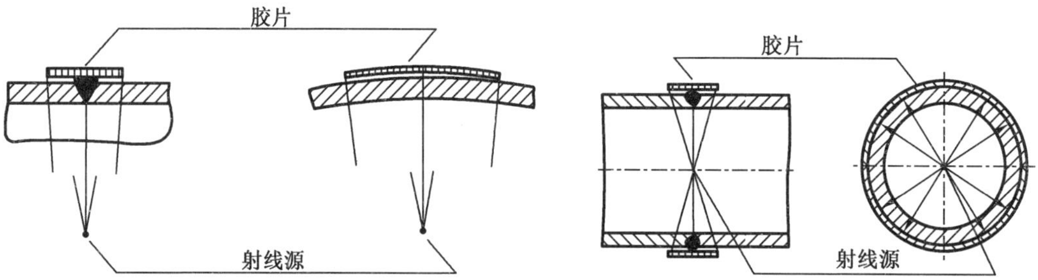

图 3-3-11 射线源中心法

(4)射线源偏心法

射线源位于被检工件内侧偏心处,胶片位于外侧,如图 3－3－12 所示。

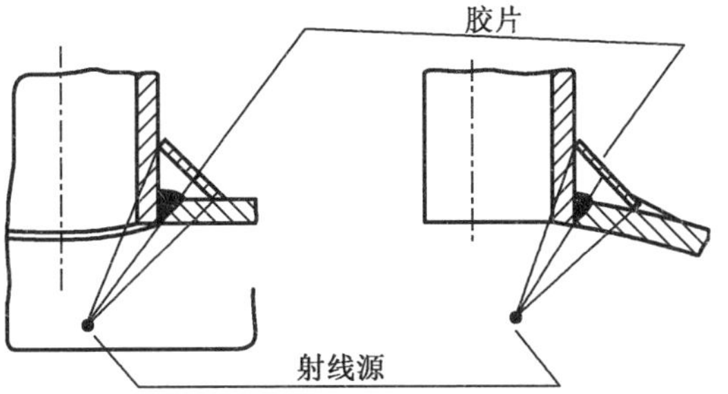

图 3－3－12　射线源偏心法

(5)椭圆透照法

射线源和胶片位于被检工件外侧,焊缝投影呈椭圆显示,如图 3－3－13 所示。

(6)垂直透照法

射线源和胶片位于被检工件外侧,射线垂直入射,如图 3－3－14 所示。

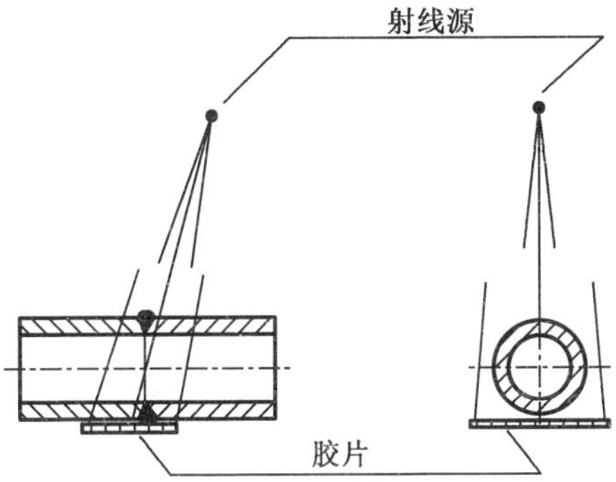

图 3－3－13　椭圆透照法

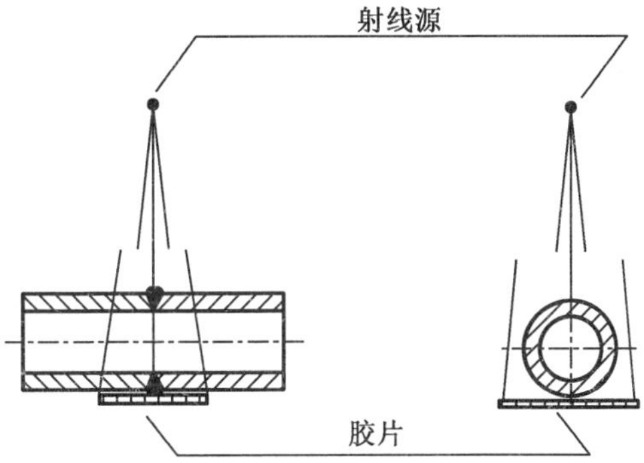

图 3－3－14　垂直透照法

(7)双壁单影法

射线源位于被检工件外侧,胶片位于另一侧,如图 3－3－15 所示。

(8)不等厚透照法

材料厚度差异较大,采用多张胶片透照,如图 3－3－16 所示。

在透照方式确定以后,还应注意以下两点。

①只有射线能垂直入射工件中缺陷时,底片上的缺陷图像才不会畸变,且其尺寸也最接近缺陷实际尺寸。同时,对于裂纹、未熔合等面积型缺陷,只有射线入射方向与其深度方向一致时,射线底片上的缺陷影像才最清晰,才具有最高检出率。

当二者倾角 >20°时,裂纹漏检的可能性极大,所以在任何透照方式下,均需注意正确选择透照方向。

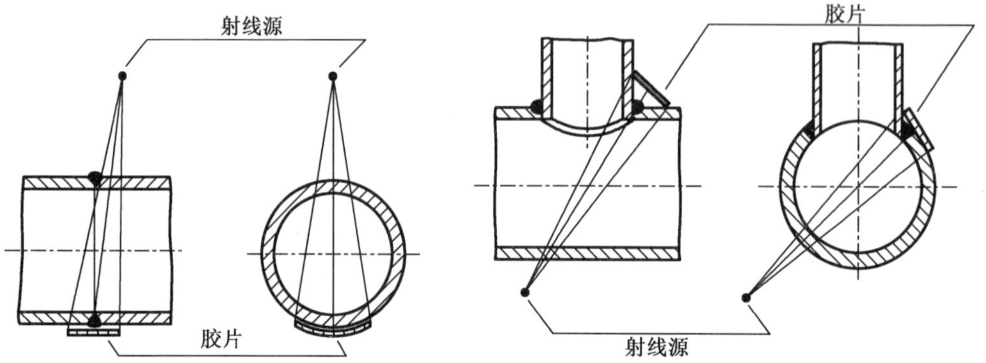

图 3-3-15　双壁单影法

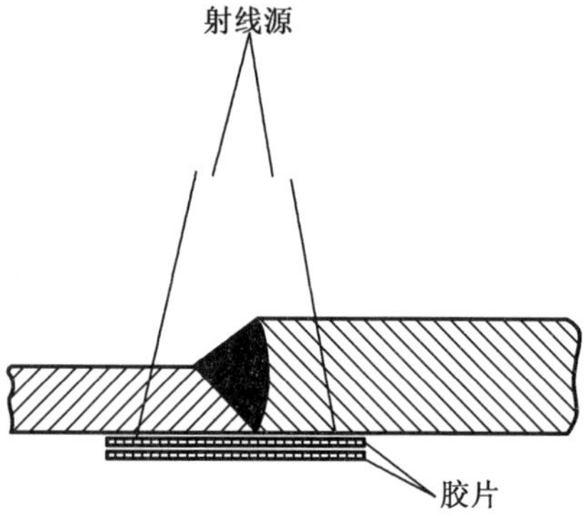

图 3-3-16　不等厚透照法

②X 射线机存在辐射角 θ,在照射场内射线强度分布并不均匀,会使底片黑度分布不均。靠近边缘时,由于射线强度减弱,使其黑度低于中心附近黑度。同时,射线束射达工件时,中心射线束穿透的工件厚度小于边缘射线束穿透的工件厚度,产生透照厚度差,使底片中间部位黑度值高于两端部位黑度值。

所以,若以底片中间部位控制黑度,则两端黑度值将会过低,降低图像对比度,位于两端部位的缺陷有可能漏检。

7. 胶片的暗室处理

暗室处理是将胶片乳剂层中经光化作用生成的潜像转变为可见的黑色影像的过程。

(1)暗室

暗室应尽量靠近工件透照处所,并便于辐射防护的地方。

(2)处理程序

①显影　利用显影液中的显影剂,将潜像转变为可见影像的过程称为显影。

②停显　显影结束后,应将胶片放入酸性停影液(通常为 3% 的醋酸溶液)30 ~ 60 s,使酸碱中和立即停止显影作用。另外,停显还可避免显影液对定影液的污染,并消除胶片上形成的灰雾。

③定影　定影液中的定影剂将底片上未经显影的溴化银溶解掉，并将可见影像固定在底片上的过程称为定影。

④水洗和干燥　水洗允许在暗室外进行，但最好采用流水且水温不能高于 25 ℃。干燥应在干燥箱中或在无尘的干燥室内晾干。

任务 3.3　焊缝射线底片的评定

焊缝射线底片的评定工作简称评片，评片应由探伤人员在评片室内利用观片灯、黑度计等仪器和工具进行。

一、底片质量的评定

合格的焊缝射线底片，以下各项指标应符合有关规定。

①黑度值 D。

②像质指数 Z。

③检验标记齐全、正确。

④B 标记。

⑤有效检验区内有无伪缺陷。

⑥其他妨碍底片评定的缺陷。

对于质量不符合要求的底片，必须重新拍照。

二、焊接缺陷在射线探伤中的显示

焊接缺陷在射线照相法底片上的显示特征见表 3－3－1。

表 3－3－1　焊接缺陷的显示特征

焊接缺陷	射线照相法底片
横向裂纹	与焊缝方向垂直的黑色条纹
纵向裂纹	与焊缝方向一致的黑色条纹，两头尖细
放射裂纹	由一点辐射出的星形黑色条纹
弧坑裂纹	弧坑中的纵、横向及星形黑色条纹
未熔合	坡口边缘、焊道间及焊缝根部等处伴有气孔、夹渣的连续或断续黑色影像
未焊透	焊缝根部钝边未熔化的直线黑色影像
条状夹渣	黑度值较均匀的呈长条的黑色不规则影像
夹钨	白色块状
点状夹渣	黑色点状

表 3-3-1(续)

焊接缺陷	射线照相法底片
球形气孔	黑度值中心较大、边缘较小且均匀过渡的圆形黑色影像
均匀及局部密集气孔	均匀分布及局部密集的黑色点状影像
链状气孔	与焊缝方向平行的成串且呈直线状的黑色影像
柱状气孔	黑度极大且均匀的黑色圆形影像
表面气孔	黑度值不太高的圆形影像
弧坑缩孔	指焊道末端的凹陷,为黑色影像
咬边	位于焊缝边缘与焊缝走向一致的黑色条纹
焊缝超高	焊缝正中的灰白色凸起
下塌	单面焊,背部焊道正中的灰白色影像
焊瘤	焊缝边缘的灰白色凸起
错边	焊缝一侧与另一侧的黑度值不同,有一明显界限
下垂	焊缝表面的凹槽,黑度值较高的一个区域
电弧擦伤	母材上的黑色影像
飞溅	灰白色圆点
表面撕裂	黑色条纹

三、焊缝质量的评级

GB 3323—2005 标准中,根据缺陷的性质、缺陷的尺寸及数量将焊缝质量分为Ⅰ级、Ⅱ级、Ⅲ级、Ⅳ级共四级,质量依次降低。

Ⅰ级焊缝内不允许有裂纹、未熔合、未焊透、条状夹渣等四种缺陷存在,允许有一定数量和一定尺寸的圆形缺陷存在。

Ⅱ级焊缝内不允许有裂纹、未熔合、未焊透等三种缺陷存在,允许有一定数量、一定尺寸的条状夹渣和圆形缺陷存在。

Ⅲ级焊缝内不允许有裂纹、未熔合以及双面焊和加垫板的单面焊中的未焊透存在,允许一定数量、一定尺寸的条状夹渣和圆形缺陷及未焊透(指非氩弧焊封底的不加垫板的单面焊)存在。

Ⅳ级焊缝指焊缝缺陷超过Ⅲ级者。

圆形缺陷、条状夹渣(含Ⅲ级焊缝不允许存在的未焊透)的具体评级,以及两种以上缺陷同时存在的综合评级,可详见标准的有关内容。

通过正确评定而得到的相应焊缝区段质量等级,根据有关产品技术条件和规程可给出“合格”或“不合格”的结论。

四、焊接接头质量的评定方法

对允许存在缺陷的焊缝，相关标准规定要根据母材厚度对缺陷数量、大小及密集程度加以限制。因此，对焊接接头进行评定时，应根据缺陷种类、单个缺陷尺寸、总量和密集程度分别评定，然后再进行综合评定。

1. 圆形缺陷评级

（1）确定评定区

圆形缺陷用评定区进行评定，评定区的大小见表 3－3－2，评定区应选择在缺陷最严重的部位。

表 3－3－2　圆形缺陷评定区

母材厚度 T/mm	≤25	25～100	＞100
评定区尺寸/mm	10×10	10×20	10×30

（2）换算缺陷点数

同类性质的缺陷，其尺寸越大，对焊接接头的危害程度也越大。因此，对于评定区内大小不同的圆形缺陷不能等同对待，评定时应将缺陷尺寸按表 3－3－3 换算成缺陷点数。

表 3－3－3　缺陷点数换算表

缺陷长径/mm	≤1	1～2	2～3	3～4	4～6	6～8	＞8
点数	1	2	3	6	10	15	25

当缺陷与评定区边界相接时，应把缺陷划入该评定区内计算点数。对于满足表 3－3－4 要求的缺陷不计缺陷点数。

表 3－3－4　不计点数的缺陷尺寸

评定厚度/mm	缺陷长径/mm
≤25	≤0.5
25～50	≤0.7
＞50	≤1.4%T

（3）缺陷等级确定

计算出评定区内缺陷点数总和，按表 3－3－5 提供的数值确定缺陷的等级。

表 3-3-5 圆形缺陷的分级

评定区/mm		10×10			10×20		10×30
评定厚度/mm		≤10	10~15	15~25	25~50	50~100	>100
质量等级	Ⅰ	1	2	3	4	5	6
	Ⅱ	3	6	9	12	15	18
	Ⅲ	6	12	18	24	30	36
	Ⅳ	缺陷等级大于Ⅲ级者					

(4)附加说明

对基于材质或结构等原因进行返修可能会产生不利后果的焊接接头,经合同各方商定,各级别的圆形缺陷可放宽 1~2 点。

对于致密性要求高的焊接接头,经合同各方商定,可将圆形缺陷的黑度作为评定依据,将黑度大的圆形缺陷定义为深孔缺陷,有深孔缺陷时评定为Ⅳ级。

Ⅰ级焊接接头和评定厚度≤5 mm 的Ⅱ级焊接接头内不计点数的圆形缺陷,在评定区内不得多于 10 个。

圆形缺陷长径大于 $1/2T$ 时,评定为Ⅳ级。

2. 条形缺陷评级

条形缺陷评级应根据单个缺陷长度、缺陷总长及相邻两缺陷间距三个方面进行综合评定。

当底片上存在单个条形缺陷时,以缺陷长度确定其等级。由于条形缺陷长度对不同板厚工件危害程度不同,一般较厚的工件允许较长的条形缺陷存在。

GB/T 3323—2005 标准规定,用条形缺陷长度占板厚的比值进行等级评定。

对薄板焊缝采用最小允许值(Ⅱ级焊缝为 4 mm,Ⅲ级焊缝为 6 mm),以避免对薄板要求过高的倾向;在厚板焊缝中,采用最大允许值(Ⅱ级焊缝为 20 mm,Ⅲ级焊缝为30 mm),以避免按厚度比值确定使厚板焊缝中存在过长缺陷,条形缺陷的评级见表 3-3-6。

表 3-3-6 条形缺陷的评级

质量等级	评定厚度 T/mm	单个条形缺陷长度/mm	条形缺陷总长
Ⅱ	≤12	4	平行于焊缝轴线的任意直线上,相邻两缺陷间距均不超过 $6L$ 的任何一组缺陷,其累计长度在 $12T$ 焊缝长度内不超过 T
	12~60	$T/3$	
	≥60	20	
Ⅲ	≤9	6	平行于焊缝轴线的任意直线上,相邻两缺陷间距均不超过 $3L$ 的任何一组缺陷,其累计长度在 $6T$ 焊缝长度内不超过 T
	9~45	$2T/3$	
	≥45	30	
Ⅳ	大于Ⅲ级者		

3. 未焊透评级

Ⅰ、Ⅱ级焊缝内不允许存在未焊透缺陷。

Ⅲ级焊缝内不允许存在双面焊和加垫板的单面焊中的未焊透缺陷。

不加垫板的单面焊的Ⅲ级焊缝中才允许存在未焊透,其允许长度按表3－3－6中条形缺陷的Ⅲ级评定。角焊缝的未焊透是指角焊缝的实际熔深未达到理论熔深值,应按表3－3－6中条形缺陷的Ⅲ级评定。设计焊缝系数≤0.75的钢管根部未焊透的分级见表3－3－7。

表3－3－7　根部未焊透的分级

质量等级	未焊透深度		长度/mm
	占板厚的百分比/%	深度/mm	
Ⅱ	≤15	≤1.5	≤10%周长
Ⅲ	≤20	≤2.0	≤15%周长
Ⅳ	大于Ⅲ级者		

4. 根部内凹和根部咬边评级

钢管根部内凹缺陷和根部咬边的分级见表3－3－8。

表3－3－8　根部内凹和根部咬边的分级

质量等级	根部内凹的深度		长度/mm
	占板厚的百分比/%	深度/mm	
Ⅰ	≤10	≤1.0	不限
Ⅱ	≤20	≤2.0	
Ⅲ	≤25	≤3.0	
Ⅳ	大于Ⅲ级者		

5. 综合评级

在圆形缺陷评定区内,同时存在圆形缺陷和条形缺陷(或未焊透、根部内凹和根部咬边)时,应各自评级再综合评级。如有两种缺陷,则将两种缺陷所评级别之和减1作为最终级别。若有三种缺陷,则将其级别之和减2作为最终级别。

当焊接接头级别不符合设计要求时,评定为不合格。不合格焊接接头必须进行返修,返修后,经再次探伤且合格,该焊接接头评定为合格。

五、缺陷位置的确定

在厚壁工件的射线探伤中,为了进一步判断焊缝中缺陷的大小并方便返修,需要明确缺陷的确切位置。缺陷在焊缝中的平面位置可在底片上直接测定,而其埋藏深度必须采用特殊的透照方法(如立体摄影法和断层摄影法等)予以确定,这里仅介绍立体摄影法。

立体摄影法是指立体射线照相法,该方法较为方便、实用,按其透照形式不同主要有以下两种方法。

1. 双重曝光法

双重曝光法利用移动射线源焦点与工件的相互位置,对同一张底片进行两次重复曝光,然后根据两次曝光所得缺陷位置的变化计算出缺陷的埋藏深度,如图 3-3-17 所示。

$$h=\frac{s(L-l)-al}{a+s} \tag{3-4}$$

式中 h——缺陷距工件下表面的距离,mm;

s——二次曝光时缺陷在底片上的移动距离,mm;

L——焦距,mm;

l——工件与胶片的距离,mm;

a——射线源焦点从 A_1 到 A_2 的移动距离,mm。

2. 放置标记的双重曝光法

(1)在工件上表面放置标记射线(铅丝或钨丝),射线源焦点分别在 A_1 和 A_2 两位置各曝光一次,如图 3-3-18 所示,则有

$$h=\frac{(L-\delta-l)^2\Delta s}{aL-(L-\delta-l)\Delta s} \tag{3-5}$$

式中 h——缺陷距工件上表面的距离,mm;

δ——工件厚度,mm;

$\Delta s=|s_1-s_2|$,s_1、s_2 可在底片上分别量出,单位为 mm。

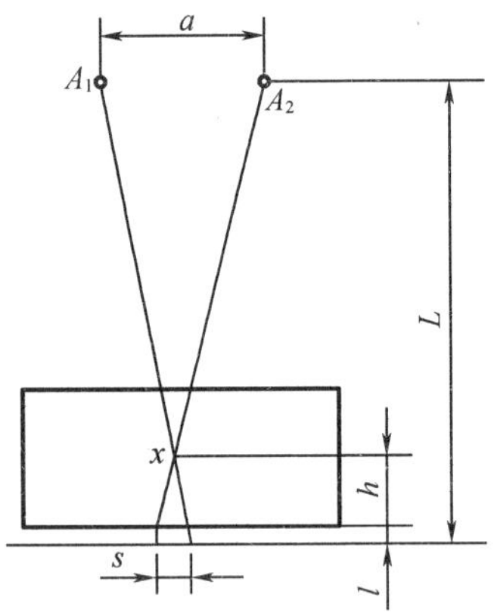

图 3-3-17 双重曝光法原理

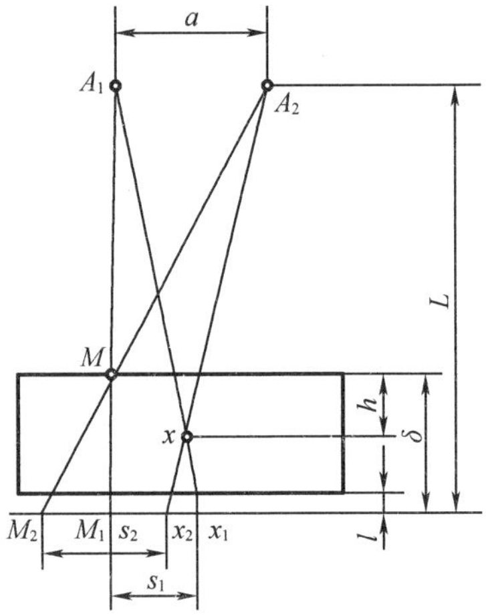

图 3-3-18 上表面放置标记的双重曝光法原理

(2)在工件上、下表面分别放置标记 M、K,射线源焦点分别在 A_1 和 A_2 两位置各曝光一次(焦距和标记点位置固定),如图 3-3-19 所示,则有

$$h=\delta-\frac{k_1x_1\pm k_2x_2}{k_1M_1\pm k_2M_2} \tag{3-6}$$

式中　h——缺陷距工件下表面的距离，mm；

k_1x_1、k_2x_2、k_1M_1、k_2M_2——均可在底片上分别量出，mm。

当缺陷 x、上标记点 M 两次透照的影像均处于下标记点 K 影像的同一侧时，式(3-7)中取“-”号；若处于两侧时，则取“+”号。如果计算结果 h 为负数，则应取其绝对值。

这里应当注意，式(3-7)只有在假设 X 射线束是平行 X 射线时才能成立，而实际射线束均呈圆锥形发散，因而将有测量误差，即

$$\Delta h = h(\delta - h)/H \tag{3-7}$$

式中　H——射线源焦点到工件表面的距离，mm。

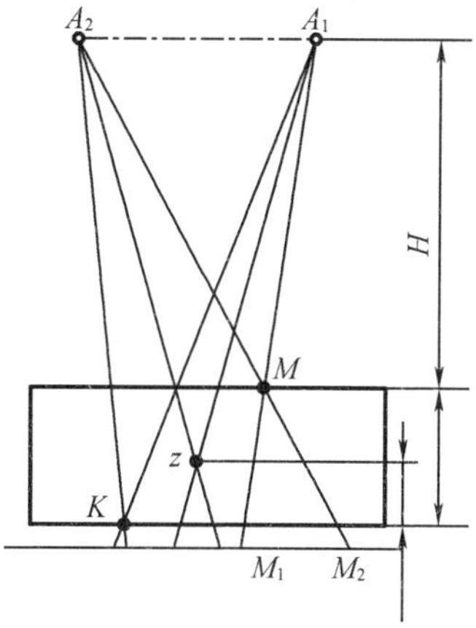

图 3-3-19　上、下表面放置标记双重曝光法原理

当工件厚度不是很大而采用焦距较大时，该方法可行。由于它只需知道工件厚度及粗略测量底片上各影像的距离即可计算出缺陷埋藏深度，而省去测量射线源移动距离和焦距，因而操作与计算简便，应用较广。

任务 3.4　焊缝射线探伤的一般程序

焊缝射线照相法探伤的一般流程如图 3-3-20 所示。

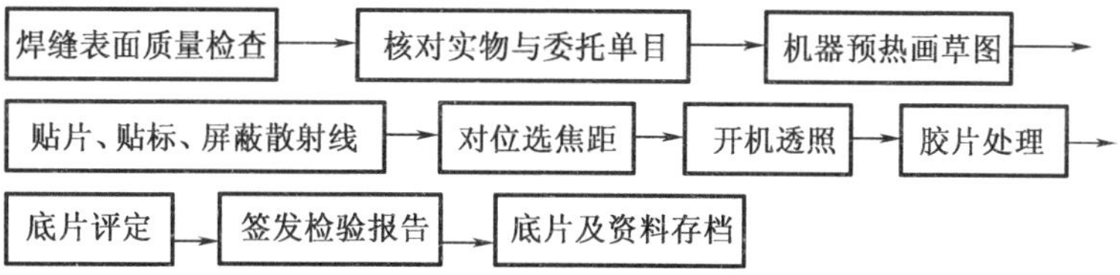

图 3-3-20　焊缝射线照相法探伤流程图

一、焊缝表面质量检查

①探伤前,应将在底片上易形成与焊缝内部缺陷影像相混淆的形状缺陷予以清除。
②选择 B 级成像质量时,要磨平焊缝余高。

二、委托单项目

射线探伤委托单由焊接检验员填写,主要内容有工件编号、厚度、简图(焊缝位置及数量)、焊缝分段号(透照区段号俗称探伤线)等。

核对程序由射线检验员完成。

三、贴片

将胶片暗盒固定在被检焊缝的相应位置。

四、对位

将射线束对准被检区段。例如,采用垂直透照时,应将射线束中心垂直穿过被检区段的正中心。

五、检验报告

射线照相检验报告由评定人员填写,主要内容应包括产品名称、检验部位、检验方法、透照规范、缺陷名称、评定等级、返修情况和透照日期等。

六、存档

将一套完整无缺的射线底片(含返修缺陷片)和文字资料(射线照相检验委托单、原始透照检验记录、底片评定记录、射线照相检验报告)一起存档备查,保存期为 5 ~8 年。

项目4　超声波探伤

超声波探伤是利用超声能透入金属材料的深处，并由一截面进入另一截面在界面边缘发生反射的特点来检查零件缺陷的一种方法，当超声波束自零件表面由探头通至金属内部遇到缺陷与零件底面时就分别发生反射波，在荧光屏上形成脉冲波形，根据这些脉冲波形来判断缺陷位置和大小。总之，超声波探伤是利用超声波在物体中的传播、反射和衰减等物理特性来发现缺陷的探伤方法。

超声波探伤工艺需要在熟悉超声波探伤工作原理及设备结构组成的基础上，掌握超声波探伤的操作要点，能够分析焊接缺陷特征，并结合标准评定焊缝质量等级。

任务4.1　超声波探伤原理及设备

一、超声波探伤基本原理

1. 超声波的产生和接收

超声波由超声波探伤仪产生电振荡并施加于探头，利用其晶片的压电效应获得。

探头主要由保护膜、压电晶片和吸收块等组成，如图3－4－1所示。

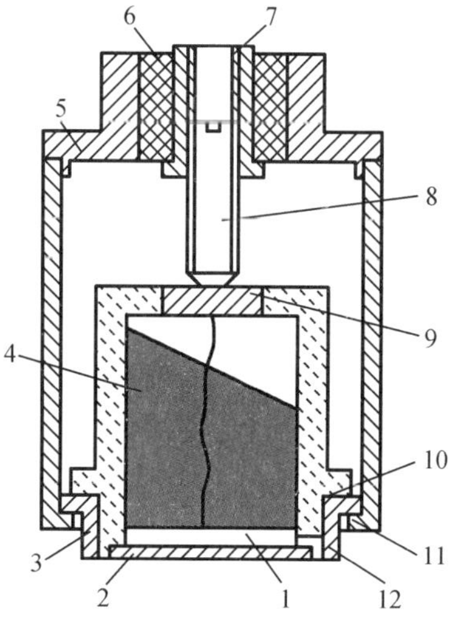

1—压电晶片；2—保护膜；3—接地铜圈；4—吸收块；5—金属盖；6—绝缘柱；7—接触座；8—导线螺杆；9—接线片；10—晶片座；11—金属外壳；12—地线。

图3－4－1　探头内部结构及工作原理

压电晶片是一种特殊的晶体材料，压电晶片在拉应力或压应力的作用下产生变形时，会在晶片表面出现电荷，称为正压电效应。压电晶片在电荷或电场作用下会发生变形，称为逆压电效应。

当高频电压加于晶片两面电极上时，由于逆电压效应，晶片会在厚度方向产生伸缩变形的机械振动。当晶片与工件表面有良好耦合时，机械振动就会以超声波形式传播进去，这就是发射过程。反之，当晶片受到超声波作用（遇到异质界面反射回来）而发生伸缩变形时，正压电效应又会使晶片两表面产生不同极性的电荷，形成超声频率的高频电压，这就是接收。

利用压电效应使探头（压电晶片）发射或接收超声波，就可以发现缺陷。因此，探头是一种较为理想的电声换能器。

2. 超声波的性质

（1）有良好的指向性

由于超声波的波长非常短，因此它在弹性介质中能像光波一样沿直线传播。而且超声波在固定介质中传播速度是个常数，所以可以根据传播时间求其传播距离，这样就为探伤中缺陷的定位提供了依据。

（2）能在弹性介质中传播，不能在真空中传播

一般探伤中把空气介质作为真空处理，所以认为超声波也不能通过空气进行传播。

超声波通过介质时，以介质质点的振动方向与波的传播方向间相互关系的不同，分为纵波、横波、表面波和板波等。

（3）超声波可以在异质界面透视、反射、折射和转换波型

当超声波从一种介质垂直入射到另一种介质时，其能量一部分反射而形成与入射波方向相反的反射波，其余能量则透过界面产生一与入射波方向相同的透射波。当界面尺寸很小时，声波能绕过其边缘继续前进，即产生波的绕射。

（4）超声波具有可穿透物质和在物质中衰减的特性

超声波具有可穿透物质并在物质中衰减的特性，同射线相比，超声波具有更强的穿透力，原因是超声波在介质中的传播是声能的传播。

由于声能与频率的平方成正比，而探伤用超声波频率远高于声波（如 1 MHz 超声波能量大约是 1 kHz 声波的 100 万倍），因而超声波的能量很大。同时，超声波在大多数介质中，尤其是在钢等金属材料中传播时，传输损失少，传播距离大，一般可达数米远，因此穿透能力强，所以超声探伤能有较大的探测深度。

超声波的衰减主要有三种：散射引起的衰减、吸收引起的衰减及声束扩散引起的衰减。

二、超声波探伤设备

超声波探伤仪、探头和试块是超声波探伤的重要设备，了解其原理、构造、主要性能及用途，是正确选择探伤设备和有效进行探伤工作的保证。

1. 探头

探头又称压电超声换能器，是实现“电—声”能量相互转换的能量转换器件。

(1)探头的分类

针对不同的工件形状和材质、探伤的目的及探伤条件等，操作时应使用各种不同形式的探头。

①直探头

声束垂直于被探工件表面入射的探头称为直探头，可发射和接受纵波，典型结构如图 3-4-1 所示。

②斜探头

利用透声斜楔块使声束倾斜于工件表面入射工件的探头称为斜探头，典型结构如图 3-4-2 所示。

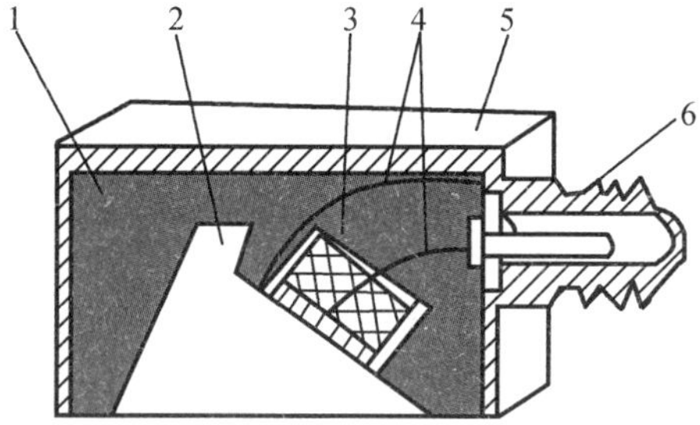

1—吸收块；2—斜楔块；3—压电晶片；4—内部电源线；5—外壳；6—接头。

图 3-4-2　斜探头结构

③水浸聚焦探头

④双晶探头

(2)探头主要性能

探头性能的好坏直接影响探伤结果的可靠性和准确性，因此对其有关指标均有一定的要求，并需通过测试以保证产品质量。

焊缝超声波探伤中常用的斜探头的主要性能如下：

①折射角 γ(或探头 K 值)

γ 或 K 值的大小决定声束入射于工件的方向和声波传播途径，是为缺陷定位计算提供的一个有效数据。因此，探头使用磨损后均需测量 γ 或 K 值。

②前沿长度

声束入射点至探头前端面的距离称为前沿长度，又称接近长度，反映探头对焊缝可接近的程度。入射点是探头声束轴线与楔块底面的交点，探头在使用前和使用过程中应经常测定入射点位置，以便对缺陷准确定位。

③声轴偏斜角

声轴偏斜角反映主声束中心轴线与晶片中心法线的重合程度，除直接影响缺陷定位和指示长度测量精度外,也会导致对缺陷方向性产生误判,从而影响对探伤结果的分析。

《钢焊缝手工超声波探伤方法和探伤结果分级》(GB 11345—2005)规定,主声束在水平方向上的偏离应限制在2°以内,主声束垂直方向的偏离不应有明显的双峰。

2. 超声波探伤仪

(1)超声波探伤仪的分类

按超声波的连续性可将探伤仪分为脉冲波、连续波和调频波探伤仪三种。由于后两种探伤仪的探伤灵敏度低,缺陷测定有较大局限性,故在焊缝探伤中极少采用。

按缺陷显示方式,可将探伤仪分为A型显示、B型显示、C型显示和3D显示超声波探伤仪等。目前,焊缝探伤中使用的超声波探伤仪(如CTS－22、CTS－26、JTS－5、TSZ－1、CST－3、CST－7等)均属于A型显示脉冲反射式超声波探伤仪。

(2)超声波探伤仪的工作原理

A型显示脉冲反射式超声波探伤仪相当于一种专用示波器,虽然型号、性能有所不同,但其基本结构、工作原理均大同小异。探伤仪电路主要由同步电路、扫描电路、发射电路、接收电路、显示电路、电源电路和辅助电路等单元电路组成。

如图3－4－3所示,在水平扫描线的相应位置上产生始波T(表面反射波)、缺陷波F、底波B。该探伤仪示波屏的横坐标反映超声波的传播时间,纵坐标反映反射波的振幅。因此,通过始波T和缺陷波F之间的距离,便可确定缺陷离焊件表面的位置,通过缺陷波F的高度可确定缺陷的大小。

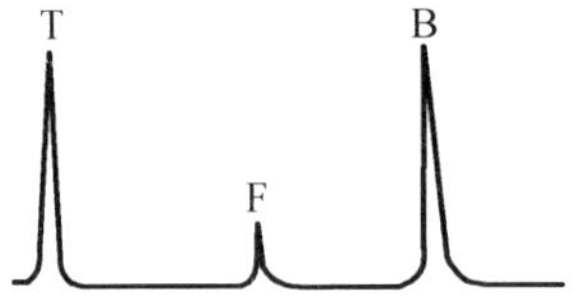

图3－4－3　A型显示脉冲反射式超声波

(3)探伤仪的主要性能

仪器性能直接影响探伤结果的正确性,A型脉冲反射式超声波探伤仪的主要性能如下:

①水平线性

水平线性又称扫描线性,是指扫描线上显示的反射波距离与反射体距离成正比的程度,它关系到缺陷定位是否准确。

②垂直线性

垂直线性又称放大线性,是指示波屏反射波幅与接收回波信号电压成正比关系的程度,它关系到缺陷定量是否准确。

③动态范围

动态范围是指示波屏上回波高度从满幅(100%)降至消失时仪器衰减器的变化范围,其值越大,可检出的缺陷越小。

④衰减器精度

衰减器精度是指衰减器上 dB 刻度指示脉冲下降幅度的正确程度，以及组成衰减器各同量级间的可换性能。

探伤仪与探头组合后的超声探伤系统的性能体现如下：

⑤灵敏度余量

灵敏度余量指组合灵敏度，是在规定条件下的探伤灵敏度至仪器最大灵敏度的富余量（以 ΔdB 数表示）。按规定，合格品的组合灵敏度应大于 30 dB。

目前，基于尽可能独立检验仪器本身的性能，特引入时效稳定的石英标准探头，避免出现普通探头因性能变化而造成的影响。

⑥分辨力

分辨力是指超声探伤系统能够区分两个相邻而不连续的缺陷的能力。它有近场分辨力、远场分辨力、纵向分辨力和横向分辨力之分，一般是指远场纵向分辨力，一般要求不低于 15 dB。

⑦电噪声电平

电噪声电平是指系统的探头在直接对空辐射时，将探伤仪的灵敏度和扫描范围调至最大，在避免外界干扰条件下，读取扫描线上的电噪声的平均幅度与垂直满幅度的百分比。电噪声电平越小越好。

⑧盲区

盲区是指在规定的探伤灵敏度下，从探伤面至能够测出缺陷的最小距离，表征系统的近距离分辨能力，是由于始脉冲具有一定宽度和放大器的阻塞现象造成的。随着探伤灵敏度的提高，盲区也随之增大。

3. 试块

按一定用途设计、制作的，具有简单形状的人工反射体的试件称为试块。

试块是探伤标准的一个组成部分，是判定探伤对象质量的重要尺度。根据使用目的和要求，通常将试块分成标准试块和对比试块两大类。

（1）标准试块

由法定机构对材质、形状、尺寸、性能等做出规定和检定的试块为标准试块。GB 11345—2005 规定，CSK－IB 试块（图 3－4－4）为焊缝探伤用标准试块。

CSK－IB 试块的主要用途如下：

①利用 R100 圆弧面测定斜探头入射点和前沿长度，利用 ϕ50 mm 孔的反射波测定斜探头折射角（K 值）。

②校验探伤仪水平线性和垂直线性。

③利用 ϕ1.5 mm 横孔的反射波调整探伤灵敏度，利用 R100 mm 圆弧面调整探测范围。

④利用 ϕ50 mm 圆孔估测直探头盲区和斜探头前后扫查声束特性。

⑤采用测试回波幅度或反射波宽度的方法可测定远场分辨力。

(2)对比试块

对比试块(RB)又称参考试块,它是由各专业部门按某些具体探伤对象规定的试块。RB 试块组主要用于绘制距离-波幅曲线、调整探测范围和扫描速度、确定探伤灵敏度和评定缺陷大小,是对工件进行评级判废的依据。

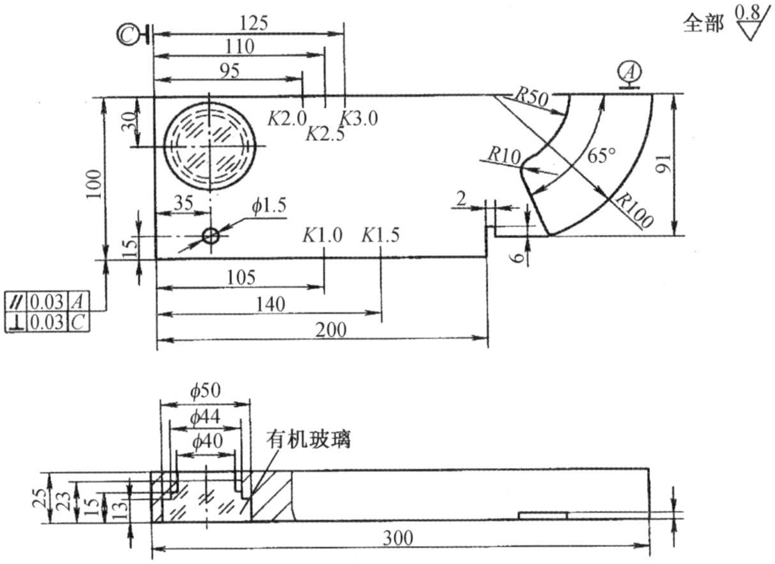

图 3-4-4　CSK-IB 试块(单位:mm)

GB 11345—2005 规定,RB-1、RB-2 及 RB-3 为焊缝探伤用对比试块。

①RB-1 适用于 8 ~25 mm 板厚,如图 3-4-5 所示。

②RB-2 适用于 8 ~100 mm 板厚,如图 3-4-6 所示。

③RB-3 适用于 8 ~150 mm 板厚,如图 3-4-7 所示。

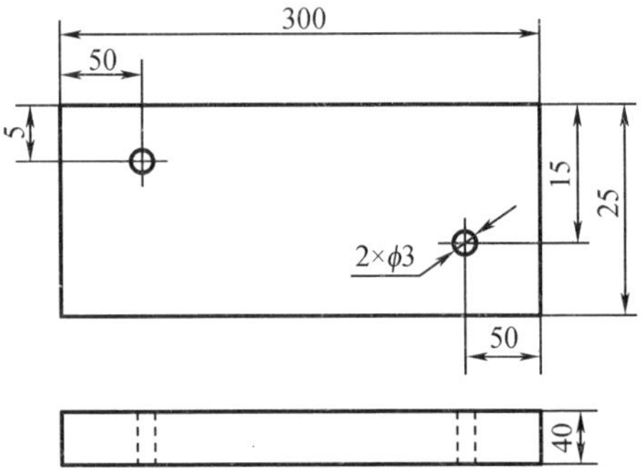

图 3-4-5　RB-1 试块(单位:mm)

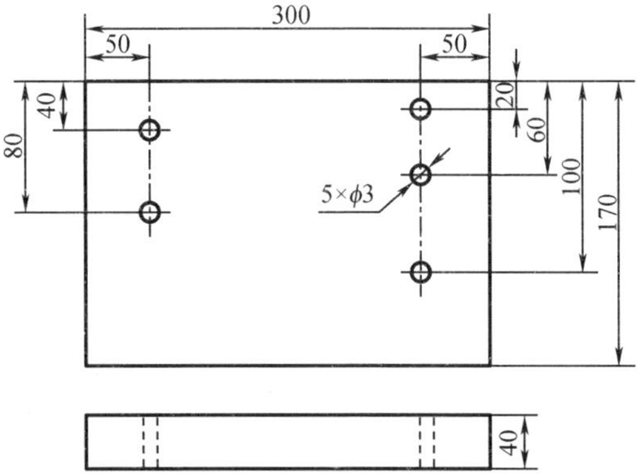

图 3-4-6　RB-2 试块(单位:mm)

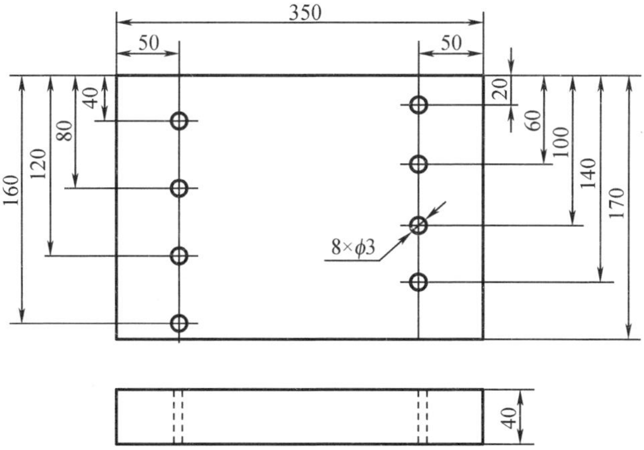

图 3－4－7　RB－3 试块(单位:mm)

任务 4.2　直接接触法超声波探伤操作

由于探头和工件探伤面之间涂以很薄的耦合剂层,因此可看作二者直接接触,采用这种声耦合方式的超声波探伤方法称直接接触法。

直接接触法探伤是利用 A 型显示脉冲反射法工作原理,其特点是操作方便、探伤图形简单、判断容易和探伤灵敏度高,因而在实际生产中得到最广泛地应用。

对工件探伤工作时,直接接触法主要探伤标准为《钢焊缝手工超声波探伤方法和探伤结果分级》(GB 11345—2005)。

1. 垂直入射法与斜角探伤法

垂直入射法及斜角探伤法是直接接触法超声波探伤的基本方法。

(1)垂直入射法

垂直入射法是采用直探头将声束垂直入射工件探伤面进行探伤的方法,简称垂直法,又称纵波法。

垂直法探伤能发现与探伤面平行或接近平行的缺陷,波形显示特征如下:

①当直探头在探伤面上移动时,无缺陷处示波屏上只有始波 T、底波 B,如图 3－4－8(a)所示。

②若探头移到有缺陷处且缺陷反射面比声束小,则示波屏上出现始波 T、缺陷波 F 和底波 B,如图 3－4－8(b)所示。

③当探头移到大缺陷处(缺陷比声束大)时,则示波屏上只出现始波 T、缺陷波 F,如图 3－4－8(c)所示。

(2)斜角探伤法

斜角探伤法是采用斜探头将声束倾斜入射工件探伤面进行探伤的方法,简称斜射法,又称横波法。

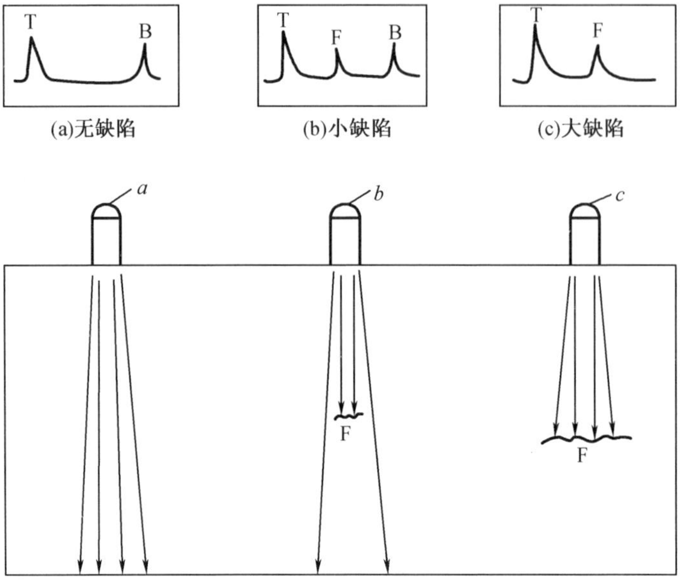

图 3-4-8　垂直法探伤

斜角探伤法波形显示特征如下：

①当斜探头在探伤面上移动时，无缺陷时示波屏上只有始波 T，如图 3-4-9(a)所示。这是因为声束倾斜入射至底面产生反射后，在工件内以 W 形路径传播，故没有底波出现。

②当工件存在缺陷而缺陷与声束垂直或倾斜角很小时，声束会被反射回来，此时示波屏上将显示出始波 T、缺陷波 F，如图 3-4-9(b)所示。

③当斜探头接近板端时，声束将被端角反射回来，在示波屏上将出现始波 T 和端角波 B′，如图 3-4-9(c)所示。

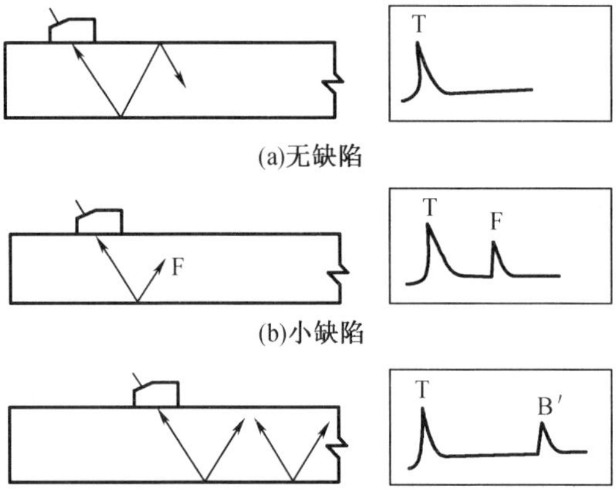

图 3-4-9　斜角探伤法

2. 缺陷测定

(1)缺陷位置的确定

测定缺陷在工件或焊接接头中的位置称为定位,一般可根据示波屏上缺陷的水平刻度值与扫描速度对缺陷定位。

①垂直入射法时缺陷定位

缺陷的 x、y 坐标由探头在探伤面上的 X 轴和 Y 轴的投影位置确定,如图 3-4-10 所示,主要需测定沿工件 Z 轴(深度方向)的坐标。

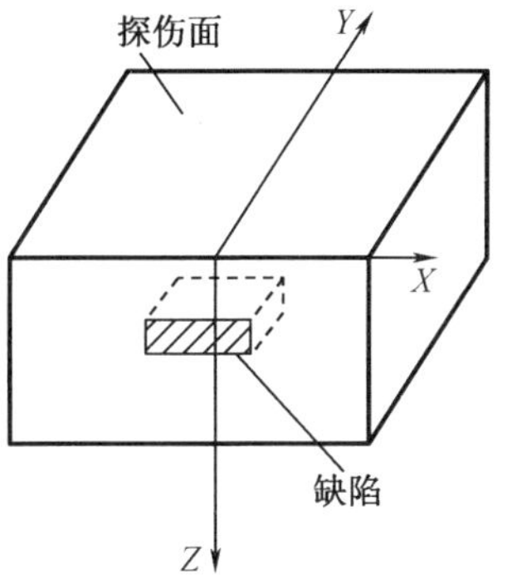

图 3-4-10　垂直入射法时缺陷定位

探伤仪按 1:n 调节纵波扫描速度(具体做法是:利用已知尺寸的试块或工件上的两次不同底面反射波的前沿,分别对准示波屏上相应的水平刻度值来实现),则有

$$Z_f = n\tau_f \tag{4-1}$$

式中　Z_f——缺陷深度,mm;

n——调节比例系数;

τ_f——缺陷波前沿所对应的水平刻度值。

②斜角探伤时缺陷定位

探伤仪横波扫描速度可有声程、水平、深度三种调节方法。在焊缝探伤中,厚板($\delta \geq$ 32 mm)焊缝探伤应采用深度调节法,中薄板($\delta \leq 24$ mm)焊缝探伤应采用水平调节法。

a. 深度调节法定位　探伤仪按深度 1:n 调节横波扫描速度时,则有

直射法探伤
$$\left.\begin{aligned} l_f &= Kn\tau_f \\ Z_f &= n\tau_f \end{aligned}\right\} \tag{4-2}$$

一次反射法探伤
$$\left.\begin{aligned} l_f &= Kn\tau_f \\ Z_f &= 2\delta - n\tau_f \end{aligned}\right\} \tag{4-3}$$

式中　l_f——缺陷在焊件中的水平距离,mm;

K——斜探头 K 值($K = \tan\gamma$);

n——探伤仪调节比例系数；

τ_f——缺陷波前沿所对应的水平刻度值；

Z_f——缺陷在焊件中的深度；

δ——探伤厚度，mm。

b. 水平调节法定位　探伤仪按水平 1∶n 调节横波扫描速度时，则有

直射法探伤

$$\left.\begin{aligned} l_f &= n\tau_f \\ Z_f &= \frac{n\tau_f}{K} \end{aligned}\right\} \tag{4-4}$$

一次反射法探伤

$$\left.\begin{aligned} l_f &= n\tau_f \\ Z_f &= 2\delta - \frac{n\tau_f}{K} \end{aligned}\right\} \tag{4-5}$$

（2）缺陷大小的测定

测定工件或焊接接头中缺陷的大小和数量称为缺陷定量。缺陷的大小包括缺陷的面积和长度。

常用的定量方法包括当量法和探头移动法（又称扫描法或测长法）。值得注意的是，由于焊缝中自然缺陷的形态、位置、方向和性质等各不一样，要测定缺陷的实际尺寸，对超声波探伤来说是比较困难的，因此上述两种定量法均有一定的局限性，其测得结果往往有较大出入。

①当量法

当缺陷尺寸小于声束截面时，一般采用当量法来确定缺陷的大小。

当量曲线法即 DGS 法，是为现场探伤而预先制定的距离 - 波幅曲线。目前，国内外焊缝探伤标准大都规定采用具有同一孔径、不同距离的横孔试块制作距离 - 波幅曲线（DAC 曲线）。

②探头移动法

对于尺寸或面积大于声束直径或断面的缺陷，一般用探头移动法来测定其指示长度或范围。

3. 缺陷性质的估判和识别

焊缝中缺陷的性质与其产生的部位、大小和分布情况有关，可根据缺陷波的大小、位置、探头运动时波幅的变化特点，并结合焊接工艺情况对缺陷性质进行综合判断。

缺陷性质的估判和识别很大程度上取决于检验人员的实际经验与操作技能。

（1）气孔

单个气孔回波高度低，波形为单峰，较稳定。当探头绕缺陷转动时，缺陷波高度不变，但探头定点转动时，反射波迅速消失。

链状气孔不断出现缺陷波。密集气孔出现数个此起彼伏的缺陷波。

（2）裂纹

裂纹的反射面积较气孔大，而且较为曲折，回波高度大、波幅宽，常出现多峰。若探头

沿缺陷长度方向平行移动，则波形中锯齿变化很大，波高略有变化。当探头平移一段距离后波高才逐渐降低至消失。但是，当探头绕缺陷转动时，缺陷波迅速消失。

（3）夹渣

夹渣本身形状不规则，表面粗糙。

点状夹渣的回波类似点状气孔。条状夹渣的回波信号呈锯齿状，波幅不高且多呈树枝状。

当探头沿缺陷平行移动时，条状夹渣的波会连续出现，转动探头时，缺陷波迅速降低。而块状夹渣在较大的范围内都有缺陷波，且在不同方向探测时，能获得不同形状的缺陷波。

（4）未焊透

未焊透的波形基本上和裂纹波形相似，波幅较高，不同的是没有裂纹波形那么多的锯齿。当斜探头沿缺陷平移对，在较大的范围内存在缺陷波。

（5）未熔合

当声波垂直入射未熔合表面时，回波高度较大。探头平移时，波形稳定。

需要注意的是，在焊缝探伤过程中，示波器上常会出现一些非缺陷引起的反射信号，即假信号。探头杂波、仪器杂波、耦合反射、焊脚反射、咬边反射、沟槽反射、焊缝错位及焊缝上下宽度不一时，均可能产生假信号。

任务 4.3　缺陷评定与检验结果的分级

距离－波幅曲线是缺陷评定与检验结果分级（GB 11345—2005）的依据。

一、缺陷评定

对于超过评定线的缺陷信号，应注意其是否具有裂纹等危险性缺陷特征，若有怀疑，应改变探角角度，增加探伤面，观察动态波形，结合工艺特征做判定或以其他检验方法做综合判定。

对于最大反射波幅超过定量线的缺陷，应测定其指示长度，其值小于 10 mm 时按 5 mm 计，相邻两缺陷各向间距小于 8 mm 时，两缺陷指示长度之和作为单个缺陷的指示长度。

二、检验结果的分级

焊缝超声波检验结果分为四级。

最大反射波幅不超过评定线的缺陷均为Ⅰ级。

最大反射波超过评定线的缺陷，检验者评定为裂纹等危害性缺陷时，无论其波幅和尺寸如何，均评定为Ⅳ级。

如图 3－4－11 所示，反射波位于Ⅰ区的非裂纹性缺陷均评定为Ⅰ级。

最大反射波幅位于Ⅱ区的缺陷，根据缺陷的指示长度按 GB 11345—2005 的规定予以评级。

反射波幅超过判废线进入Ⅲ区时,无论缺陷的指示长度如何,均评定为Ⅳ级。

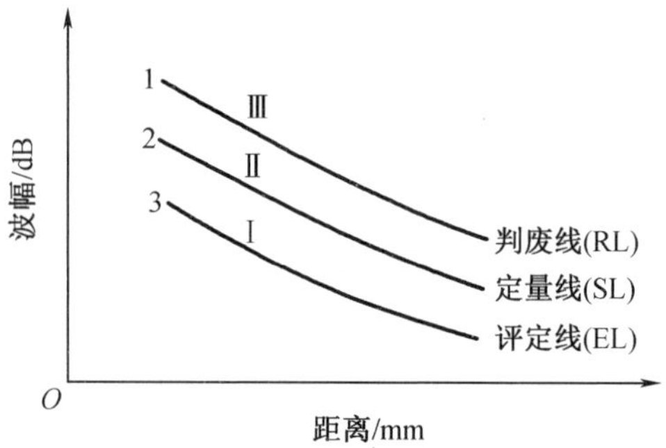

1—判废线(RL);2—定量线(SL);3—评定线(EL);Ⅰ—弱信号评定区;Ⅱ—长度评定区;Ⅲ—判废区。

图3-4-11 距离-波幅曲线示意图

根据评定结果,对照产品验收标准,对产品做出合格与否的结论。对于不合格缺陷,应予以返修,返修区域修补后,对于返修部位及补焊时受影响的区域,应按原探伤条件进行复验。复验部位的缺陷也应按上述方法及等级标准评定。

任务4.4 焊缝超声波探伤的一般程序

一、工件准备

工件准备主要指探伤面的选择、表面准备和探头移动区的确定等,修磨好的焊缝应打上探伤部位编号作为缺陷定位和记录的参考依据。

二、委托检验

委托单内容应有工件编号、材料、尺寸、规格、焊接种类、坡口形式等,同时也应注明探伤部位、探伤比例、验收标准、级别或质量等级,并附有工件简图。

三、指定检验人员

焊缝超声探伤一般安排两人同时工作,而且,由于超声检验通常要当即给出检验结果,所以至少应有一名Ⅱ级人员担任主探。

四、掌握焊接情况

掌握焊接情况是探伤前的一项重要准备工作。探伤人员了解工件和焊接工艺情况,以便根据材质和工艺特征预先了解可能出现的缺陷及分布规律。同时，探伤人员向操作者了解在焊接过程中偶然出现的一些问题及修补等详细情况，有助于对可疑信号的分析和判断。

五、调节仪器

调节仪器前应对选定的仪器和探头系统性能进行校验，应确保系统性能可满足检验对象和探伤标准要求。

六、调整探伤灵敏度

调整探伤灵敏度是指实施检验时将仪器各主要旋钮置于探伤灵敏度位置。

探伤灵敏度要高于起始灵敏度，一般应提高 6 ~ 12 dB，即不低于评定线。

七、修正操作

校准试样与工件表面状态不一致，或材质不同会造成耦合损耗差异或衰减损失。为了给予补偿，应找出差异而采取的一些实际测量程序即修正操作。

八、粗探伤

粗探伤以发现缺陷为主要目的，包括纵向缺陷的探测、横向缺陷的探测、其他取向缺陷的探测及鉴别结构的假信号等内容。

九、精探伤

精探伤以发现的缺陷为核心，进一步确切地测定缺陷的有关参数，并包含部分对可疑部位的更细致的鉴别工作。

缺陷的有关参数包括缺陷的位置参数、尺寸参数、形状及取向参数等。

十、评定缺陷

评定缺陷包括对缺陷反射波幅、指示长度、密集程度的评定，以及对缺陷性质的估判，根据评定结果给出受检焊缝的质量等级。

十一、记录与报告

对于验收合格的焊缝，应将探伤数据、工件及工艺概况归纳在探伤的原始记录中，并签发检验报告。检验报告是焊缝超声检验的存档文件，经质量管理人员审核后，正本发送至委托部门，其副本由探伤部门归档，并保存 7 ~ 10 年备查。

项目5　磁粉探伤

铁磁性工件置于磁场中被磁化后，如果工件表面或近表面存在缺陷，就会使工件表面或近表面的磁力线发生局部畸变而产生漏磁场，并吸附施加在工件表面的磁粉，在合适的光照下形成目视可见的磁痕，显示出缺陷的位置、大小、形状和严重程度。

磁粉探伤工艺是指在熟悉磁粉探伤工作原理及设备结构组成的基础上，掌握磁粉探伤的操作要点，分析焊接缺陷特征，结合标准评定焊缝质量等级。

任务5.1　磁粉探伤原理及设备

一、磁粉探伤原理

1. 磁粉探伤的分类

当铁磁材料的表面存在裂纹等缺陷时，在磁化状态下，裂纹周围会产生漏磁通。根据检测漏磁通所采用方式的不同，磁粉探伤可分为以下几类。

(1)磁粉法

在磁化后的工件表面上撒上磁粉，磁粉粒子便会吸附在缺陷区域，显示出缺陷的位置以及磁痕的形状和大小。磁粉包括干式磁粉和悬浮液类型的湿式磁粉。

磁粉法可用于任何形状工件的测定，但无法测出缺陷沿板厚方向的尺寸。磁粉法提供的缺陷分布和数量比较直观，并且可以用光电式照相法将其摄制下来，生产中应用较为广泛。

(2)磁敏探头法

磁敏探头法是指用合适的磁敏探头探测工件表面，将漏磁场转换成电信号，经过放大、信号处理和储存，并用光电指示器加以显示。

与磁粉法相比，用磁敏探头法所测得的漏磁大小与缺陷大小之间关系明显，所以可对缺陷大小进行分类。

常用的磁敏探头有以下几种形式。

①磁感应线圈

对于交变的漏磁场，感应线圈上的感应电压等于单位时间内磁通的变化率。直流产生的漏磁场的磁通不变，为测出直流磁场，必须使测量线圈与工件之间发生相对运动，以使磁通发生变化。

感应电压的大小与运动速度有关。如果使其做恒速运动，则可根据感应电动势的幅值确定缺陷的深度。

②磁敏元件

工作时，将磁敏元件通以工作电流，基于缺陷处漏磁场的作用使其电性能发生改变，并输出相应的电信号，此输出信号反映漏磁场的强弱及缺陷尺寸的大小。

磁敏元件通常适用于测量较强的漏磁场，根据其性能的不同，可用来测量直流磁场以及频率高达数百千赫的交流磁场。探测缺陷的灵敏度不受被测件的大小和扫描速度的影响，但随着检测元件与被探件表面距离的增加而急剧变小。此外，磁敏元件的测量信号与温度有关，在进行精确测量时，必须采取温度补偿措施。

常用的磁敏元件有霍尔元件、磁敏二极管等。

③磁敏探针

由于磁敏探针的尺寸制作得很小（如 1 mm 左右），故能实现近似点状的测量。这种微型探头能测量大于 2×10^6 Hz 的高频交变磁场，且灵敏度极高。

（3）录磁探伤法

录磁探伤法也称中间存储漏磁检验法，其中最主要的方法为磁带记录方法。

将磁带覆盖在已磁化的工件上，缺陷的漏磁场就在磁带上产生局部磁化作用，然后用磁敏探头测出磁带录下的漏磁，从而确定焊缝表面缺陷的位置。录磁过程和测量过程可以在不同的时间与地点分别进行，在焊缝质量检验中得以推广和应用。

2. 磁粉探伤的基本原理

铁磁材料的工件被磁化后，在其表面和近表面的缺陷处，磁粉线发生变形，逸出工件表面形成漏磁场。利用检测的漏磁场，确定缺陷的位置（有时包括缺陷的形状、大小和深度）。

（1）漏磁场

当磁通量从一种介质进入另一种介质时，若两种介质的磁导率不同，则在介面上磁粉线的方向一般会发生突变。若工件表面或近表面存在缺陷，则经磁化后，缺陷处空气的磁导率（μ_r-1）远远低于铁磁材料的磁导率（钢 $\mu_r=3\ 000$），在介面上，磁粉线的方向将发生改变。这样，便有一部分磁通散布在缺陷周围，如图 3－5－1 所示。因介质磁导率的变化而使磁通泄漏到缺陷附近的空气中所形成的磁场称为漏磁场。

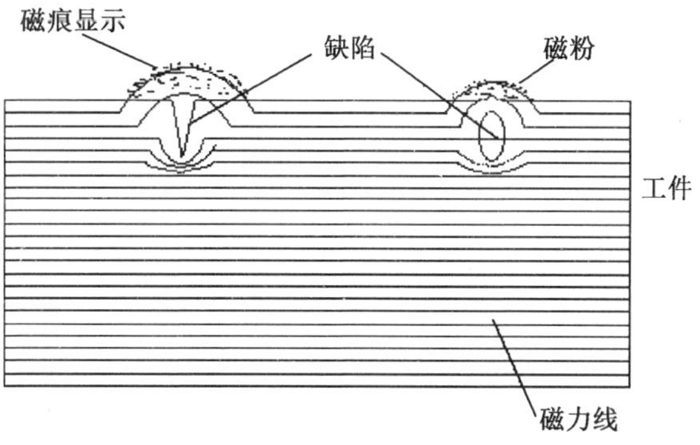

图 3－5－1　工件表面的漏磁场

(2)影响漏磁场的因素

①外加磁场的影响

一般来说,缺陷漏磁通密度随工件磁感应强度的增加而线性增加,当磁感应强度达到饱和值的80%左右时,漏磁场密度会急剧上升。这也为正确选择磁化规范提供了依据。

②工件材料及状态的影响

钢材的磁化曲线是随合金成分、含碳量、加工状态及热处理状态而变化的,因此材料的磁特性不同,缺陷处形成的漏磁场也不同。此外,若工件表面有覆盖层,则会导致漏磁场的下降。

③缺陷位置和形状的影响

相同的缺陷,位于表面时漏磁通增多;若位于距表面很深的地方,则几乎没有漏磁通泄漏于空间。

缺陷的深宽比愈大,漏磁场愈强。

缺陷垂直于工件表面时,漏磁场最强;若与工件表面平行,则几乎不产生漏磁通。

二、磁粉探伤法器材和设备

1.磁粉

磁粉是磁粉探伤的显示介质,由铁磁性金属微粒组成,这些微粒具有适当的大小、形状和较高的磁导率。

磁粉的磁性、粒度、颜色及悬浮性能等因素,对工件表面磁粉痕迹的显示有着极大的影响。

(1)磁粉的种类和特点

磁粉由工业纯铁粉、碳基铁粉或磁性氧化铁粉(Fe_2O_3 或 Fe_3O_4)制成。在其上包覆一层荧光物质或其他颜料,就成为荧光磁粉或有色磁粉。

按磁粉的种类不同,磁粉探伤可分干粉显示法和湿粉显示法两种。用干磁粉进行探伤的方法为干粉显示法(干法),广泛地用于大型结构件和大型焊缝局部区域的磁粉探伤。湿粉显示法是指磁粉按规定浓度悬浮在载液(油或水)中,通过流淌、喷雾或浇注的方法施加到被探工件表面,也称湿法。湿法比干法具有更高的检测灵敏度,特别适用于探测表面微小型缺陷,常用于大批量工件的探伤。

荧光磁粉显示的缺陷清晰可见,在紫外线光的激发下呈黄绿色,色泽鲜明,易于观察,一般用于湿法检验。若配上光电转换装置,可实现自动或半自动化探伤。有色磁粉可以增强磁粉的可见度,提高与被探件表面的衬度,使缺陷容易被发现。

(2)磁粉的性能

磁粉的性能包括磁性、粒度、颜色及悬浮性等。

对于钢制压力容器焊缝的磁粉探伤,磁粉应具有高磁导率和低剩磁性质,磁粉之间不应相互吸引。

用磁性称重法检验时,磁粉的称量值应大于7 g,粒度应不小于200 目,磁粉的颜色应与被检工件存在较大的对比度。

探伤时，为保证检测灵敏度，应预先用灵敏度试片对干、湿磁粉进行性能和灵敏度试验。磁粉在使用前，必须在60～70 ℃的温度下经过2 h的烘干处理。

2. 磁悬液

将磁粉混合在液体介质中形成的磁粉悬浮液简称磁悬液，用以悬浮磁粉的液体称为分散剂（或载液）。磁悬液中，磁粉和载液应按一定比例混合。

根据所采用的磁粉和载液的类型，可将磁悬液分为油磁悬液、水磁悬液和荧光磁悬液。

3. 灵敏度试片

磁粉探伤灵敏度试片用以定期检查系统的全面性能和灵敏度（磁粉材料的组成、磁粉探伤设备、操作技术及磁场值等）。

4. 磁粉探伤设备

磁粉探伤设备的选择应根据工作环境、试件的大小以及工件表面缺陷的深浅程度及分布方向等因素综合确定。其中，直流电磁化设备所产生的磁化强度能够发现较深缺陷，而交流磁粉探伤机对发现表面缺陷比较灵敏。这是选择探伤设备的决定性因素。

任务5.2 磁粉探伤操作

一、磁粉探伤技术

1. 磁化

（1）磁化方法

磁粉探伤必须在被检工件内或在其周围建立一个磁场，磁场建立的过程就是工件的磁化过程。

根据所建立磁场的不同方向，磁化方法可分为以下几种。

①周向磁化

将工件直接通电，或者使电流流过贯穿工件中心孔的导体，就可在工件中建立一个环绕工件并且与工件轴线垂直的闭合磁场，如图3－5－2所示。

周向磁化可用于探测与工件轴线（或与电流方向）平行的缺陷。

②纵向磁化

电流通过环绕工件的线圈，使工件中的磁粉线平行于线圈的轴线，称为纵向磁化，如图3－5－3所示。利用电磁轭磁化，使磁粉线平行于工件纵轴就属于此类磁化。

纵向磁化可用于探测与工件轴线垂直的缺陷。

③复合磁化

复合磁化是将周向磁化和纵向磁化同时作用在工件上，使工件得到由两个互相垂直的磁粉线共同作用而产生的合成磁场，其指向构成扇形磁化场，如图3－5－4所示。

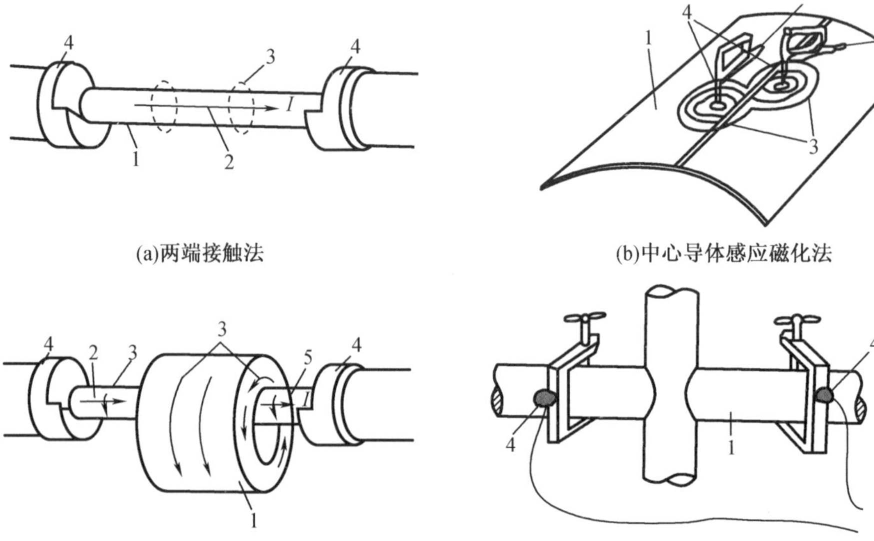

(a)两端接触法　　(b)中心导体感应磁化法

(c)触头法　　(d)夹具通电法

1—工件;2—电流;3—磁力线;4—电极;5—心杆。

图 3－5－2　周向磁化

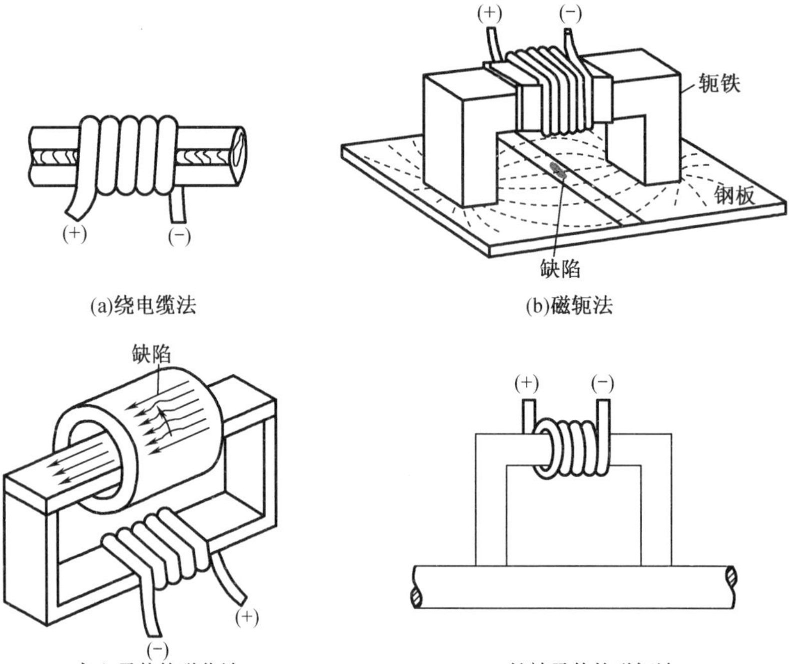

(a)绕电缆法　　(b)磁轭法

(c)空心零件的磁化法　　(d)长轴零件的磁轭法

图 3－5－3　纵向磁化

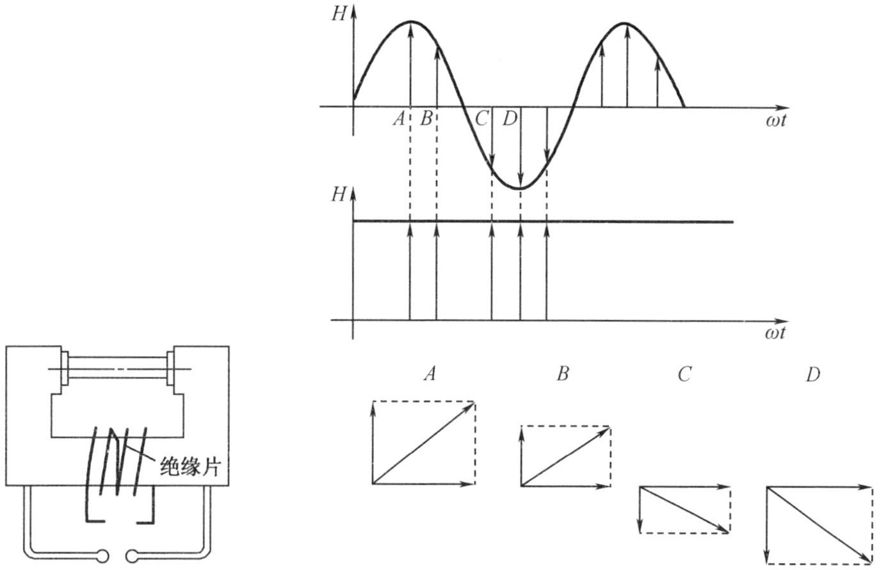

(a)示意图　　(b)复合磁场方向

图 3－5－4　复合磁化

④旋转磁化

旋转磁化是将绕有激磁线圈的Ⅱ型磁铁交叉放置，各通以不同相位的交流电，产生圆形或椭圆形磁场（即合成磁场的方向做圆形旋转运动），如图 3－5－5 所示。

旋转磁化能发现沿任意方向分布的缺陷。

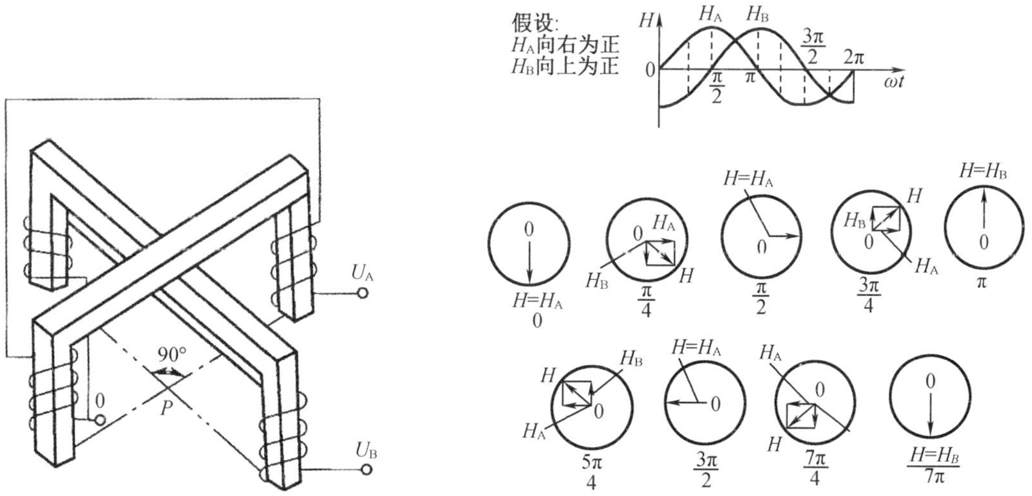

(a)交叉磁轭的结构　　(b)旋转磁场的方向变化

图 3－5－5　旋转磁化

(2)磁化磁场的方向与磁场强度

当磁化磁场的磁粉线与缺陷断面垂直时,能在缺陷处获得最大的漏磁场。在焊缝磁粉探伤中,为得到较高的探测灵敏度,通常在被探件上至少进行两个基本相互垂直方向的磁化(包括使用旋转磁化)过程。

为了保证探伤结果的准确性,磁化磁场必须有足够的强度,且必须控制在适当的范围内(通常为 ±25%)。

由于影响磁场的因素众多,很难建立严格的磁场强度规则,因此使用规范应由相应标准或技术条件列出。对于新产品,应使用已知缺陷的工件进行试验来确定磁场强度。

2. 退磁

使工件的剩磁回零的过程称为退磁。将工件放入磁场中(退磁的起始磁场强度大于或等于磁化时的磁场强度),然后不断改变磁场方向,同时使其逐渐减小到零,即可除去工件的剩磁。

工件经磁粉探伤后所留下的剩磁会影响安装在其周围的仪表、罗盘等计量装置的精度,也会吸引铁屑导致磨损严重。有时,工件中的强剩磁场还可能造成电弧偏吹,干扰焊接过程,也会影响后续进行的磁粉探伤操作。

当工件进行两个以上方向的磁化后,若后道工序不能克服前道工序剩磁的影响,应进行退磁处理。

(1)退磁方法

①利用工件在交流磁化线圈中移动

将工件放在通有交变电流的磁化线圈中,然后缓慢地将工件从线圈中移出,退磁时应使用 5 000 ~ 10 000 安匝的线圈。

对焊缝表面,可采用磁轭做局部退磁:将磁极放在其表面上围绕该区移动,保持电磁轭处于激励状态,让焊缝表面缓慢移开。

②减小交流电

将工件放入磁场中,保持工件位置不变,逐渐减小交流电,控制磁场降低到规定值。交流退磁电流随时间变化规律如图 3-5-6 所示,幅值逐减。

③直流换向衰减退磁

为了使工件内部获得良好的退磁,可使电流通过工件,并不断切换电流的方向,同时使电流逐渐衰减至零,如图 3-5-7 所示。电流衰减级数应尽可能大(一般要求 30 次以上),而每级衰减的幅度应尽可能小。

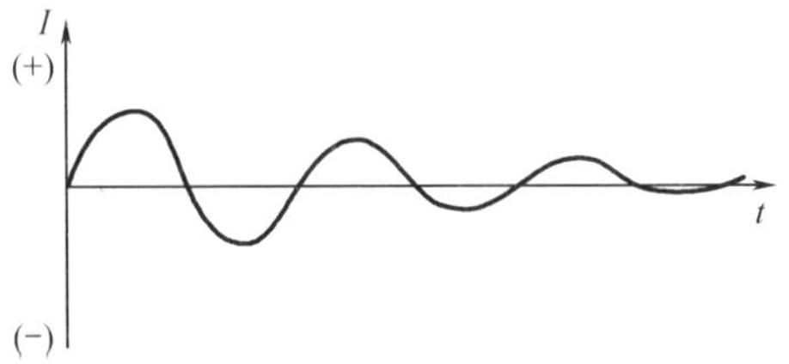

图 3-5-6 交流退磁电流随时间变化规律

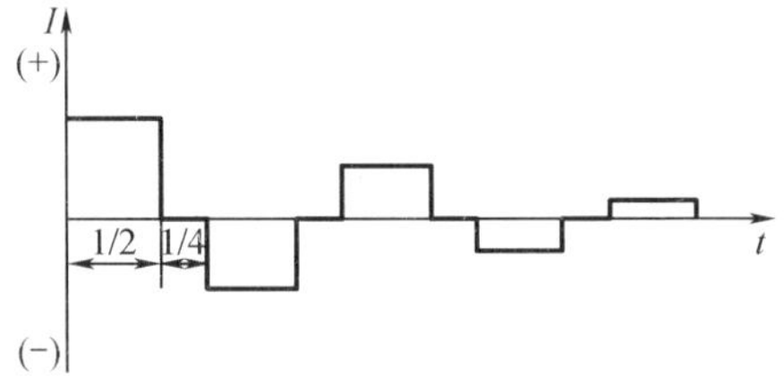

图 3-5-7 直流退磁电流随时间变化规律

由于直流磁化比交流磁化穿透深度大，所以直流退磁比交流退磁效果要好。

④振荡电流退磁

将充好电的电容器跨接在退磁线圈上，构成振荡回路。电路以固有的谐振频率产生振荡，并逐渐减弱至零。

⑤此外，将工件加热到居里点以上也可达到退磁的目的。

(2)剩磁测量

测量工件的剩磁应采用剩磁测量仪。有时，也可用一小段未被磁化的钢丝、铁丝(如大头针)去靠近零件的端部，若零件有剩磁，则钢丝或铁丝将被吸附。

二、磁粉探伤检验程序

根据被探工件的材料、形状、尺寸，以及需检查缺陷的性质、部位、方向和形状等，可采用不同的磁粉探伤方法，其探伤步骤大体如下：

1. 探伤前的准备

校验探伤设备的灵敏度，除去被探件表面的油污、铁锈、氧化皮等。

2. 磁化

(1)确定磁化方法

①确定磁化电流种类

正常情况下，直流电结合干磁粉、交流电结合湿磁粉效果较好。

②确定磁化方向

应尽可能使磁场方向与缺陷分布方向垂直。

③确定磁化电流

磁化电流的选择是影响磁粉检验灵敏度的关键因素。磁化电流的大小一般可基于磁化方式再根据相应的标准或技术文件选择。

(2)确定磁化的通电时间

采用连续法时，应在施加磁粉工作结束后再切断磁化电流。一般，在磁悬液停止流动后必须再接通几次电流，每次时间为0.5～2 s。采用剩磁法时，通电时间一般为0.2～1 s。

3. 喷撒磁粉或磁悬液

采用干法检验时，应使干磁粉喷成雾状。采用湿法检验时，磁悬液需经过充分的搅拌，然后再进行喷撒。

4. 观察磁痕及评定

对钢制压力容器的磁粉探伤，必须用2～10倍放大镜观察磁痕。用于非荧光法检验的白色光，应保证在试件表面有足够的亮度。

若发现有裂纹、成排气孔或超标的线形或圆形显示，均判定为不合格。

5. 退磁

略。

6. 清洗、干燥、防锈

略。

7. 结果记录

略。

项目6　渗 透 探 伤

渗透探伤是利用带有荧光染料(荧光法)或红色染料(着色法)渗透剂的渗透作用,显示缺陷痕迹的无损检验法,可用于各种金属材料和非金属材料构件表面开口缺陷的质量检验。

渗透探伤工艺是指在熟悉渗透探伤工作原理及器材组成的基础上,掌握渗透探伤的操作要点,分析焊接缺陷特征,结合标准评定焊缝质量等级。

任务6.1　渗透探伤原理

一、渗透探伤的理化基础

1. 毛细作用

(1)圆柱形细管内液体的毛细现象

圆柱形细管内液体的毛细作用原理如图3-6-1所示。

润湿液体中的毛细管由于润湿的作用,靠近管壁的液面会上升而形成凹面;由于表面张力的缘故,弯曲的液面会产生附加压力($F_{上}$),从而使液体表面向上收缩成平面;随后,管中靠近管壁的液体又在润湿作用下上升,重新形成凹面,而弯曲的液面在附加压力 $F_{上}$ 的作用下收缩成平面。

如此往复,毛细管内的液面逐渐上升,直至弯曲液面附加压力与毛细管内升高的液柱质量相等为止。

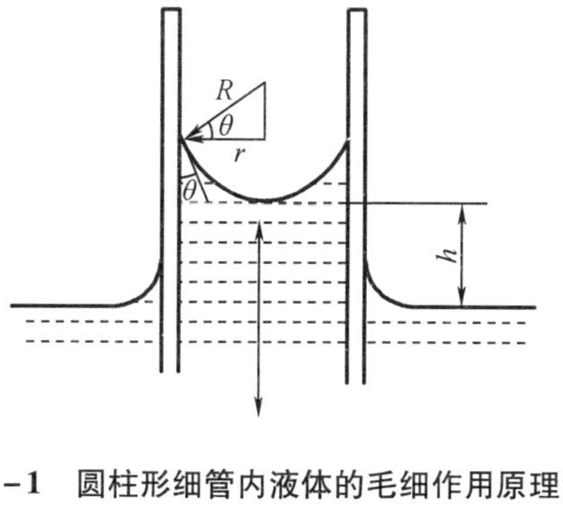

图3-6-1　圆柱形细管内液体的毛细作用原理示意图

(2)两平行板间的毛细现象

润湿液体在间隔距离很小的两平行板间也会产生毛细现象,如图3-6-2所示,其液面为圆柱状的凹形弯月面。

在实际探伤中,渗透液对零件表面缺陷的渗透作用本质上就是液体的毛细作用。对表面开口的点状缺陷的渗透,相当于渗透液在圆柱形管内的毛细作用。对表面条状缺陷的渗透,相当于渗透液在间距很小的两平板间的毛细作用。

(3)液体的渗透深度

图3-6-3为液体在凹槽内渗透时的受力情况。随着液体的渗透,被液体封闭在槽内的气体将越来越少,反压强越来越大,直到渗透液达到某一深度处于平衡状态时,液体就停止继续往下渗透。

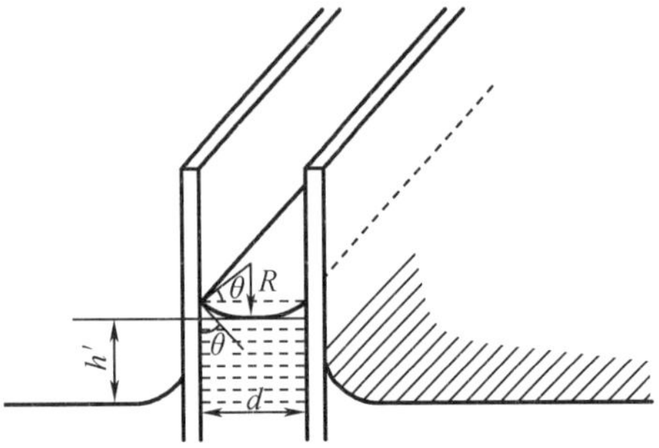

图3-6-2　两平行板间的毛细现象

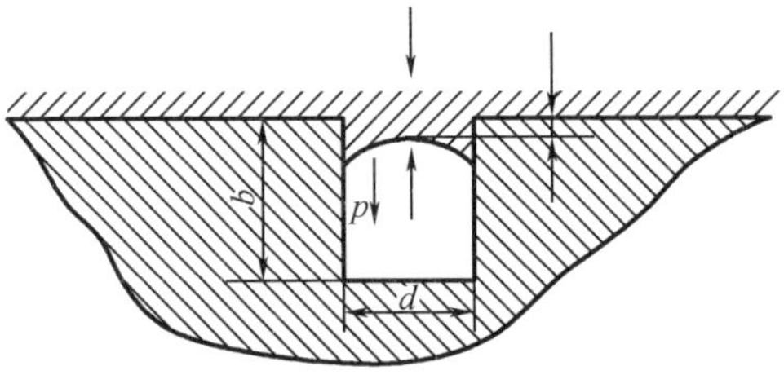

图3-6-3　液体在凹槽内渗透时的受力情况

2.乳化作用

(1)乳化现象

油和水互不相混,即使用力振荡也只能暂时混合,静止后又会分层,这是由于油和水的接触界面上存在界面张力,导致它们互相排斥和尽量缩小其接触面积。

如果在油和水的混合液中加入少量表面活性剂,油就会变成许多微小的颗粒分布于水中,静止后难以分层。

表面活性剂使本来不能混合在一起的两种液体均匀地混合在一起的现象称为乳化现象。具有乳化作用的表面活性剂称为乳化剂。

(2)乳化机理及表面活性剂的亲水性

表面活性剂的分子一般由非极性的亲油疏水的碳氢链部分与有极性的亲水疏油的基团构成。这两部分分别处于两端,形成不对称结构。因此,表面活性剂分子是一种两亲分子,能吸附在油水界面上,并降低油水界面的界面张力,使原来互不相混的油和水形成稳定的乳状液,完成乳化过程。

渗透探伤时,常用的表面活性剂为非离子型表面活性剂(在水溶液中不电离),其亲水基主要由具有一定数量的含氧基团(一般为醚基和羟基)构成。非离子型表面活性剂在水溶液中不电离,所以稳定性高,不易受无机盐、酸、碱的影响,与其他类型的表面活性剂相容性好，并且在水及有机溶剂中均具有较好的溶解性能。

3. 荧光现象及机理

许多原来在白光下不发光的物质在紫外光的照射下能够发光，这种现象称为光致发光。在外界光源移开后可立即停止发光的光致发光物质称为荧光物质，荧光渗透液中的荧光染料就是其中的一种。

当紫外光照射到荧光液时，荧光物质便吸收紫外线的光能量，使离原子核较近、位于低能级轨道上的电子受激发而跳跃到离原子核较远的高能级轨道上，原子处于激发状态。处于激发状态的原子极不稳定，高能级轨道上的电子可自发跳跃到原来失去电子的低能级轨道上。当电子由高能级轨道跳到低能级轨道时便发出光子。

不同荧光物质产生的荧光波长不同，因此光的颜色也有差异。荧光颜色最好为黄绿色，因为这种颜色在暗处的衬度较高，人眼对它的感觉很敏锐。渗透探伤使用的荧光液中的荧光染料吸收紫外线能量后发出的光子波长为 510 ~ 550 nm，其颜色为黄绿色。

二、渗透探伤的工作原理

渗透探伤是在被检工件表面涂覆某些渗透力较强的渗透液，在毛细作用下，渗透液被渗入到工件表面开口的缺陷内；去除工件表面多余的渗透液后，再在工件表面涂上一层显像剂，缺陷中的渗透液在毛细作用下重新被吸到工件的表面，从而形成缺陷的痕迹；根据在黑光（荧光渗透液）或白光（着色渗透液）下观察到的缺陷显示痕迹，对缺陷进行评定。

任务 6.2　渗透探伤操作

对于不同的检验对象，其质量要求也不相同，因而在进行渗透探伤时，探伤方法、规范选择、探伤步骤也有所区别。

下面以钢制压力容器（设计温度高于 -20 ℃的钢制焊接单层压力容器、多层包扎压力容器及热套压力容器）为例，简述渗透探伤的方法、步骤和要求。

1. 预处理

在渗透探伤前，应对受检表面及附近 30 mm 范围内进行清理，不得有污垢、锈蚀、焊渣及氧化皮等。当受检表面妨碍显示时，应进行打磨或抛光处理。

在喷、涂渗透剂之前，需清洗受检表面，如先用丙酮干擦，再用清洗剂将受检表面洗净，然后烘干或晾干。

2. 渗透

用浸浴、刷涂或喷涂等方法，将渗透剂施加于受检表面。

采用喷涂法时，喷嘴距受检表面应为 20 ~ 30 mm，渗透剂必须湿润全部受检表面，并保证足够的渗透时间（一般为 15 ~ 30 min）。若对细小的缺陷进行探测，可将工件预热到 40 ~ 50 ℃，然后进行渗透。

3. 乳化

使用乳化型渗透剂时，应在渗透后、清洗前，采用浸浴、刷涂或喷涂方法将乳化剂施加于受检表面。

乳化剂的停留时间可根据受检表面的粗糙度及缺陷程度确定，一般为 1 ~5 min，然后用清水洗净。

4. 清洗

施加的渗透剂达到规定的渗透时间后，可用布将表面上多余的渗透剂除去，然后用清洗剂清洗。需要注意，不能将渗透到缺陷内的渗透剂洗掉。

采用水清洗渗透剂时，可用水喷法。水喷法的水管压力为 0.2 MPa，水温不超过 43 ℃。采用荧光渗透剂时，对不宜在设备中洗涤的大型零件，可用带软管的管子喷洗，且应自上向下进行，以避免留下一层难以去除的荧光薄膜。采用溶剂去除型渗透剂时，需在受检表面喷涂溶剂，以除去多余的渗透剂，并用干净的布擦干。

5. 干燥

用清洗剂清洗时，应自然干燥或用布、纸擦干，不得加热干燥。

在用干式或快干式显像剂显像前，或在使用湿式显像剂以后的干燥处理中，被检工件表面的干燥温度应不大于 52 ℃。

6. 显像

清洗后，在受检表面刷涂或喷涂一层薄而均匀的显像剂，厚度为 0.05 ~0.07 mm，保持 15 ~30 min 后进行观察。

7. 观察

采用着色渗透法时，应在 350LX 以上的可见光下用肉眼观察，当受检表面有缺陷时，即可在白色的显像剂上显示出红色图像。

采用荧光渗透法时，用黑光灯或紫外线灯在黑暗处进行照射，被检物表面上的标准荧光强度应大于 50LX。当受检表面有缺陷时，即显示出明亮的荧光图像。必要时，可用 5 ~10 倍放大镜观察，以免遗漏微细裂纹。

8. 质量评定

钢制压力容器不允许有任何裂纹和分层存在，发现裂纹或分层时应做好记录，并按《钢制压力容器技术条件》(GB 150—2005)中的规定进行修磨和补焊。对于钢制压力容器的具体产品，其渗透探伤的质量评定应按相应的产品标准进行。

项目7　其他船舶焊接检验

对于船舶中储存液体或气体的焊接容器的焊缝的不致密缺陷（如贯穿性的裂纹、气孔、夹渣、未焊透及疏松组织等），可利用致密性试验检测。

致密性检验方法包括水压试验、气压试验、煤油试验、氨气试验、氦气试验、沉水试验、载水试验、水冲试验及吹气试验等。其中，水压试验除可检验储藏液体或气体的受压容器的致密性外，还可检验此类容器的强度。

任务7.1　水压试验

水压试验可用作焊接容器的致密性和强度试验。气温低于5 ℃时不应进行水压试验，当环境温度低于5 ℃进行试验时，应进行人工加温，维持水温在5 ℃以上方可进行。

试验时，储器灌满水，彻底排尽空气，用水压机造成一附加静水压力，压力的大小由产品的工作性质而定，一般为工作压力的1.25～1.5倍。

在高压下持续一定时间后，再将压力降至工作压力，并沿焊缝边缘15～20 mm的地方用0.4～0.5 kg的圆头小锤轻轻敲击，同时对焊缝仔细检查，当发现焊缝有水珠、细水流或潮湿时就表示该焊缝处不致密，应把它标志出来，这样的产品评为不合格，应做返修处理。如果产品在压力下关闭了所有进、出水的阀门，其压力值保持不变，亦未发现任何缺陷，则产品评为合格。

对管道进行检查时，可用闸阀将它们分成若干段，并依次对各段进行检验。

水压试验的系统中，至少设有两只压力计，其中一只作为监视压力计。压力计必须经计量部门校核，并贴有铅封时才能使用。

在特殊情况下，为了检查强度，可用比工作压力大几倍或相当于材料屈服极限的压力值进行试验。试验时，应注意观察，防止超过屈服点。进行这种试验之后的产品必须经退火处理，消除因试验造成的残余应力。

任务7.2　气压试验

气压试验和水压试验一样，用于检验在压力下工作的容器和管道的焊缝致密性。气压试验比水压试验更为灵敏和迅速，而且试验后的产品不用做排水处理，对于排水困难的产品尤为适用。

气压试验的危险性比水压试验大，所以进行试验时，必须遵守相应的安全技术措施，以防试验过程中发生事故，安全技术措施规定如下：

①气压试验应在隔离场所进行，或用厚度不小于 3 mm 的钢板将被试验产品三面或四面包围起来，才能进行试验。

②对于处在压力下的产品，不得敲击、震动和修补缺陷。

③在输送压缩空气到产品的管道上时，应设置一个储气罐，以保证进气的稳定。在储气罐的气体出入口处，各装一个开关阀，并在输出端（即产品的输入口端）管道上装设安全阀、工作压力计和监视压力计。

④产品内的压力值达到所需的试验数值时，输入压缩空气的管道必须关闭，停止加压。

⑤在低温下进行试验时，应制定预防产品冰冻的措施。

进行试验时，先将所试验的产品加压到所需的压力，该压力值由该产品的技术条件规定。然后，关闭进气阀，停止加压。用肥皂水涂至焊缝上，检查焊缝是否漏气，或检查工作压力表数值是否下降。若无漏气或压力值不下降，则该产品可被评为合格。若产品的焊缝出现漏气或压力下降，则应找出问题部位，卸压后进行返修、补焊处理。返修后再经检验合格方能出厂。

检查搭接焊缝时，将压缩空气送入搭接处的间隙内，如图 3－7－1 所示。然后，在焊缝的表面涂以肥皂水，根据出现肥皂泡的地方即可查出有不致密缺陷的位置。

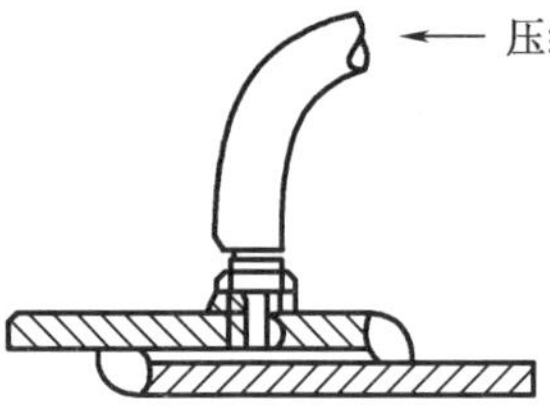

图 3－7－1　搭接焊缝致密性试验

任务 7.3　煤油试验

煤油试验是致密性检验最常用的方法，常用于检查敞开的容器，以及储存石油、汽油的固定式储器和同类型的其他产品。

进行检验时，在比较容易修补和发现缺陷的一面，将焊缝涂上白粉水溶液。干燥后，将煤油仔细地涂在焊缝的另一面上。由于煤油黏度和表面张力很小，渗透性很强，因此能够透过极小的贯穿性缺陷。当焊缝上存在贯穿性缺陷时，煤油就可渗透过去，并且在白粉涂过的表面上显示出明显的油斑点或带条状油迹。

为了精确地确定缺陷的大小和位置，检查工作应在涂煤油后立即开始。

持续时间和工件板厚、缺陷的大小及煤油量有关，试验时间通常在技术条件中标出，一般为 15 ~20 min。板厚度较大及缺陷较小时，试验时间应长些。

如果在规定的时间内，焊缝表面上并未出现油斑，则所检查的焊缝被评为合格。

煤油试验特别适用于对接接头，对于搭接接头，此试验存在一定困难。

任务 7.4　氨气试验

试验时，将容器的焊缝表面用质量分数为 5% 的硝酸汞水溶液浸过的纸带盖上，在容器内加入含 1% 体积（在常压下的含量）氨气的混合气体后，施加压力。

压力达到所需数值时，如果焊缝存在不致密，氨气就可透过焊缝，并作用到浸过硝酸汞的纸上，使该处形成黑色图像，根据图像可以确定焊缝的缺陷部位。试验所得的硝酸汞纸带可作为判断焊缝质量的凭证。试验时，可用浸过同样溶液的普通医用绷带代替纸带，其优点是洗净后可重复使用。

氨气试验的结果比较准确，成本较低且速度较快，并可在低温下检查焊缝的致密性。

任务 7.5　氦气试验

氦气试验是通过被检容器充氦或用氦气包围容器，检查容器是否漏氦及漏氦程度，是灵敏度比较高的一种致密性试验方法。

该方法用氦气作为试剂，因为氦气质量轻，能穿过微小的空罅。此外，氦气是惰性气体，不会与其他物质起反应。

氦气试验方法有探头法、吸气探针法、累加法和增压法等。

采用探头法检验时，探头对准被检区域移动并喷射氦气，通过辅助泵将容器中的气体抽到检漏仪中，若发现氦的存在，说明容器不致密。

吸气探针法检验是将被检容器充入空气和氦的混合气体，用吸气探针对准被检部位进行搜索，若发现漏氦，则可通过吸气探针连接的检漏仪反映出来。

累加法包括外罩真空累加法和外罩加压累加法。若工件不致密，前者在真空室发现氦的存在，而后者在工件中发现氦的存在。

增压法在工件无法与检漏仪或氦源连接的情况下使用。检验时，先将工件放在充氦的箱中，将箱子密封并用氦气增压至 0.1 MPa。然后，将工件取出，并迅速放进负压为 0.02 MPa 的箱子内。若工件有漏罅，则负压箱内有氦存在，便可由与负压箱连接的检漏仪检查出来。

任务7.6　沉 水 试 验

沉水试验是指先将工件浸入水中，然后冲灌压缩空气，为易于发现焊缝缺陷，被检的焊缝应置于水面下约20～40 mm的深处。当焊缝存在缺陷时，有缺陷的区域会有气泡出现。沉水试验仅适用于小型焊接容器，如用来检查飞机、汽车汽油箱的致密性。

任务7.7　载 水 试 验

进行载水试验时，将储器的全部或部分充水，观察焊缝表面是否有水渗出。如果没有水渗出，则该容器的焊缝视为合格。这种方法常用于不受压力的容器或敞口容器的检查。

任务7.8　水 冲 试 验

进行水冲试验时，在焊缝的一面用高压水流喷射，在焊缝的另一面观察是否漏水，常用于检查大型敞口容器，如检查船体甲板的密封性。

水流喷射方向与试验焊缝的表面夹角不应小于70°，水管的喷嘴直径应在15 mm以上，水压应使垂直面上的反射水环直径大于400 mm。

检查竖直焊缝时应从下至上进行，避免已发现缺陷的漏水影响对未检焊缝的检查。

任务7.9　吹 气 试 验

吹气试验是指用压缩空气对准焊缝的一面猛吹，在焊缝另一面涂上肥皂水，有缺陷存在时，便产生肥皂泡。

试验使用的压缩空气压力不得小于0.4 MPa，并且气流要正对焊缝表面，喷嘴到焊缝表面的距离不得超过30 mm。